中国外贸强国发展战略研究

——国际金融危机之后的新视角

主　编　钟　山

副主编　霍建国　李　钢

中国商务出版社

图书在版编目（CIP）数据

中国外贸强国发展战略研究：国际金融危机之后的
新视角 / 钟山主编 . —北京：中国商务出版社，2012.6
ISBN 978-7-5103-0744-7

Ⅰ.①中… Ⅱ.①钟… Ⅲ.①对外贸易-经济发展战
略-研究-中国 Ⅳ.①F752

中国版本图书馆 CIP 数据核字（2012）第 147931 号

中国外贸强国发展战略研究
——国际金融危机之后的新视角

ZHONGGUO WAIMAO QIANGGUO FAZHAN ZHANLUE YANJIU

主　编　钟　山

副主编　霍建国　李　钢

出　　版：中国商务出版社
发　　行：北京中商图出版物发行有限责任公司
社　　址：北京市东城区安定门外大街东后巷 28 号
邮　　编：100710
电　　话：010—64245686（编辑二室）
　　　　　010—64266119（发行部）
　　　　　010—64263201（零售、邮购）
网　　址：www.cctpress.com
邮　　箱：cctp@cctpress.com
照　　排：嘉年华文排版公司
印　　刷：北京松源印刷有限公司
开　　本：787 毫米×980 毫米　1/16
印　　张：21.75　字　数：279 千字
版　　次：2012 年 8 月第 1 版　　2012 年 8 月第 1 次印刷
书　　号：ISBN 978-7-5103-0744-7
定　　价：65.00 元

原　　序

　　在和平与发展的大背景下，国际金融危机之后，世界正在持续进行着大变革、大调整。政治多极化进一步确立，经济全球化在曲折中发展，科技革命不断出现新突破，可持续与绿色发展成为共同理念，一个崭新的世界版图呈现在世人面前。

　　面对一系列严峻而复杂的挑战，我们必须牢牢把握战略机遇期，深刻分析、正确判断世界经济发展趋势，科学制定我国国际金融危机之后的对外经济发展战略，特别是对外贸易发展战略是一项刻不容缓的任务。为此，要加快推进对外经济发展方式转变，坚持对外开放的基本国策，坚持互利共赢的开放战略，统筹好国内发展和对外开放，加快调整进出口贸易结构，加快提高利用外资质量和水平，加快实施"走出去"战略，全面提高开放型经济水平。

　　新时期的外贸发展战略应当是加快转变外贸发展方式的战略。改革开放30多年来，我国对外贸易数量扩大、规模扩张、增速迅猛，已经发展成为货物出口第一，进口第二的世界贸易大国。在此过程中，出口商品实现了以资源及农副土特产品为主到以轻纺产品为主，再到以机电产品及高新技术产品为主的历史性跨越；进口商品则实现了以机械设备等资本货物为主到以资本货物及能源与资源产品为主的结构性巨变。进出口商品结构的这种变化是我国工业化进程的外在表现，更是我国实行对外开放，积极参与国际分工与交换，充分发挥比较优势，大力发展开放型经济的必然结果。与此同时，也应当清醒地看到，我国外贸发展方式粗放外延型的特征还比较明显，数量规模与质量效益还不匹配；出口增长受到外需规模制约，国内资源、劳动力、资本、环境等要素成本上升的压力日趋增大。因此，必须加快转变外贸发展方式，由粗放外延型的发展转向集约内涵型的发展，更加注重质量与效益，实现增长与发展的内在统一，从而增进国民的贸易福利。

新时期的外贸发展战略应当是提升我国国际竞争力的战略。一国的对外经济是整个国民经济极其重要的组成部分，而对外贸易是对外经济活动的基础与核心。我国对外贸易发展及结构的演进，实质是我国产业结构发展与演进在对外经济活动中的具体体现。必须清醒地看到，我国的贸易大国地位还不稳固，货物贸易第一出口大国仍有被他国超越的可能。大而不强是我们的软肋，究其原因，就是我国的国际竞争力不强，具体表现为产品与服务质量、档次、层级还不够高，企业创新力还比较弱，真正取得产业领导地位的大型跨国企业寥寥无几。因此，要提高我国的国际竞争力，必须争创具有国际水准的产品与服务，提升企业的核心竞争力，进而打造跻身世界顶级跨国公司行列的产业领导者。

新时期的外贸发展战略应当是总体平衡的发展战略。从国内来看，在不断提高出口产业国际竞争力的同时，应当更加关注进口贸易增长，促进进出口贸易基本平衡。要发挥中国作为世界市场重要组成部分的作用，通过适度增加进口，促进产业竞争，增加国民福利。从国际层面来看，贸易平衡发展将有助于改善我国与主要贸易伙伴的关系，达到合作共赢之目的。从更广泛的意义上来说，也将有利于促进世界经济、贸易朝着稳定、健康、可持续的方向发展。

本书是2009年度商务部重大课题——"后危机时代中国对外贸易发展战略研究"的成果汇编。其中总论篇是课题的总报告，理论篇、政策篇、体制篇和工作篇是围绕主题的子报告。国内从事国际经济研究的16家权威机构（大学和科研机构）的200余位一流专家学者参加了本项课题的研究，为国际金融危机之后我国外贸发展战略献计献策，提供强有力的智力支撑。这项研究成果为我国制定

"十二五"外贸发展规划奠定了良好的基础。当然，国际金融危机之后，国内外环境日趋复杂，我国对外经济发展所面临的机遇与挑战前所未有，对相关的理论与实践问题，希望经济学界和实际工作者进行更加深入的研究与探索，以共同将我国开放型经济水平推进到更高阶段。

　　值此书出版之际，欣为作序。

商务部部长　陈德铭

二〇一〇年九月二十日

前　言

　　自国际金融危机以来，世界经济贸易进入了震荡和调整新阶段。在宏观政策刺激下，世界经济贸易有所恢复，但内生增长动能依然不足，国际市场需求仍然低迷，世界经济贸易发展中的深层次矛盾更加凸显。欧债危机短期内难以有效解决，欧元区经济衰退风险增大；美国失业率高企，对居民消费形成抑制；新兴经济体面临经济增速放缓和通货膨胀的双重压力；美欧大选、地缘政治等非经济因素加大了世界经济贸易发展的不确定性。尽管如此，主要发达国家非但没有认真反思其经济增长模式及现实上存在的弊端，反而偏执地认为全球经济不平衡是由于发展中大国过度出口，发达国家过度消费的模式所造成的，并据此实施经济和贸易发展新战略，并加强了贸易保护主义的力度。

　　同时，国内经济贸易发展中不平衡、不协调、不可持续的矛盾和问题仍很突出。在外贸领域，尽管我国已是世界贸易大国，但仍大而不强，我国出口商品以数量扩张为主，质量档次不高。出口企业以价格竞争为主，自主品牌、自主知识产权产品不多，自主国际营销网络不完善。商协会等中介组织建设相对滞后，行业自律和协调能力不强。我国在国际经贸规则制定中的话语权和主导权、在国际贸易中的议价权和定价权不足。我国劳动力、土地、资源能源等要素成本上升，人民币汇率升值，外贸传统竞争优势有所削弱，其他发展中国家在纺织服装、箱包等劳动密集型产业上与我国竞争面扩大。

　　2012 年 7 月 23 日，胡锦涛总书记在中央党校省部级主要领导干部专题研讨班上的讲话指出，要扎扎实实抓好推进经济结构战略性调整、全面提高开放型经济发展水平和质量。温家宝总理在第110届中国进出口商品交易会开幕式暨中国加入世界贸易组织10周年论坛上的讲话指出，要实行更加积极主动的开放战略，把扩大进口与稳定出口结合起来，努力促进国际收支基本平衡；把吸收外资与对外投资结合起来，拓展国民经济的发展空间；把深化沿海开放与扩大内陆和沿边开放结合起来，进一步优化区域开放格局；把经济领域开放与其他领域开放结合起来，以开放促改革促发展促创新；把向发达国家开放与向发展中国家开放结合起来，扩大同各方利益的汇合点；要把多边开放与双边开放结合起来，继续在国际经济体系中发挥建设性作用。

面对一系列新形势、新任务、新要求，我们必须改变传统的粗放型发展模式，实施贸易强国新战略。新时期我国贸易强国新战略就是要深入贯彻落实科学发展观，把握稳中求进的工作总基调，强化改革意识、开放意识、创新意识、发展意识，按照《对外贸易十二五规划》和《关于加快转变外贸发展方式的指导意见》确定的目标和任务，不断巩固贸易大国地位，全力推动贸易强国进程。以增强外贸发展质量、效益和可持续发展能力为着力点，加快转变外贸发展方式，提高外贸国际竞争力，增强外贸发展协调性，提升外贸推动经济增长、促进社会和谐、扩大国际影响力的贡献和作用。

加快转变外贸发展方式是新时期实施贸易强国战略的首要任务。推进贸易大国向贸易强国转变必须加快转变外贸发展方式。要推动经济发展方式转变，我国外贸发展方式必须进行适应性转变；要适应国际经贸格局调整，我国外贸发展方式必须进行主动性转变；要巩固贸易大国地位、推动贸易强国进程，我国外贸发展方式必须进行战略性转变。推动外贸发展由粗放外延型的发展转向集约内涵型的发展，更加注重质量与效益，实现增长与发展的内在统一，进而增进国民的贸易福利。

培育我国外贸发展新优势是实施贸易强国战略的关键之举。以建设创新型国家为目标，以科技创新为支撑，以人力资本优化为保障，从提高我国出口商品的国际竞争力，提高我国企业的国际竞争力，提高行业组织的协调能力，提高政府参与国际贸易规则制定的能力入手，培育技术、品牌、质量和服务新优势，打造跻身世界顶级跨国公司行列的重要产业领导者，全面提升我国参与国际合作和竞争的能力。要进一步提高外贸发展质量和效益，就必须着力培育以技术、品牌、质量、服务为核心的外贸竞争新优势。

增强外贸发展协调性是新时期实施贸易强国战略的重要内容。贸易强国战略要求外贸实现统筹、平衡、协调发展，一是要着力促进"四个优化"，即优化商品结构，优化主体结构，优化市场结构，优化贸易方式结构；二是要着力推动"六个协调"，即出口和进口协调，货物贸易和服务贸易协调，外贸和外资、外经协调，外贸和内贸协调，多种所有制主体协调，东部和中西部地区协调，促进我国外贸朝着稳定、健康、可持续的方向发展。

本书是《中国外贸发展战略研究——国际金融危机之后的新视角》一书的简编本。以原书总论篇为基础，增加了促进加工贸易转型升级与梯度转移、加快培育战略性新兴产业的国际竞争优势、扩大进口促进贸易平衡、大力推动服务贸易发展等内容，适当吸收了原书其他内容，同时我们对原书的一些数据进行了更新。国际金融危机以来，国内外环境日趋复杂，危机仍在继续，我国对外经济发展所面临的机遇与挑战前所未有，许多理论与实践问题仍需经济学界和实际工作者进行更加深入的研究与探索，以共同将我国开放型经济水平推进到更高阶段。

商务部副部长、国际贸易谈判副代表

钟　山

二〇一二年八月十日

目　　录

第一章 战略环境

第一节 国际环境

随着 2008 年爆发了百年一遇的国际金融危机以及后续爆发了欧债危机等一系列危机，世界经济形势令人担忧，中国对外经济发展所依托的外部环境异常严峻。因而，制定中国对外贸易新的发展战略必须适应这种变化，在机遇和挑战并存中主动应对，趋利避害，稳步推进对外贸易发展由大到强的转变。

一、金融危机引发全球范围的大变革大调整

近些年来爆发的一系列危机与世界经济的不景气影响深远，其范围与程度远远超出人们的预期，对世界的未来发展具有重大的持续性影响。

第一，国际金融危机与欧债危机是全球经济发展的全面危机。既是虚拟经济的危机，又是实体经济的危机，既表现为金融泡沫的破裂，又体现在全球经济衰退上。一方面，由于过度依靠投资银行、对冲基金以及金融衍生工具的作用，近些年来美国在金融创新上迷失方向，金融业的发展与实体经济脱节，特别是以次级房贷的方式制造出大量的金融泡沫，先是酿成了次贷危机，进而是华尔街的金融危机，最终传导并发展成为国际金融危机，而欧债危机在很大程度上可以说是国际金融危机的延续。根据国际货币基金组织统计，1980 年全球金融资产价值与当年全球 GDP 规模基本相当，而

到了 1993 年、2003 年和 2007 年，全球金融资产价值分别超过了全球 GDP 的 2 倍、3 倍和 4 倍。2007 年全球 GDP 为 54.5 万亿美元，而全球金融资产达到空前的 229.7 万亿美元，是前者的 4.21 倍。2008 年国际金融危机爆发前全球金融衍生产品的名义价值甚至达到了令人咋舌的 620 万亿美元，大约为实体经济的 10 倍左右。

另一方面，这些危机迅即传导至实体经济领域，甚至一度引发了全球性经济衰退。金融危机爆发后，流动性锐减，投行及商业银行、保险机构的倒闭，使实体经济难以获得正常的融资，投资下降，企业倒闭，消费萎缩，而从宏观层面上看则使许多国家的经济增长失速，财政赤字增加，主权信用评级下降。从路径上看，这场危机最先从虚拟经济领域爆发，然后传导并波及至实体经济领域，而实体经济的衰退反过来又加重了金融危机的程度。从影响上看，这一系列危机引发了国际贸易、投资、金融、商品市场格局的全方位剧烈调整。从结局上看，对这一系列危机的复苏预期存在很大不确定性。迄今为止，整个世界经济已然度过最困难的时期，但对于何时能够走出危机尚存变数。

国际金融危机所带来的教训是极其深刻的，从虚拟经济与实体经济之间的相互关系来看，虚拟经济的发展如果离开了实体经济的支撑是不可能长期维系下去的。首先，金融业在现代经济中的核心定位是毋庸置疑的，但需要进一步澄清的是，金融业的发展之所以能够获得强有力推动，从根本上讲，并不是源于金融业自身需要，而是为了服务于实体经济的发展。其次，虚拟经济的发展固然需要创新，但这种创新也要有所节制，不能过于超前于实体经济的发展。再次，在现代经济中，金融衍生工具与金融杠杆的存在也有其合理性，但不能无约束地发展，"去杠杆化"与"去金融工程化"也是十分必要的。

第二，国际金融危机与欧债危机是全球经济结构失衡的危机。在"美元霸权"的支撑下，美国长期维持财政赤字和贸易赤字，并且以房地产和金融泡沫维系其超前过度透支消费的经济发展模式，这是问题的核心。也应当看到，与美国超前过度消费模式相伴，东亚依赖出口支撑的生产—储蓄型经济发展模式也存在不可持续性。世界经济的这种失衡在很大程度上构成了国际金融危机的导火索与传递链。虽然全球经济结构失衡是这场大危机的根源，但由于这种失衡具有很大的非对称性，美欧消费与东亚生产这两大因素对国际金融危机发挥的作用不尽相同，前者要远远强于后者。一方面，欧美国家的过度消费不仅仅是靠庞大的贸易逆差支持，而且也离不开过度的信贷支持。另一方面，相对于欧美国家的过度消费来说，东亚国家的确出现过度生产，但却很难获得相应的价值回报，尽管向欧美出口规模很大，但由于出口商品定价过低，东亚生产所产生的福利效应要远远小于欧美消费福利。事实上，由于东亚国家的经济总量上无法与美欧国家相比，东亚国家的超额储蓄即使多一些，也远不及美欧国家的超额消费。总之，这场大危机是全球经济发展模式失衡的危机，说明以美国为代表的过度超前消费型发展模式与东亚国家的过度储蓄型发展模式均难以维系。

在当今世界经济发展过程中，最根本的问题是南北失衡。自 20 世纪 90 年代以来，随着经济全球化进程日益加快，发达国家在经济与科技方面处于优势地位，在世界经济发展过程中"南低北高"的速度差导致南北差距的进一步加剧，世界经济结构失衡范围也进一步扩大。在分析结构失衡时，绝对不能以偏概全，模糊了问题的本质与主要方面。

第三，国际金融危机与欧债危机是全球经济发展模式的危机。从经济发展模式来看，这场危机在很大程度上反映出市场机制这只"看不见的手"失灵与政府干预这只"看得见的手"失灵。随着冷战的结束，新自由主义思想甚嚣尘上，最终发展为市场原教旨主义。在这种情况下，市场机制被看做是能够解决一切经济发展难题的"万能钥匙"，政府调控的作用在很大程度上被边缘化，因而导致许多国家对经济发展方向缺乏必要的校正，市场投机行为严重失控，最终导致在经济发展过程中出现越来越严重的无序化。现阶段在应对国际金融危机中，凯恩斯主义一时占据了主导地位，而新自由主义则处于被动地位。

无论是市场机制还是政府干预，都是确保世界经济健康发展的两个基础性支撑。事实上，对国际金融危机进行必要的反思并不是要彻底否定市场机制的作用，而是要校正市场机制的定位，使之与政府干预之间形成相辅相成的关系。

第四，国际金融危机与欧债危机是全球经济发展的周期性危机。危机前，美欧各国运用一些反周期手段似乎熨平了世界经济周期，但危机爆发恰恰成为经济发展周期性的体现。与以往危机相比，性质相同，不过存在着方向性的差异。对比20世纪70年代初，布雷顿森林体系的破灭为第二次世界大战之后美国经济的持久繁荣画上休止符，两次经济危机有其相似的一面，都是从美国开始，迅速且广泛扩散。然而，以20世纪70年代初的资本主义世界经济危机作为参照系，本次国际金融危机有若干值得关注的特点：一方面，20世纪70年代初的经济危机最初体现在实体经济层面，然后蔓延至虚拟经济层面，而本次国际金融危机则次序相反。另一方面，20世纪70年代初最初表现为欧佩克国家实施石油禁运导致的主要资本主义国家经济衰退，具有显著的外生性，而本次国际金融危机的爆发则主要体现为主要发达国家的金融资产泡沫由过度膨胀走向最终破灭，具有显著的内生性。

值得注意的是，近年来爆发的国际金融危机更多体现为周期上的双重嵌套特征，也就是说中周期嵌套短周期，长周期嵌套中周期。一方面，在过去的100年时间内，凡是源发于金融领域的经济危机大约都要持续6个季度左右，而要使经济重新繁荣起来，大约需要4~6年的时间。从目前来看，世界经济仍处于危机过程中，但已经接近短周期意义上的复苏阶段。事实上，从中周期角度来看，即使美国没有发生次贷危机，由于距本世纪初美国新经济泡沫破灭已近 10 年，现阶段也是世界经济发展过程中的一个"时间窗口"。从这个意义上来看，国际金融危机是经济危机在短周期和中周期上的重合。另一方面，从跨度在 60 年左右的长周期来看，大量金融泡沫的破灭并不是偶然的，其背后是经济发展过程中创新动力的衰减。从目前来看，虽然创新动力的更迭尚未完成，但原有创新动力还会在一定时间内对世界经济发展发挥推动作用，只不过这种推动作用较之以往有所弱化。从这个意义上来看，国际金融危机也是经济危机在中周期和长周期上的重合。

由于表现出上述特征，这场危机不仅受到多种因素影响，而且还具有相当程度的复合性与复杂性。总之，爆发这场百年一遇的金融危机意味着世界范围内的大变革与大调整将成为必然。

迄今为止，整个世界经济虽然渡过最困难的时期，但从欧债危机的蔓延来看，完成由国际金融危机后期向后危机时代的转换尚需时日。

二、经济全球化以新的方式推进

尽管接受了国际金融危机以及欧债危机的连续冲击，经济全球化的总体趋势不会改变，特别是生产全球化、贸易全球化、金融全球化、科技全球化、人才全球化的大趋势不会改变。首先，以科技进步和生产要素全球配置为基础的经济全球化深入发展的大趋势不会改变，世界各国之间的经济联系将更加紧密。其次，虽然各国经济治理乃至全球经济治理离不开必要的政府干预，但市场在资源配置中的基础性作用不会改变。再次，金融危机虽然使国际社会对美元的信心发生动摇，多元货币初露端倪，但并未改变美国和美元在国际货币体系中的主导地位。最后，虽然发展中国家在世界经济中的地位有所提升，但在相当一段时期内不足以动摇发达国家在综合国力和核心竞争力上的领先地位。

　　经过了国际金融危机的洗礼，美国在经济发展模式与科技创新方面的不足已经无法进一步掩饰，过度的负债与信用透支也削弱了美国在国际经济发展过程中的作用。由此可见，在后危机时代，美国在世界经济发展过程中的主导地位会有所弱化，由美国主导的经济全球化很可能被发达经济体与新兴经济体所共同主导的经济全球化所取代。据国际货币基金组织统计，从 2000 年至 2008 年，在以购买力平价计算的世界总产出中，发达国家所占份额从 63％降至 55.3％，其中，美国、欧盟和日本所占份额分别从 23.5％、25.2％和 7.7％降至 20.7％、22.1％和 6.4％，而发展中经济体和转型经济体所占份额则从 37％上升至 44.7％，其中，"金砖五国"、"金钻十一国"和"展望五国"所占份额分别从 16.5％、10.2％和 4.2％升至 22.3％、10.8％和 4.6％。未来，这种渐进性变化很可能会进一步加快，虽然发达国家仍将占据经济全球化的主导地位，但新兴经济体的实力显著上升。从长期趋势看，世界经济很可能呈现出由发达经济体和以金砖五国为代表的主要新兴经济体共同主导的格局。

　　应当指出的是，在后危机时代，虽然美国在世界经济中的单一主导地位被减弱，但美国在主导世界经济的"共同体"中，依然占据最强势位置，而只有在共同主导世界经济的预期利益大于预期损失前提下，美国才会主动与其他国家分享这一主导地位。从共同利益的差别来看，在后危机时代，美国在与其他国家共同主导世界经济过程中，必然会体现出紧密程度上的差异。

　　一方面，在共同主导世界经济过程中，G7 国家依然是美国最紧密的合作者。应当看到，在金融危机削弱了美国在世界经济中主导地位之后，美国十分重视寻找共同治理世界经济秩序的盟友。近些年来，欧盟国家通过达成《里斯本条约》等一系列努力，希望进一步提升欧盟地位，而在欧债危机背景之下，前不久欧盟针对希腊等南欧国家的一系列财政救助也是旨在稳定欧盟特别是欧元的地位。事实上，美国也寄希望于欧盟在治理国际经济秩序过程中助其一臂之力。除了包括德国、英国、法国、意大利四个 G7 国家在内的欧盟国家之外，同为 G7 国家的加拿大和日本也与美国之间保持有极为紧密的经济关系，其中，加拿大与美国同为北美自由贸易区成员国，日本则是产出规模仅次于美国的第二大发达国家。事实上，由于欧盟的绝大多数成员国以及加拿大和日本在世界经济发展过程中都处在先发地位，在共同主导世界经济发展过程中，这些国家与美国之间存在诸多共同语言，由此，在后危机时代自然会被美国视为共同主导世界经济发展的最紧密的合作者。

另一方面，从全球经济治理形态来看，多元化趋势日趋明显，不仅发达经济体拥有话语权，中国、俄罗斯、巴西、印度等新兴经济体也开始进入世界经济的"领导班子"。事实上，除了经济发展速度令人瞩目之外，上述发展中大国不仅人口基数大，而且经济总量也比较庞大。从这个意义上讲，在未来后危机时代共同主导世界经济发展过程中，"金砖五国"将会被美国及其他主要发达经济体视为重要合作伙伴。

应当看到，在全球经济治理过程中，G20 的作用日益重要。2009 年 9 月，在美国匹兹堡举行的 G20 第三次金融峰会上，与会各国领导人发表声明，指定 G20 成为"国际经济合作的主要平台"。2011 年 11 月，在法国戛纳举行的 G20 峰会上，欧债危机、全球经济增长和金融监管成为三大主要议题，因此也从实际表现上说明，G20 这一平台在关系到世界经济发展全局问题与关键问题上作用日益显现。G8 被 G20 所取代，这在很大程度上表明经济全球化的主导力量正在向多元化方向发展。事实上，除了主要发达经济体以及"金砖五国"之外，在共同主导世界经济发展过程中，韩国、印度尼西亚、沙特阿拉伯、墨西哥、土耳其、南非、阿根廷等 G20 国家虽难以发挥全方位主导作用，但其局部主导作用也不能够被忽视。一方面，其中的一些国家具有广泛的地域代表性，如印度尼西亚是人口最多的东盟国家，南非则在非洲国家中属于经济规模最大的国家。另一方面，也有一些国家具有广泛的国际分工代表性，如韩国是当今世界重要的制造业大国，沙特阿拉伯是当今世界石油生产大国。不难看出，除了主要发达经济体以及"金砖五国"之外，在后危机时代共同主导世界经济发展过程中，G20成员国将被视为有特定作用的合作伙伴。

三、世界经济步入调整发展新周期

近年来爆发的国际金融危机在强度上之所以比以往若干次危机剧烈许多，而欧债危机造成的影响也不仅限于欧洲国家，对世界经济的影响也十分显著。不难看出，除了金融泡沫过多的因素之外，缺少可持续的经济成长动力也是其中一个重要原因。从后危机时代来看，世界经济的复苏不仅仅是传统意义上的周而复始，而是趋向于一种螺旋式上升。客观上，这种螺旋式上升也为世界经济进入一个新的长波周期进行能量积蓄。

第一，世界各国将更加注重虚拟经济与实体经济的协调发展。金融处于现代经济的核心地位不会改变，但金融的发展必须回归到主要为实体经济服务的轨道上来。虚拟经济发展与创新将为经济理性所约束，实体经济的发展将为包括发达国家在内的世界各国政府所重视。实际上，虚拟经济与实体经济之间从相互协调到相互不协调，再由相互不协调回归至相互协调本身也体现出一定的周期性特征。

第二，世界经济面临"再平衡化"的漫长调整。从全球来看，世界经济发展过程中遇到的主要矛盾仍是南北失衡。其次美欧消费与东亚生产的失衡仍会长期存在，纠正这种失衡的努力将会贯穿于整个后危机时代的世界经济发展全过程。奥巴马政府提出的"可持续与平衡发展框架"已经明确表达了美国的意图。在后危机时代，发达国家将要面临"再工业化"和纠正经济过度服务化的双重任务，美国总统奥巴马明确表示，美国经济要从过去的以债务推动型增长模式转向出口推动型和制造业增长模式。不难看出，美国经济增长不可能长期依靠债务来维持，在推动出口推动型和制造业增长模式方面也需要走"回头路"，而这种"回头路"也恰恰体现出世界经济发展格局上的周期性特征。与此同时，新型经济体也将面临进一步加速工业化和"经济服务化"的双重艰巨任务。

第三，世界经济发展方式呈现"绿色化"和低碳化趋势。在发展过程中将更加注重环境、气候变化的影响，进一步凸现节能、降耗、减排的绿色发展取向。发达国家以及新兴工业化国家都在致力于发展新能源、环保等产业和现代服务业，以此带动新一轮的经济增长。2009年在哥本哈根、2010年在坎昆和2011年在德班举行的这三届联合国气候变化大会上，尽管存在着较大分歧，但与会各方维护了《联合国气候变化框架公约》及其《京都议定书》确立的"共同但有区别的责任"原则，就发达国家实行强制减排和发展中国家采取自主减缓行动作出了安排。由此可见，未来世界经济的可持续发展很可能会突出低碳经济主题。然而，在发展低碳经济过程中，"绿色化"和低碳化趋势与许多国家的现实利益形成冲突，发达国家不愿意承担与其经济发展总量相对应的减排义务，发展中国家担心因此而丧失自身发展权。在这种情况下，发展低碳经济任重道远。

第四，世界经济增长总体上可能呈现"前低后高"的局面。总体上看，由于创新动力有限，后危机时代在短时间内难以找到像IT、互联网那样的科技革命推动力，因此，世界经济增长很有可能要比国际金融危机爆发之前的若干年平均增速有所放缓，放慢若干个百分点。其中发达经济体增长可能低于平均增长，而新兴经济体的增长速度可能相对更快一些。考虑到经济的周期性因素，2010—2020年间，世界经济发展仍出现周期性波动。与此同时，也应看到，随着物联网、新能源汽车等方面的技术日趋成熟，在生产方式不断发生转变的同时，人们的生活方式也会发生相应改变，最终为世界经济增长注入新的"燃料"。不过，由于路径依赖，生活方式的改变也不可能一蹴而就，在后危机时代也只能够力求出现良好的开端。

第五，国际金融危机虽然终究要告一段落，但危机的余波将会延续较长时间。由于国际社会采取应对措施及时，国际金融危机虽然十分严重，但其范围还是得到一定程度的限制。但 2009 年年底发生的迪拜债务危机、2011 年出现的美债危机以及近些年来一直蔓延的欧债危机表明，国际金融危机的后续影响远未完结，将会在相当一段时期存在。发达国家金融危机还未过去，"无就业复苏"前景并不乐观。从后危机时代来看，国际经济中依然有诸多潜在风险尚未释放，如信用卡危机、希腊债务危机等风险因素时刻困扰着世界经济的发展。

四、世界贸易发展寻求新突破

国际金融危机对世界贸易发展造成严重打击，说明原有的世界贸易发展动力渐趋弱化，迫切需要获得新的动力。总的来看，后危机时代的世界贸易发展动力将会得到更多补充，新能源、新材料等有可能成为世界贸易发展的新的动力源泉。发达国家的再工业化过程将加速全球范围内生产要素的优化配置，以 G20 为基础的合作平台也是促进世界贸易发展的一个良好契机，世界范围内的服务贸易发展方兴未艾，电子商务平台在世界贸易发展过程中的应用空间仍有待进一步挖掘，绿色经济也将是孕育更多贸易成长空间的土壤，而在北美自由贸易区、欧共体与中国东盟自由贸易区内部贸易成长空间正处于进一步深度挖掘的过程中，区域经济一体化组织将不断扩展。总的来看，尽管这场危机严重打击了世界贸易，但危机迫使全球贸易发展摆脱固有的路径依赖，在后危机时代形成新的突破。

第一，区域经济合作与一体化进程进一步加速。以自由贸易区为核心的区域经济合作将得到强有力的推进，自由贸易协定数量也会不断增加。如果没有区域经济一体化的助推，欧美国家在世界贸易中的比重要下降更多，东盟国家出口在世界贸易中的比重也很难维持在 6％ 以上水平。从全球范围内看，区域经济一体化推动了后危机时代国际经济关系的发展，除了原有的一体化组织需要与时俱进之外，也有一个主角轮换的问题。联合国贸易和发展组织将全球 30 个区域性贸易组织自 1990 年至 2007 年的出口年均增长率进行了比较，结果发现，与同期 8.5％ 的世界贸易年均增长率相比，北美自由贸易区、大湖国家经济共同体、东南非共同市场、欧盟、阿拉伯马格里布联盟等 16 个区域性贸易组织的出口年均增长率低于世界平均水平，而亚太经济合作组织、南亚区域合作联盟、东南亚国家联盟、拉美一体化组织、黑海经济合作组织等 14 个区域性贸易组织的出口年均增长率高于世界平均水平。不难看出，出口年均增长率高于世界平均水平的 14 个区域性贸易组织基本上都与"金砖五国"、"金钻十一国"和"展望五国"密切相关，这说明后发优势在很大程度上左右着当今世界区域经济一体化的成效。在后危机时代，随着美国家庭持续减少其消费并增加其储蓄，从而减少其引致性进口。对高度依赖出口的东亚地区而言，将在一定时期内面临外部需求不足的挑战。在这种背景下，东亚各国进一步推动区内经贸合作的意义更加重要。

第二，**随着世界贸易发展的主导力量此消彼长，世界贸易的主导格局将会发生深刻变化。**在世界贸易恢复增长势头的同时，发达国家在世界总贸易中仍占据主导地位，但随着"金砖五国"和"金钻十一国"经济的相继崛起，发达经济体与新兴经济体的国际市场份额也有此消彼长的趋势，而在服务贸易方面，新兴经济体的潜在成长空间依然十分广阔。

第三，**世界贸易发展将回调至与世界经济相适应的水平。**第二次世界大战后至今的绝大多数年份，世界贸易的增长速度要比世界经济的增长速度快 3 个百分点以内，而从 1990 年以来的情况看，前者的增速高于后者一倍左右。随着金融危机的爆发，世界贸易与世界经济的增长虽均受到压制，但两者之间却依然存在着显著的正相关性关系。随着后危机时代的来临，世界贸易和世界经济增长率将会"转正"。在后危机时代初期，世界贸易的增长速度有可能会在短时间内比世界经济增长快很多，以后逐步缩小差距，最终两者之间的差距有可能萎缩至 2 个百分点左右。值得注意的是，近年来世界服务贸易的增长速度接近货物贸易增长。2005—2011 年，世界服务贸易与货物贸易分别年均增长 9％和 10％。

第四，世界初级产品市场价格呈现总体上涨趋势。近些年来，国际市场大宗商品价格加速上涨，相应加大了世界经济的运行成本。据国际货币基金组织统计，2001 年至 2011 年，以美元计算的世界大宗商品价格指数上涨 229.7％。其中，能源价格上涨 303.8％，金属价格上涨 244.2％，原料性农产品价格上涨 61.6％，食品价格上涨 122％，饮料价格上涨 213.3％。前些年，国际大宗商品价格上涨在很大程度上与发展中国家的需求增长关系密切，全球对石油、大豆、天然橡胶、铁矿石以及部分有色金属的需求增量几乎都来自新兴经济体。在过去的十年中，全球原油消费量增长 13.5％，而来自新兴经济体的原油需求则增长 39％。特别值得关注的是，中国的石油对外依存度在 2011 年已达 56.7％。由于经济增长方式粗放，进口依存度高，进口秩序混乱等方面的原因，发展中国家对国际大宗商品定价缺乏话语权。随着各种金融衍生工具的介入，大宗商品价格中的金融属性越来越明显，而跨国公司对垄断地位加以滥用、干预原材料生产国政局、开发利用替代资源也进一步强化了发达经济体在按自身意愿左右国际市场大宗商品定价的能力。随着世界经济趋向复苏，特别是新兴市场群体性崛起，对资源性产品的需求将持续增加，世界初级产品市场供应总体趋紧，世界范围内大宗商品价格呈现出长期化的上涨趋势，但由于转变经济增长方式、去杠杆化、资源替代等因素的作用，伴随着相当一部分金融资本的陆续撤出，国际市场大宗商品价格仍处于可控状态，上涨的力度会有所减弱。

第五，全球贸易摩擦显著增加的同时也会在密集领域上呈现出一些新变化。在世界贸易逐步恢复增长时期，贸易保护主义总的来看在一定程度上呈加剧趋势，但侧重点有所变化。据世界贸易组织统计，2009 年至 2011 年间，全世界的反倾销立案数分别为 209 件、171 件和 155 件。今后一个时期，全球贸易摩擦增多的同时也在发生密集领域上的变化。一方面，除了关税、配额、许可证、反倾销、反补贴等传统手段之外，贸易保护主义更多以新的面目出现，特别是一些发达国家依仗着技术标准上的话语权优势，滥用技术性贸易壁垒、绿色壁垒、社会壁垒等更多新型贸易壁垒。2012 年前 4 个月，WTO 成员提交了 806 份 TBT 通报，比 2011 年同期的 604 份增加了 33.4%。另一方面，贸易摩擦也不仅仅局限于针对市场准入行为设置壁垒。2012 年 1 月 30 日，世界贸易组织就中国限制 9 种原材料出口一案做出裁决，确认中国对这些原材料实施出口税和出口配额限额违背了国际贸易规则，必须加以改正。随着中方限制出口 9 种原材料被世贸组织判为"败诉"，也必然会对稀土等重要资源的出口管理带来压力。2012 年 7 月 23 日，世界贸易组织决定设立专家组，对中国稀土、钨、钼三种原材料出口限制进行调查。除了中国之外，当今世界许多国家都会在特定情况下对出口进行限制，而这些针对出口的限制也有可能成为未来贸易摩擦的"策源地"。例如，俄罗斯、乌克兰和泰国在一定时期对粮食出口进行限制。又如，近年来，印度也将铁矿石块矿出口关税从 10% 提高到 15%，而澳大利亚政府对国内资源业推出税率高达 40% 的"资源租赁税"，此举必将转嫁到澳大利亚的铁矿石出口价格上。

五、后危机时代世界投资将呈现新格局

相对于世界贸易来说，在愈演愈烈的金融和经济危机中，世界

投资形势更加恶化，而恰恰在这种严峻的形势下，各种投资机遇也应运而生，关键在于如何在抓住机遇的同时，有效规避各类投资风险。

第一，国际投资将在最初恢复性增长基础上回归正常增长状态。 与贸易发展在某种程度上侧重于机会有所不同，跨国投资项目的实施与否在很大程度上则体现出为求稳与求准的侧重。近些年来，在经历了金融危机的冲击后，全球跨国投资规模一度萎缩，而且至今处于缓慢恢复性增长阶段。联合国贸发会议公布的《2012 年世界投资报告》中预测，2012—2014 年全球 FDI 流入量分别达到 1.6 万亿美元、1.8 万亿美元和 1.9 万亿美元，依然低于国际金融危机爆发前的 2.05 万亿美元水平。从今后十年的发展来看，国际投资规模将会继续增长，先是呈现出恢复性增长，然后是回归正常增长，但总体上来看，21 世纪第二个十年国际直接投资增长速度要慢于 21 世纪第一个十年。

第二，发展中国家将在世界直接投资中扮演重要角色。 由于国际生产与国际消费越来越向新兴市场转移，跨国公司逐步加大了在广大发展中国家进行效率寻求型与市场寻求型项目的投资力度。2011 年，流入发展中国家和转型经济体的 FDI 占全世界的 51％。为了强化风险控制能力，近期一些欧洲国家的商业银行也在力图提高资本充足率，在很大程度上影响到企业的对外投资能力。相比之下，出于规避风险等方面考虑，发展中国家在对外直接投资流出方面显得比流入更慎重。2011 年，发展中国家对外直接投资占全球 23％，虽依然属较高水平，但规模比上年下降 4％。长期来看，未来发展中国家将会是国际投资领域的最活跃参与者。

第三，后危机时代的跨国投资将凸显世界范围内产业分工变化与企业跨国经营规模扩大之间的互动关系。 在后危机时代，国际产业分工格局将受到挑战，许多发展中国家将会继续利用外国直接投资来发展本国经济，增加就业机会，但发展中国家将会更加侧重于引进优势互补型外资项目，在利用外资过程中获取更多技术转让。与此同时，发达国家的跨国公司也将加快生产能力的全球优化配置。一些发达国家的跨国公司在向发展中国家转移生产能力的过程中，则更加侧重于市场寻求型项目，尽可能维持对核心技术的垄断。能够深度影响国际产业链条的跨国公司将发挥至关重要的作用。后危机时代能否形成新一轮全球产业转移的浪潮尚有待观察。

第四，投资保护主义将进一步蔓延。这种投资保护主义是双向的：一方面，从东道国的角度来看，虽然东道国政府依旧希望通过吸引更多外来投资来振兴本国经济，但对外来投资的干预也有所强化。事实上，前些年中海油并购美国尤尼科石油公司被美国国会阻止就很能说明投资保护主义力量的强大，而前段时间中铝并购力拓未果表面看是因为力拓毁约，而其背后则反映来自澳大利亚政府的压力。另一方面，从投资母国来看，发达国家跨国公司在进行产业转移中，也更加注重对其自身知识产权的保护，这在一定程度上将会影响世界投资的增长。总的来看，无论是从东道国来看，还是从投资母国来看，投资保护主义凸显了一些国家政府对于经济安全的关注程度的上升，同时在很大程度上是受到意识形态、价值观以及冷战思维的影响，客观上表现为非商业利益对商业利益的挤压，因此必须予以高度重视。

第五，投资主体的新变化将对未来世界投资发展产生不确定影响。从投资主体来看，尽管世界经济形势暂时不甚明朗，但跨国公司的国外销售额、雇员人数和资产额均有所改善。2010年，世界各地的跨国公司在母国和海外市场创造的附加值约为16万亿美元，相当于世界GDP的1/4。联合国贸发会议预计，未来跨国公司的海外子公司出口额将要占全球出口总额的1/3。未来十年世界投资规模的扩张主要受"四大主力"的带动：一是国有跨国公司，资本、资源、技术等生产要素的合理配置对于任何国家实现可持续发展来说都意义重大。联合国贸发会议估计，全球有650家国有跨国公司，下属 8 500 家海外分支机构。在全球前 100 家跨国公司中，国有跨国公司占 19 家。虽然这些国有的跨国公司不到跨国公司指数的 1%，但所带来的直接投资却达到全球的 11%。二是现有的境外投资企业，由于经营业绩较好，一些现有的境外投资企业利润增加，2010 年的利润再投资几乎比 2009 年翻了一番。三是私募股权，其发展在很大程度上会使国际金融市场趋于活跃，安永公布的《全球私募基金观察报告》表明，2010 年全球私募基金业务金额增加 74%，大约有 2 000 余个案例，标的价值达 2 360 亿美元。然而，私募股权的迅速增加也会加大国际投资的监管难度以及运行的不确定性。四是同行与上下游企业并购，随着欧债危机影响范围的扩散以及影响程度的加深，今后"支撑不下去"的企业也会越来越多，迫切需要同行与上下游企业通过并购来进行资产重组与业务调整，而此时并购成本相对要低一些。

第六，海外投资风险更进一步凸显。现阶段，世界政治与经济都存在巨大变数，跨国投资也正步入风险高发期。一方面是商业风险、政策风险和社会风险增多，特别是货币价值不稳定带来的汇率风险、外汇管制等政策风险、立法议会的审查抵触、劳资纠纷、政府更迭、政府官员存在腐败现象等风险更是频繁出现。另一方面是安全风险增加，特别是国际政治经济形势日趋复杂多变，西亚北非局势动荡不已，除了战乱之外，一些国家社会治安环境令人担忧，出现了一系列针对外国投资者的绑架、抢劫、敲诈勒索等事件。不难看出，未来世界投资的发展将会伴随更大的风险贴现因子。

第七，国际投资协定数量进一步扩展。迄今为止，国际投资的发展在很大程度上可以说是东道国利用外资政策鼓励的结果，特别是一些发展中国家通过税收、外汇、基础设施、设立出口加工区等办法强化招商引资力度，而一些投资母国也对国内企业进行海外投资特别是投资于矿产资源开发方面的项目予以支持。相比之下，东道国与投资母国之间在政府层面上开展多种形式的投资合作更为至关重要，如签署投资保护协定、避免双重征税协定等方面。2009年，全球共缔结211项新的国际投资协定，其中82项为双边投资协定，109项为避免双重征税协定，20项为其他国际投资协定。截至2009年年末，全世界设计投资方面的政府间协定的累积"存量"达到5939项之多。

六、国际金融和货币体系将出现新变革

国际金融危机和欧债危机重创了国际金融和货币体系，说明原有的国际金融和货币体系与经济全球化的发展方向严重不适应，需要进行大的调整。总体上看，后危机时代国际金融和货币体系将主要呈现以下新变革：

第一，全球金融监管合作加强。危机爆发后，各国致力于金融体系的重构，强化相互合作。危机爆发后不到一年，在历次G20峰会上与会各国领导人都强调，各国应加强彼此银行监管机构的联系，而信用评级公司、对冲基金、表外工具和信用衍生市场也应接受更严格的监管。国际金融危机的爆发在很大程度上导致全球范围内的流动性不足。在市场这只无形之手失灵的情况下，许多国家政府不得不伸出有形之手直接参与救市。事实上，在全球虚拟经济发展过程中，金融市场面临一个去泡沫化的艰巨任务，也就是要"去高杠杆化"和"去金融工程化"，使其回归至合理化水平。在这种情况下，2010年7月，美国通过了《金融监管改革法案》，提出要建立金融稳定监督委员会，作为防范系统性金融风险的机构。英国通过的《2010年金融服务法》中也强调要控制系统性风险，加强审慎性监督。不难看出，货币当局的独立性有所削弱。后危机时代，金融业在现代经济中的核心地位并没有改变，金融业的健康发展依然是各国经济发展的方向性选择。可以预计，在去除过度膨胀的泡沫之后，以金融为代表的虚拟经济发展将在"去高杠杆化"、"去金融工程化"的过程中回归到合理水平，世界的资本市场也开始逐步

趋于理性，虚拟经济的发展最终要服务于实体经济的发展。

第二，国际金融体系经受严峻考验，改革势不可挡，但对改革的方向仍需要取得共识。新兴经济体在国际货币基金组织和世界银行中的地位和话语权得到提升。从 2009 年 9 月 25 日在匹兹堡举行的第三次 G20 首脑会议的协商结果不难看出，各国领导人承诺将新兴市场和发展中国家在国际货币基金组织的份额提高到 5% 以上，发展中国家和转型经济体在世界银行将至少增加 3% 的投票权。未来国际货币基金组织的改革依然任重道远。事实上，虽然中国的份额从 3.72% 提高到 6.39%，投票权从 3.65% 提高到 6.07%，在排名上超过德国、法国和英国，仅次于美国和日本。不过，由于美国仍持有 17.67% 投票权，意味着美国在国际货币基金组织重大决策上将会继续拥有否决权，因为重大决策通过需要至少 85% 支持率。不难看出，未来国际货币基金组织的改革依然任重道远，还有诸多领域要想取得共识仍有很大难度。例如，世界银行行长佐利克主张在改良的基础上恢复金本位制，中国央行行长周小川主张在特别提款权基础上建立与主权国家脱钩的国际储备货币，法国前财长拉加德则认为需要建立包括美元、欧元、人民币在内的多元储备货币。

第三，美元的单一主导地位将再遇挑战，世界货币体系将呈现多元化的趋势。随着华尔街制造的各种金融骗局被广泛揭穿，在世界货币体系中，单极化的美元霸主地位也会被挑战，各种替代货币将成为选择，多极化的世界货币体系将成为可能，整个世界货币市场的动荡很可能因此加剧。国际清算银行（BIS）每三年进行一次的全球中央银行外汇和衍生品调查表明，欧元、日元、英镑、瑞士法郎等已经在全球外汇交易占据举足轻重的地位。2010 年 4 月全球每日的外汇交易量为 3.98 万亿美元，而由于每笔交易涉及两种货币，以单一货币计算的每日交易量为 7.96 万亿美元，其中，欧元与其他货币的交易量为 1.56 万亿美元，而日元、英镑、瑞士法郎和人民币与其他货币的交易量分别为 7 553 亿美元、5 126 亿美元、

2 533亿美元和343亿美元。与此同时，在主要国家的外汇储备中，对美元的依赖程度也有所减轻。据国际货币基金组织统计，1999年至2009年，美元在全球外汇储备中所占比例由71％降至62.2％，而欧元在全球外汇储备中所占比例则由17.9％升至27.3％。此外，泰国、韩国、日本等国家使用美元来进行出口计价的比例在近些年来也明显下降。不难看出，包括欧元、日元、人民币在内的各主要主权货币和超主权货币将被更广泛地采用，人民币国际化将积极有序推进，整个世界货币体系也因此而形成多元化格局。

第四，主权财富基金与私募对冲基金将在新的形态下进一步发展。国家主权财富基金的发展在后危机时代很有可能进一步加速，特别是新型经济体和产油国的国家主权基金将发挥更加重要的作用，而各国主权基金之间相互结盟的情况也会增多。截至2008年，全球已有36个国家和地区设立了56只主权财富基金，通过协助中央银行分流外汇储备、干预外汇市场、冲消市场过剩流动性、执行货币政策等手段来实现国家财富的保值增值。2011年全球主权财富基总的资产高达3.98万亿美元，其中，中东产油国拥有全球主权财富基金的45％，亚洲其他地区占大约1/3。这些主权财富基金的主要资金来源是石油等资源类商品出口，总额为2.5万亿美元；此外，来自官方外汇储备、政府预算盈余、养老金储备和私营化收入的资金为1.4万亿美元。尽管在后危机时代国家主权基金被普遍看好，但潜在的风险也会与日俱增。事实上，导致迪拜债务危机的迪拜世界就是阿拉伯联合酋长国的一家主权投资机构。与此同时，以对冲基金为代表的私募基金，也不会甘于寂寞，仍将会在世界金融市场上寻求空间，我们需要对此保持高度警惕。

第五，全球金融监管合作加强。近些年来，各国致力于金融体系的重构，强化相互合作。国际金融危机以及后续的美债危机、欧债危机在很大程度上导致全球范围内的流动性不足。在市场这只无形之手失灵的情况下，许多国家政府不得不伸出有形之手直接参与救市。2011 年 11 月 30 日，被称为"世界六大央行"的美联储（FED）、欧洲央行（ECB）、英国央行（BOE）、日本央行（BOJ）、瑞士央行（SNB）和加拿大央行（BOC）发表联合声明，宣布采取联合措施向全球金融体系提供流动性，其中包括要建立临时双边互换安排来提供流动性，新的货币互换额度将持续到 2013 年 2 月 1 日。另外，为了保护各成员国的金融稳定，于 2010 年 5 月由欧盟与国际货币基金组织成立了"欧洲金融稳定机制"（ESM），并且成立了"稳定基金"。当欧元区成员国出现金融困境或者重组银行需要贷款的时候，欧洲金融稳定机制可以在德国债务管理局的支持下通过发行债券或其他融资工具来提高贷款支持基金，同时也可以以此来购买主权债务。金融业在现代经济中的核心地位并没有改变，金融业的健康发展依然是各国经济发展的方向性选择。

第二节　国内环境

百年一遇的国际金融危机和全球经济衰退对我国国民经济发展造成了巨大冲击，并将对我国未来发展产生深远影响。但是，中国的基本国情没有改变，战略机遇期依然存在，发展的优势与潜力仍然存在，新的机遇与更加严峻的挑战并存。作为国家宏观经济发展的重要组成部分，中国的外贸发展既要有全球视野，更应当立足基本国情和所处发展阶段的现实情况，从面临的战略机遇与挑战出发，制定后危机时代中国对外贸易发展战略。

一、基本国情和战略机遇期

（一）基本国情未变

一是中国仍然处于并将长期处于社会主义初级阶段。新中国成立 60 年来，特别是改革开放以来，我国社会主义建设取得了令世界瞩目的成就。但社会主义社会的基本矛盾，即生产关系与生产力的矛盾、上层建筑与经济基础的矛盾将长期存在，这就决定了我国仍然处于并将长期处于社会主义初级阶段。这一阶段的基本特征是：摆脱不发达状态，基本实现社会主义现代化的历史阶段；由农业人口占很大比重，转变为非农业人口占多数的历史阶段；由自然经济、半自然经济占很大比重，转变为经济市场化程度较高的历史阶段；由文盲半文盲人口占很大比重，转变为科技教育文化比较发达的历史阶段；由贫困人口占很大比重，转变为全国人民比较富裕的历史阶段。为此，在社会主义初级阶段，必须继续坚持以经济建设为中心、加大改革开放力度、进一步解放和发展生产力，不断丰富社会主义物质财富和精神财富，全面建设小康社会，进而在本世纪中叶达到中等发达国家水平。

二是中国作为最大发展中国家的地位没有改变。中国正处于工业化、信息化、城镇化、市场化、国际化深入发展期，发展中国家特征十分明显。中国经济二元结构将长期存在，城乡差距、沿海地区与中西部地区差距依然巨大。目前，中国已完成了传统的轻纺工业化阶段，正处于工业化中后阶段的关键时期，即重化工业阶段。同时，信息化为作为新型工业化的主要内容，还有很长的路要走。这就决定了中国作为最大发展中国家地位没有根本改变。虽然我国发展中国家特征十分明显，但要十分警惕发达国家对中国的捧杀，即要求中国承担超过当前发展阶段和发展水平的国际义务。

三是中国社会主义市场经济体系仍有待进一步完善。我国社会主义市场经济体系还不成熟、不完善，还存在市场作用发挥不充分、不到位的地方。在充分发挥市场配置资源的基础作用与更好发挥政府宏观调控作用以弥补市场失灵的关系处理上，亦即"有形之手"与"无形之手"的相互关系，还在持续探索之中。我国从法律制度、体制机制，再到市场运行和市场秩序等方面，都存在制约生产力发展的因素。中国面向出口的产业是市场化程度最高、生产效率最高和最具国际竞争力的产业，以市场开放和对外贸易的发展带动国内体制改革和市场化进程，是当前中国最为现实且十分有效的选择。同时，中国在国际上的市场经济地位问题还未完全解决，未来仍要积极争取其他国家承认中国的市场经济地位，这一道路还很漫长。

四是改革开放仍将是推动社会主义各项事业发展的强大动力。以开放促改革、促发展是我国过去 30 年发展成就的一条基本经验。通过对外开放，可以推动经济体制改革，逐步建立开放的体制，使国民经济和世界经济更加紧密地联系起来，形成有利于不断发展和完善开放型经济的体制机制。2010 年 2 月胡锦涛总书记在省部级干部落实科学发展观研讨班上讲话中指出，"要坚持社会主义市场经济的改革方向，提高改革决策的科学性，增强改革措施的协调性，深化经济体制、政治体制、文化体制、社会体制以及其他各方面体制改革，努力在重要领域和关键环节实现改革的新突破，着力构建充满活力、富有效率、更加开放、有利于科学发展的体制机制，形成有利于加快经济发展方式转变的制度安排。"2012 年 7 月 23 日胡锦涛总书记在省部级主要领导干部专题研讨班上进一步指出："我国过去 30 多年的快速发展靠的是改革开放，我国未来发展也必须坚定不移依靠改革开放。"当前，我国经济存在的许多问题是由于开放不足、开放型经济发展不完善、经济国际化水平较低所致。因此，不断推进和提升经济国际化水平，包括生产国际化、金融国际化、科技国际化、人才国际化，这是未来我国进一步提高对外开放水平、完善经济体系、促进国民经济发展的强大推动力量。

（二）经济发展优势未变

一是，中国经济发展的传统优势仍然存在。首先，人力资源丰富的优势没有改变。"人口红利"被认为是我国过去 30 多年取得快速发展的重要原因之一，即我国大量农村剩余劳动力转移到城市，促进了城镇制造业和服务业的发展和繁荣，"二元经济"向城乡统筹和一体化发展过渡中，实现了国内经济总量的扩张和质的飞跃。这又主要表现在我国劳动力价格的国际竞争优势上，很长一段时期，丰富的劳动力供给和低廉的劳动力价格是我国吸收外资和扩大出口的重要竞争手段。虽然近几年来，我国劳动力价格有所上涨，农村剩余劳动力向城市转移的速度也有所减缓，但我国庞大的人口基数仍然是其他国家所无法比拟的。目前，我国位居世界第一的 13 亿人口规模，占世界总人口的比例超过 20%。劳动力价格虽然有所上涨，但相对于世界主要经济体，我国劳动力价格仍然很低。目前我国制造业从业人员工资仅相当于美国的 16%、日本的 9%、韩国的 13%、新加坡的 10%、中国台湾的 22%、香港的 19%，即使与欠发达的越南、印度等国相比，我国劳动力价格也仅仅是相对略高。其次，基础设施的优势没有改变。过去 30 年来，我国借鉴发达国家经验，适度超前建设铁路、公路（高速公路）、港口、机场等交通基础设施，适应城市快速发展的城市基础设施，以及适应互联网快速发展的信息网络高速公路等基础设施，建立了远超印度、越南等国的综合基础设施体系，这为我国优化投资环境，提高企业运营效率，降低企业经营成本创造了良好条件。为应对百年一遇的全球金融危机，我国启动了大规模的投资计划，其中主要投向了铁路、公路和其他基础设施建设，这一轮基础设施建设一方面旨在进一步完成交通运输网络，另一方面则是提高我国交通运输效率，主要标志就是我国将在未来几年进入"高（速）铁（路）时代"，这将在很大程度上缓解我国铁路运输系统的瓶颈。此轮基础设施建设，将为我国经济发展提供强大的交通运输支撑，进一步巩固我国基础设施优势，进一步增强我国经济发展的后劲。再次，产业配套齐全的优势仍然存在。较好的产业配套条件能够大幅度降低制造成本。传统的大企业包括了一整套的生产环节，随着专业化分工的深化，产业配套的成熟，特别是产业集群发展到较高水平以后，大企业中的非核心生产和服务环节外包出去，从而可以大幅提高企业竞争力。产业配套条件，是决定一个产业竞争力的重要因素。近几年来，沿海地区虽然说要素成本上升，但凭借产业配套条件优势，外国投资企业并没有大规模转移到越南、印度等具有低要素成本优势的国家。中国沿海地区的产业配套优势，还将维持相当长的一段时间。

　　二是，中国经济发展的新优势正在形成。首先，人力资本优势。我国劳动力数量继续保持优势的同时，劳动力素质明显提高，通过教育和培训，我国人力资源优势正在转化为人力资本优势。目前我国 15 岁以上人口和新增劳动力平均受教育年限分别超过 8.5 年和 11 年，居发展中国家前列。1991—2010 年我国每 10 万人口在校大学生人数从 304 人增长到 2 189 人，截至目前，我国有高等教育学历的从业人数约 8 200 万人，居世界第一位，并且每年有近 600 万大学毕业生源源不断地充实到劳动力大军中。这使我国从人口大国转变为人力资本大国，形成了世界上屈指可数的巨大的人力资本优势。其次，资本优势。长期以来，外汇和资本短缺一直制约着我国经济发展。然而，经过改革开放 30 多年的发展，我国外汇储备已稳居世界第一大国地位，并成为美国等发达国家国债的主要购买方。根据外汇管理局公布的我国国际投资头寸，我国已经成为资本净输出国家，并且已经成为发展中经济体中最大的对外投资国之一。加之国内居民庞大的储蓄规模，使得我国有充足的资金进行国内投资和其他经济建设。可以说，当前，我国已经摆脱了资本短缺的劣势，资本相对充裕的新优势正在形成。再次，技术研发优势。劳动生产率是衡量技术水平的一项重要指标。数据显示，中国劳动生产率从 1978 年的 908 元/人提高到 2011 年的 61 707 元/人，增长 67.96 倍，年均增长 13.6%，高于同期 GDP 增长速度。同时，我国启动了"创新型国家"体系建设，通过自主研发创新，引进、消化、吸收、再创新等途径，不断强化我国技术研发能力。根据《国家中长期科学和技术发展规划纲要（2006－2020)》，我国社会研究开发投入占国内生产总值的比例将逐年提高，到 2010 年达到 2%，到 2020 年将达到 2.5% 以上。在一些技术领域，如通信（3G）、绿色能源等领域还处于世界领先地位，通过 FDI、技术出口等方式，不断向发展中国家出口先进适用的技术和装备，因此，我国技术研发新优势也正在形成，这将成为未来我国转变经济贸易发展方式的强大支撑力量。最后，后发优势。中国与发达国家相比，在技术装备、基础设施等领域发展还相对落后，但中国可以利用后发优势，引进并采用世界最先进技术，节约巨额研发成本和漫长探索时间。

三是，中国经济增长潜力仍然很大。在国际经济危机和全球经济衰退的背景下，我国宏观经济政策调控空间相对较大，未来经济长期向好的增长趋势没有改变。2009年以来，在世界经济普遍陷入衰退的大背景下，中国经济却一枝独秀，对世界经济增长起了很大贡献，与美国等世界经济强国的差距在进一步缩小。2009年中国经济增长达到8.7%，2010年和2011年又保持10.3%和9.2%的较高速度增长。IMF在2011年10月1日发布报告，2009年世界经济平均下降了0.66%，2010—2012年，世界经济会恢复增长轨道，但仍与中国增长速度相去甚远；同时，2009年，美国、欧元区、日本经济分别萎缩3.5%、4.3%、6.3%，2010—2011年三大经济体虽然有所恢复（见表1—1），但增长速度远不及中国。

表1—1　中国与世界主要经济体经济增长潜力对比（2009—2013）

单位:%

国　　家	2009	2010	2011	2012	2013
世　　界	−0.66	5.11	4.0	4.0	4.5
欧元区	−4.3	1.8	1.6	1.1	1.5
中　　国	8.7	10.3	9.2	9.0	9.5
日　　本	−6.3	4.0	−0.5	2.3	2.0
美　　国	−3.5	3.0	1.5	1.8	2.5

注：中国2009—2011年为国家统计局实际数值；世界、欧元区、日本、美国2009年和2010年为实际数值，其他年份为IMF预测值。

资料来源：IMF2011年10月1日发布的预测数据

（三）战略机遇期未变

党的十六大报告指出，21世纪头20年，是中国必须紧紧抓住并且可以大有作为的重要战略机遇期。21世纪的头20年，虽然影响和平与发展的不稳定、不确定因素增多，国际形势错综复杂，但世界多极化继续演进，和平与发展依然是时代的主题，维护世界和平、促进共同发展面临着新的机遇；新科技革命方兴未艾，为发挥后发优势、争取实现生产力发展的跨越提供了可能；经济全球化深入发展，生产要素在全球范围的重组和流动进一步加快，为我国经济发展提供了有利条件；多年改革开放形成的综合国力和市场经济体制，为我国提供了雄厚的物质基础和良好的体制保障。

过去 10 年，我国抓住重要战略机遇期，在日益激烈的综合国力竞争中牢牢掌握加快我国发展的主动权，国民经济多项指标实现了翻番目标，这为我国到 2020 年实现全面建成小康社会目标和到本世纪中叶实现跻身中等发达国家行列奠定了坚实基础。尽管有 2008—2009 年百年罕见的国际金融危机和全球经济衰退的影响，但未来世界，和平与发展仍将是时代主题。2012 年 7 月 23 日胡锦涛总书记在省部级主要领导干部专题研讨班上指出，综合分析当前国内外形势，我们面临前所未有的机遇，也面对前所未有的挑战，我国发展仍处于可以大有作为的重要战略机遇期。我国应当积极抓住后危机时代的重要战略机遇，全面推进小康社会目标，进一步确立世界大国地位，为迈向世界强国奠定坚实基础。后危机时代的发展将对我国完全实现"三步走"战略目标，实现从经济大国向经济强国转变，产生全局性、长远性、决定性的影响。

一是全面建设小康社会，实现规模赶超。稳定和平的外部环境，为我国全面建设小康社会目标，实现经济规模的赶超提供了机遇。2011 年中国 GDP 规模达到 7 万亿美元，超过日本 GDP 规模，成为仅次于美国的世界第二大经济体。到 2020 年，中国 GDP 有望达到 15 万亿～18 万亿美元区间，世界第二大经济体的地位将进一步巩固，与美国经济规模的差距进一步缩小。届时，我国将全面实现小康社会目标，为完全实现"三步走"战略目标，到 2050 年步入中等发达国家行列奠定坚实基础。

　　二是为我国迈向经济强国，实现创新赶超。中国与世界经济强国的最大差距不在于 GDP 规模，而在于创新差距。创新是推动中国从经济大国迈向经济强国的关键因素，也是实现 2020 年全面建设小康社会目标和本世纪中叶步入中等发达国家行列的关键因素。党的十七大提出，"提高自主创新能力，建设创新型国家。这是国家发展战略的核心，是提高综合国力的关键。"依据美国管理学大师迈克尔·波特地区经济发展四个阶段理论，即生产要素导向阶段、投资导向阶段、创新导向阶段、财富导向阶段，一国经济欠发达时，其经济增长的动力主要依赖基本生产要素；在经济初等发达阶段，投资是驱动经济增长的主要动力；经济跨越投资导向进入创新导向阶段后，即向中等发达和发达阶段迈进过程中，创新将成为经济增长的主要驱动力；财富导向阶段是经济衰退期。世界经济贸易强国的历史兴衰更迭体现了波特经济发展四阶段理论。现阶段中国经济呈现出自身与众不同的显著特点，表现为生产要素、投资与创新"混成驱动"，未来将不断依靠创新驱动前行。

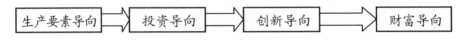

图 1—1　波特四阶段理论示意图

　　未来 10 年（2010—2020 年），中国人均 GDP 将进入 5 000 美元～12 000 美元区间。2011 年人均 GDP 超过 5 400 美元，到 2020 年人均 GDP 有望达到 9 000 美元～12 000 美元。根据美国经济学家钱纳里教授工业化阶段理论的划分，人均 GDP（2000 年美元汇率）在 2 640 美元～5 280 美元标志着已经跨越工业化初期，进入工业化中期阶段。因此，目前我国已经达到中期工业化水平，未来 10 年，将是我国工业化从中期向中后期过渡的重要阶段。在这一时期，依靠基本生产要素投入、投资拉动、模仿等手段驱动经济增长的动能已经不足，而创新，特别是自主创新将成为拉动经济增长的主导力量。我国将初步形成具有中国特色的自主创新模式，预计2020年，初步建设成为创新型国家；世界工厂向世界创新基地转变取得进展；实现经济增长由主要依靠增加物质资源消耗向主要依靠科技进步、劳动者素质提高、管理创新的转变。

二、中国开放型经济发展呈现新趋势

（一）加速推进经济发展方式转变

胡锦涛总书记在2012年7月23日省部级主要领导干部专题研讨班上指出，以科学发展为主题、以加快转变经济发展方式为主线，是关系我国发展全局的战略抉择。要扎扎实实抓好实施创新驱动发展战略、推动经济结构战略性调整、推动城乡发展一体化、全面提高开放型经济水平等战略任务的贯彻落实，着力激发各类市场主体发展新活力，推动工业化、信息化、城镇化、农业现代化同步发展、全面深化经济体制改革，不断增强长期发展后劲。

首先，促进经济增长由主要依靠投资、出口拉动向依靠消费、投资、出口协调拉动转变。1978—2007年，消费率不断走低，投资率稳中有升，而出口率（即出口贸易依存度）在持续扩大（见图1—2）。但是，2008年以来，国际金融危机对我国出口造成了较大冲击，2009年出口下降16％，是1983年以来的首次负增长；而当年随着国家4万亿投资计划的陆续实施，导致2009年投资率有较大幅度上升，而2009年出口率进一步回落至23.8％，金融危机以来消费率则保持相对稳定态势。但这只是金融危机这一特殊时期的短期现象。从中长期发展趋势看，可以预计，随着我国内需特别是居民消费需求的扩大，未来10年，我国消费率的下降趋势将会得到遏制，并将有所回升，投资率在近两年内会有所上升，但从中长期看将处于下降通道，而出口率受国际金融危机的影响，近两年内会有所下降，但从中长期看出口仍将保持高于GDP的速度增长，出口率也将继续保持高位，从而内外需协同拉动经济增长的局面基本形成。

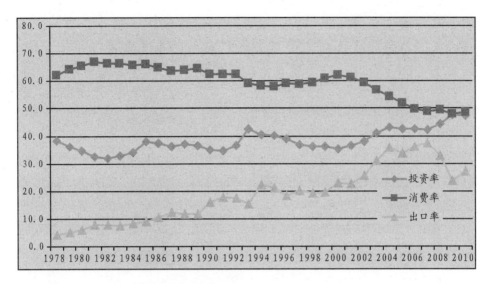

图 1-2 1978—2010 年中国消费、投资与出口与 GDP 的比例（%）

注： 投资率＝当年资本形成总额/GDP，消费率＝当年最终消费支出/GDP，出口率＝当年出口额/GDP。

资料来源： 历年《中国统计年鉴》

其次，由主要依靠第二产业带动向依靠第一、第二、第三产业协同带动转变。未来 10 年，中国工业化水平继续提升，服务业将有进一步发展，农业在国民经济中的比重进一步下降。根据工业化发展阶段理论，第一产业比重小于 20%，第二产业产值占比大于第三产业占比，这是工业化中期的标志；第一产业比重小于 10%，第二产业产值占比大于第三产业占比，就进入了工业化后期。据此，中国在 1993—2010 年为工业化中期，目前仍然处于工业化中期阶段。2010 年，我国第一产业增加值占 GDP 的 10.2%，第二产业增加值占 GDP 的 46.8%，第三产业增加值占 GDP 的 43.0%。"十二五"期间，我国第一产业增加值占 GDP 的比例有望降到 10% 以内，这将标志着中国进入工业化后期。到 2020 年，第二、第三产业占 GDP 比重将进一步上升，根据国家"十二五"规划，到 2015 年，农业基础地位会进一步巩固，工业结构继续优化，服务业增加值占国内生产总值比重提高 4 个百分点。第一产业比重将进一步下降，随着第三产业发展，经济服务化趋势更加明显。

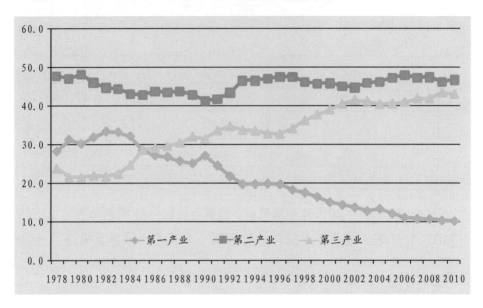

图 1—3　1978—2010 年中国三次产业产值占 GDP 的比例（%）

资料来源：历年《中国统计年鉴》

再次，由主要依靠增加物质资源消耗向主要依靠科技进步、劳动者素质提高、管理创新转变；新兴战略性产业将成为我国经济和贸易发展方式转变的重要推动力量。预计 2020 年，由世界工厂向世界创新基地转变取得重要进展。后危机时代，全球将形成若干新的创新领域和新兴战略性产业，这不仅将成为世界经济新一轮增长周期的根本源泉，也将成为世界各国竞相争夺的国际分工和产业发展制高点。为此，国家将在十大传统产业振兴规划基础上，出台《战略性新兴产业发展规划》，包括新能源、节能环保、新能源汽车、新材料、新医药、生物育种、信息、航空航天和海洋等新兴战略性产业。可以预见，到 2020 年，我国将基本完成传统工业化，新型工业化也将提高到一个新水平，新兴战略性产业初步具备全球竞争力。随着我国新兴战略性产业的成长与出口竞争力的提升，将有助于我国优化出口商品结构、培育新的出口产业增长点，并为在若干重要新兴战略性产业占据全球分工顶层地位作出贡献。

（二）工业化、信息化、城镇化、市场化和国际化将取得新进展

在工业化方面，制造业占 GDP 比重将进一步上升，预计到 2020 年，我国制造业占 GDP 比重将接近 55%，制造业规模居全球首位；以信息化为主要标志的新型工业化取得积极进展。在城镇化方面，2011 年，中国城镇化率达到 51.3%，首次超过 50%。未来 10 年，仍将是我国城镇化快速发展的时期，具有中国特色的城镇化道路将成为我国推进城乡一体化的重要手段。根据国家"十二五"规划，2015 年我国城镇化率提高 4 个百分点，有望达到 55%。2020 年中国城镇化率将进一步提高。

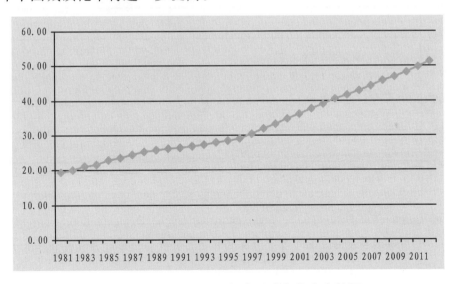

图 1—4 1978—2011 年我国城市化率走势图

注： 城市化率＝城镇人口/总人口。

资料来源：《中国统计年鉴》

与此同时，中国社会主义市场经济体系进一步完善，市场化程度进一步提高；进一步扩大和深化对外开放，国际化程度将进一步提升。未来 10 年，将是我国扩大和深化开放、提高对外开放水平、完善开放型经济的关键时期。在出口贸易规模进一步增长的同时，出口与国内产业关联度进一步提高，对经济增长的带动作用将更大，在产业国际化程度进一步提升的同时，科技国际化、金融国际化（人民币国际化）等经济基础要素的国际化水平进入更高层次。2007年我国出口依存度达到历史最高水平，非服务业、服务业出口依存度和经济外向度分别达到61.73%、9.59%和40.83%，由于国际金融危机的影响，2008年和2009年，我国服务业和非服务业出口依存度及经济外向度有较大幅度下降，2009年非服务业、服务业出口依存度和经济外向度分别降至42.62%、6.15%和27.08%，2010年随着出口形势好转，非服务业、服务业出口依存度和经济外向度有所回升（见图1—5）。可以预计，未来几年我国出口依存度将会保持平稳发展态势。

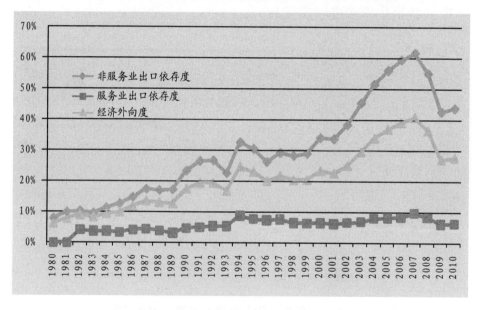

图1—5　1980—2010年中国出口依存度与经济外向度

　　注：非服务业出口依存度＝货物出口/非服务产业（第一、二产业）增加值；服务业出口度＝服务出口/服务业增加值；经济外向度＝（货物出口＋服务出口）/GDP。

　　资料来源：根据《中国统计年鉴》、《中国海关统计》、国家外汇管理局和WTO相关数据计算而得

三、中国对外贸易发展的新机遇

2008 年以来，我国虽然受到国际金融危机和全球经济衰退的影响，但中国经济社会发展的基本面和长期向好的趋势并没有改变。这对我国在后金融危机时代进一步发展和完善开放型经济，特别是转变外贸发展方式，提供了重要机遇，我国必须紧紧抓住并用好这一机遇，进一步巩固贸易大国地位，推进贸易强国的进程。

第一，在世界经济步入调整发展新周期中加快转变对外经济发展方式的新机遇。世界经济步入调整期后，将使我国发展的外部环境发生重大变化，虽然会在一定程度上对我国经济构成威胁和挑战，但同时也是我国加快进行经济结构调整，加快转变对外经济发展方式的机遇。首先，有利于我国经济恢复平衡增长轨道。世界经济失衡导致了当前的全球金融危机和全球经济衰退，在世界经济于危机中实现新的平衡增长过程中，也要求我国经济进行重大的结构调整。当前，中国开放型经济中存在一些失衡或不协调的问题，如外需与内需、货物与服务贸易、出口与进口、资本流入与流出等的不协调或不平衡，都是中国转变对外经济发展方式过程中应着力解决的问题。这些不平衡在中国处于较低水平的高速追赶过程中，其矛盾与负面作用并不十分明显。但在后危机时代，随着世界经济结构的重新调整，中国面临的国际经济环境将发生较大变化，我国对外经济发展方式也将加快调整。其次，有利于培育一批自主发展型企业。通过淘汰一批生产力落后和缺乏竞争力的企业，培育一批抗风险能力强、具有竞争能力的自主发展型企业。通过优胜劣汰法则，经受住危机考验的企业在未来将有更大发展潜力，拥有自主知识产权、自主品牌、自主营销渠道、本地化生产的企业将会进一步得到加强。最后，有利于培育外贸新增长点。从金融危机过程中外贸发展态势看，未来高端制造业（汽车、机床、精细化工）、节能环保产业和现代服务业将会成为我国出口新增长点。同时，还会挖掘传统出口产品的附加价值，为出口的可持续增长提供新动力。

第二，在世界贸易新格局形成过程中进一步利用有利的贸易发展新机遇。每一次全球性金融危机，都伴随着世界经济版图的重新分化组合，各国经济贸易地位的重新调整。全球性金融危机和经济衰退，势必会在未来一段时间对全球贸易格局产生深远影响。中国务必牢牢抓住世界贸易格局动荡调整带动的机遇，进一步巩固作为世界贸易大国的地位，同时推进贸易强国进程。首先，贸易增长有空间。未来10年，世界贸易仍将保持高于世界经济增长速度增长，这为我国进一步提高贸易份额，巩固贸易大国地位创造了条件。从近期来看，中国完全可以借助危机进一步提高在国际市场上的相对份额。从中远期来看，美、德在20世纪90年代出口占世界比重均有超过12％的纪录，英、美在历史最高位时都占25％以上。同时，我国对新兴经济体和广大发展中国家市场的开拓还相对不足，而它们在后危机时代的世界贸易新格局中的地位将进一步上升，这为我国深化实施市场多元化战略，加快实施新兴市场战略，培育新的出口市场增长点提供了机遇。其次，贸易增长有实力。我国劳动力成本相对较低、产业门类齐全，高、中、低全产业链条等优势仍然具备，国际刚性需求仍然存在，外贸的综合竞争优势仍然较强。这决定了在大国力量动态变化过程中，我国国际地位将会显著提高。最后，贸易增长有潜力。在全球气候变化的背景下，绿色贸易可能成为后危机时代全球贸易的新主题，预计未来世界低碳产品贸易增速将超过世界货物贸易平均增速，而我国货物贸易中的环境友好型产品的国际竞争力与发达国家差距不大，在未来世界低碳产品贸易中有较大潜力；我国服务贸易起步较低，服务贸易出口占我国总出口比重约为8.8％，不足世界平均水平的一半，我国外向型生产性服务业未来的出口增长潜力有待进一步释放。

第三，在国际投资新格局中加大"走出去"步伐，逐步成为世界投资大国的新机遇。后危机时代，我国应更加紧密地把"引进来"和"走出去"结合起来，更加紧密地把"商品输出"与"资本输出"结合起来，推动贸易和投资互动发展，形成商品输出、资本输出、技术输出、人力资源输出的对外经济格局。可以预见，我国"走出去"步伐将明显加快，通过扩大对外投资，参与全球和区域经济合作等方式，在国际经济舞台将扮演更加主动、积极的角色，在全球的国际分工地位和国际分工收益也将明显提高。这就要求我国对外贸易要顺应未来我国开放型经济发展的趋势，积极发展服务贸易，使其成为我国外贸新增长点；将双向投资和对外贸易紧密结合起来，将商品输出、资本、技术、人力资源输出结合起来，将出口和我国企业海外分支机构的当地销售结合起来，不断扩大我国对外开放和国际化水平的同时，提升我国开放型经济发展水平。

第四，在国际金融和货币体系变革中加速推进人民币国际化进程的新机遇。货币国际化是国家经济国际化的重要组成部分，也是衡量国家的世界地位与国际影响力的重要标志。货币的国际化进程与国家综合实力和经济竞争力紧密相关，在金融危机过程中导致的国际力量重新分化组合，也势必会影响各国货币的国际地位的重新调整，这为中国在后危机时代国际金融和货币体系变革中，加速推进人民币国际化进程提供了机遇。此次全球金融危机将加速美元霸权的衰落，并将推动国际计价、国际结算、国际储备货币多元化时代的到来。随着中国经济和国际地位的提升，人民币将在新的国际金融和货币体系中占据重要地位。我国也将顺应形势，加速推进人民币的区域化和国际化进程，提高人民币在国际商品计价、国际结算和国际储备市场中的地位。

第五，在全球经济大变革、大调整中扮演更加积极、主动角色的新机遇。对于后起国家来说，每次全球性危机都是改变旧有经济秩序，重新建立新的经济秩序的绝佳时机。对于中国来说，经过改革开放30年的发展，恰逢当前全球金融危机和经济衰退，这也为中国改变过去被动参与的角色，积极扩大国际影响力，争取话语权、规则制定权创造了条件。这就要求中国以自身实力为基础，以肩负世界责任、承担国际义务为出发点，积极在国际市场发挥影响力，在各类国际经济组织内发挥建设性作用。根据《国际组织年鉴》，目前全球有 3 900 多个政府间组织，至少有 300 个与经济有关，而这些组织又可分为六类：第一类是一般性经济组织，用于解决涉及各种经济问题，并影响许多国家的组织，这类组织以 IMF、WTO、世界银行和 OECD 等为核心；第二类组织包括其他专门处理特定问题或行为的联合国特别机构，如粮食和农业组织（FAO）、国际民用航空组织（ICAO）和国际劳工组织（ILO）等；第三类由"区域性"组织构成，如欧盟（EU）、北美自由贸易区（NAFTA）等；第四类是与各种国际商品协定有关的国际体制或协定，如石油输出国组织（OPEC）、糖、锡等国际商品协定所构成的组织；第五类是大量与更加具体的经济事项有关的协定与体制，如世界海关组织（WCO）、世界知识产权组织（WIPO）等；第六类是指众多调整经济关系的双边协议。中国要扩大国际影响力，争取话语权和规则制定权，说到底就是在以上六个方面的组织和机构中发挥更大作用，甚至在某些组织中占据主导地位。后危机时代，发达国家遭受重创，经济贸易地位会相对下降，而中国等发展中国家的地位将进一步上升。在此背景下，中国在世界经济贸易中的地位将异常突出，作为经济和贸易大国的优势地位也将十分明显。届时，世界离不开中国，中国也离不开世界，中国在世界经济贸易舞台上将发挥更大的作用，国际影响力也将进一步上升。相应地，中国产品在国际市场的话语权将会明显提高，中国企业在国际市场上的定价权也将明显上升，中国也将转变自身角色，由原来被动参与世界经济贸易规则的制定，转变为积极参与全球经济治理，积极争取世界经济贸易规则制定权和话语权。未来 10 年，随着中国经济贸易大国地位的进一步巩固和提升，将是中国转变自身形象，实现由被动参与全球经济到发挥大国影响力，增强国际话语权和规则制定权的重要机遇期。

四、中国对外贸易发展的新挑战

胡锦涛总书记在 2010 年年初中央党校省部级干部落实科学发展观研讨班上的讲话指出，"国际金融危机使我国转变经济发展方式的问题更加凸显出来，国际金融危机对我国经济的冲击表面上是对经济增长速度的冲击，实质上是对经济发展方式的冲击。"对外经济发展方式，尤其是外贸发展方式是经济发展方式的重要组成部分，因此，化解后国际金融危机时期中国外贸发展中的挑战，在进一步巩固贸易大国地位的同时，加快迈向贸易强国进程，是中国加快转变经济发展方式，实现由经济大国向经济强国转变的重要方面。后危机时代，中国将面临以下挑战。

第一，外部需求增长相对放缓。受国际金融危机影响，世界经济在一段时期内复苏乏力，基础不稳，经济增长速度相对放缓，因而国际市场需求增长亦将受到影响。与此同时，随着我国成为第一出口大国，进一步增长的空间亦将受到某种程度的制约。后危机时代，全球经济增长将进入相对低迷期，全球消费和国际贸易市场空间将相对有限。一方面，后危机时代，以美国为代表的发达国家，将有可能实现"再工业化"，重新重视生产、制造和出口，美国于 2010 年年初推出的未来五年出口倍增计划就是明证。另一方面，伴随着发展中国家的群体性崛起，它们也都需要利用国际市场带动国内经济发展，这势必引起发展中国家之间对国际市场的争夺。对此，我国应深刻认识未来国际竞争的复杂性与广泛性，要依据国际市场格局的新变化，及时调整我国对外贸易国际格局。

第二，质量和效益不高。贸易质量和效益相对低下的局面仍未根本改变。贸易发展存在人才、科技、标准、环境气候、知识产权等方面的瓶颈制约。30 年来，我国出口的数量扩大、规模扩张、高速增长是其主要特点，但却是粗放经营、外生式（外资依赖）的增长方式，出口质量和效益不高。在贸易条件上，表现为贸易收入条件与贸易价格条件不匹配，即贸易收入条件在改善的同时，却牺牲了贸易价格条件的改善。正是这种发展模式造就了中国当前的贸易大国地位，同时也使中国制造成为低价商品代名词，"世界组装厂"的地位与贸易强国的目标仍有巨大差距。后危机时代，作为世界出口第一的货物贸易大国，数量规模扩张型的增长方式未来发展空间十分有限，粗放型增长、速度优先型发展模式必须转变为速度与质量并重、集约、内生型增长的发展模式。

第三，**低成本竞争优势减弱**。以往我国对外贸易发展主要依靠价格竞争优势，但未来劳动力等低成本价格竞争优势将逐步减弱，人民币汇率长期升值趋势都将对外贸发展构成挑战。一直以来，以劳动力为代表的生产要素低成本优势是构成我国外贸竞争力的主要因素。当前，虽然我国低成本竞争优势已经进入一个结构转换的过渡期，但是农村剩余劳动力向城市的大规模转移仍将持续一段时间。随着国家人口政策的调整，以及人口素质提高、人力资本积累、劳动配置效率的提高，我国将逐步从人口大国向人力资源大国和人力资本大国转变，未来一段时间，我国劳动力价格虽然会有所上涨，但劳动生产率会得到更大程度的提高。因此，后危机时代，劳动力成本逐步上升的趋势将不可避免，这对我国外贸企业习惯于低成本的价格竞争模式构成挑战。与此同时，资源与环境已经成为制约我国经济贸易可持续发展的重要因素，资源和环境已经成为十分稀缺的资源，廉价的资源供应和几乎零成本的环境损害将逐步改变，这将对我国外贸在新环境下继续保持外贸竞争力构成新的挑战。

第四，**贸易结构协调性不够**。首先，货物贸易与服务贸易发展不协调。我国货物贸易发展相对较为充分，而服务贸易发展潜力还未完全释放。目前，我国服务业贸易依存度不足10%，而非服务业贸易依存度约60%；货物贸易与服贸易额之比约为8：1，而世界平均水平为4：1；货物出口占世界出口总额约10%，而服务出口仅约为世界出口总额的5%。其次，出口与进口贸易发展不协调。过去相当长一段时间，促进出口是我国对外贸易发展的主要任务，而进口主要服务于国内短期的原材料、技术装备和出口的中间产品，进口对于深化分工合作、加强国内竞争、提升国内消费者福利的作用往往被忽视。随着我国外汇短缺问题的解决，加之连续数年巨额外贸顺差，导致国际贸易摩擦加剧及人民币升值的压力，我国进出口不平衡的矛盾也日益突出。因此，如何在保持出口快速发展的同时，充分发挥进口对国民经济的有益作用，积极扩大进口，促进贸易动态平衡发展，这将是未来我国面临的重要任务。再次，国内东部沿海与中、西部内陆地区外贸发展不协调。我国沿海十省市占外贸总额的90%，而广大中西部内陆地区不足10%。随着我国沿海地区低成本竞争优势的逐步减弱并推动加工贸易的转型升级，低附加价值产业逐步向中西部内陆转移将是必然趋势，加之国内实施区域经济协调发展战略，将为部分面向出口的产业从东部沿海向中西部转移创造条件。然后，贸易方式存在局限，各种贸易方式发展不协调。一般贸易地位还有待提高。世界主要贸易大国的一般贸易占其贸易总额的绝大部分，而中国一般贸易仅为贸易总额的一半左右，尤其是拥有自主知识产权、自主品牌和自主营销渠道的高技术含量、高附加价值和高效益的出口产品占比很少，这种状况难与推进贸易强国的目标相适应。加工贸易比重过大。目前，中国加工贸易占我国贸易总额近半壁江山，这是世界主要贸易大国中的独特现象。加工贸易虽然增大了我国对外贸易数字，也对我国经济增长、就业和产业结构升级起到了积极作用，但其"根"在国外，其发展受制于人，且国内得到的相对利益较少。后危机时代，保持加工贸易适度发展的同时，促进其转型升级，是我国外贸发展面临的巨大挑战。贸易方式创新不足。目前，一般贸易、加工贸易是我国的主要贸易方式，未来边境贸易、转口贸易、过境贸易、租赁贸易、替代种植等贸易方式还需要进一步发展。最后，国有企业、外资企业、民营企业发展不协调。当前，外资企业在我国外贸发展中起到了主要作用，尤其在高新技术产品贸易中，外资企业占 80％以上，而民营企业在我国外贸发展中的地位还需进一步强化。

第五，**资源环境制约**。一方面，我国外贸发展的资源与环境代价较高，但资源节约、环境友好型贸易发展水平还有待大幅提升。另一方面，自然资源的有限性和稀缺性，以及经济发展对自然资源的依赖，决定了 21 世纪世界各国对国际资源的争夺将更加激烈。传统的发达国家将继续在全球控制资源，新崛起的发展中国家为了自身能源安全和经济发展可持续，也将加入到争夺全球资源的竞赛中。中国作为全球最大的发展中国家，人口众多，迅速崛起的工业和日益庞大的经济和贸易规模，将使中国最终成为全球最大的自然资源消费国，如何在发达国家所主宰的国际资源市场上稳定获得中国的资源能源供给，保证国家能源安全和经济安全，是后危机时代中国面临的一大挑战。

第六，**贸易摩擦加剧**。发达国家重新重视生产和出口，加之发展中国家群体性崛起，国际资源日益紧缺，国际市场争夺也将更为激烈。全球贸易保护主义升温，国际贸易摩擦加剧，中国将面临更多的传统和新型贸易摩擦和贸易壁垒。首先，滥用贸易救济措施。迄今为止，世界上已有 55 个国家对我国出口产品发起过反倾销调查，占我国对外贸易国别地区总数的 1/4 左右。这其中不仅有发达国家，也包括一些主要新兴经济体和发展中国家。金融危机爆发以来，与我国的贸易摩擦更是频发。世贸组织报告显示，从 2011 年 11 月到 2012 年 6 月，20 国集团成员总共颁布 124 项贸易限制措施。独立调查机构全球贸易预警（Global Trade Alert）估计，2011 年全球实行的贸易限制措施比 2010 年增加了 36％。2010 年，我国共遭遇来自 20 个国家（地区）发起的贸易救济调查案件 66 起，其中反倾销 42 起，反补贴 6 起，保障措施 16 起，特保 1 起，涉案金额达 71 亿美元。其次，技术贸易壁垒显著上升。贸易壁垒、技术壁垒等限制措施层出不穷。美欧等联手在人民币汇率、自主创新政策、新能源政策、知识产权保护、投资环境、稀土出口等问题上，频繁对我国施压。最后，环境气候壁垒成为新热点。全球气候变化深刻影响着人类生存和发展，是各国共同面临的重大挑战。在 2009 年年底召开的哥本哈根世界气候变化大会上，发达国家企图通过主导全球气候变化和环境规则，包括约束性的减排义务、边境碳税等手段，在未来低碳经济和环保产业领域占据国际分工的主导地位，同时制约发展中国家进一步发展的权利。由于各方分歧，虽然未能达成全面的后京都时代全球约束性减排协议，但在中方等各参会方的努力下，达成了《哥本哈根协议》。随着未来召开的全球气候大会及全球减排谈判，中国作为最大发展中国家，可能面临发达国家强加给包括中国在内的发展中国家的环境枷锁，制约未来中国发展的空间和潜力。因此，在后危机时代，我国在保持外贸较快速增长的同时，将与频繁发生的贸易摩擦长期相伴。

第二章 战略演进

从新中国成立到改革开放之前，在高度集中的中央计划经济和"对外贸易统制"下，对外贸易只是作为财政平衡、信贷平衡、物资平衡和综合平衡，即四大平衡中物资平衡的组成部分，对外贸易的战略定位为"互通有无，调剂余缺"，与国际市场基本上处于隔离状态，是一种封闭内向型发展模式。我国外贸发展战略是典型的封闭条件下的进口替代战略，独立自主进行工业化建设。

改革开放30年来，我国实现了从高度集中的计划经济到社会主义市场经济的转变，从封闭到开放的转变。在此期间我国外贸发展战略也逐步形成并演进发展。在宏观经济调控的经济增长、通货膨胀、充分就业和国际收支平衡四大指标中，贸易收支是国际收支平衡中的重要组成部分，对外贸易成为参与国际分工与交换的主要方式，其战略定位为充分利用"国内国外两个市场，两种资源"。正是在经济体制改革与转型中，逐渐形成了中国对外贸易发展战略，它也是广义上的国民经济发展战略的重要内容。在改革开放的30年历程中，外贸发展战略，也即国民经济发展战略渐进演变，从内向的进口替代战略、到进口替代与出口导向相结合战略、再到事实上的出口导向战略，在实现中国"三步走"宏伟战略目标中发挥着愈益重要的作用。

第一节 对外贸易发展战略的形成与演进

改革开放30年来，中国对外贸易发展取得了巨大的成就，实现了由小到大的历史性跨越。在这个过程当中，外贸发展战略也沿着进口替代战略、进口替代与出口导向相结合战略、出口导向战略的路径逐步演进。由于我国坚定不移地实行了对外开放的基本国策，外贸战略以及开放型经济发展战略极大地推动了整个国民经济的战略性调整与升级，使我国综合国力和国际竞争力取得了前所未有的历史性跨越，在实现"三步走"宏伟战略目标中发挥了不可替代的重要作用。后危机时代，必须加快转变我国对外经济发展方式特别是对外贸易发展方式，制定和实施新的外贸发展战略，不仅十分必要，而且极为紧迫。

改革开放前，中国实行完全封闭式的进口替代战略，独立自主进行工业化建设。改革开放后，逐步探索开放条件下的进口替代战略，随后在 20 世纪 80 年代末形成了开放条件下的进口替代和出口导向相结合的战略，在本世纪初加入世界贸易组织之后，进一步实现了向出口导向战略的转变①。

一、进口替代型战略时期（1978 年年底—1987 年）

1978 年前，我国外贸发展战略是典型的封闭条件下的进口替代战略。改革开放后，我国采取了探索、渐进式的开放策略，表现在外贸战略上，就是仍然实行过去的进口替代战略，但这是开放条件下的进口替代，与改革开放前的进口替代已有根本不同。

这一时期，我国采取了一系列进口替代战略的重大举措：一是仍然保持较高的关税和非关税壁垒，限制一般工业品和消费品进

---

① 在国际学术界，在开放型经济发展战略研究中，有进口替代和出口导向战略的分类方法。国内外学者关于进口替代和出口导向的研究文献非常多。但我国在对外开放过程中，从未在政府的正式文件中使用过这样的提法。本课题组认为，改革开放 30 年来，我国在开放型经济发展中，事实上遵循了从进口替代到出口导向战略渐进演变的过程。因此，为战略研究的需要，本课题也采纳了这种划分方法，并对此阶段划分作出了简要的评价。

口，避免与国内产业产生竞争；二是进行严格的外汇管制，控制用汇指标，适度贬值货币促进出口贸易发展；三是引进国外先进技术和机器设备，发展进口替代型工业；四是对外贸体制进行初步改革，激发外贸活力；五是引进外资，发展"三来一补"工业，大力发展"出口创汇"型产业；六是设立经济特区、沿海开放城市和国家级经济技术开发区。

这一时期的进口替代战略为我国从完全封闭下的经济逐步探索出口导向型发展战略作了准备，是由封闭走向开放的过渡。同时，这一时期的进口替代战略，不仅完善了我国工业体系，增强了工业实力，为今后有选择性地进口替代，而不是完全进口替代奠定了基础，其在我国对外开放和工业化进程中的历史地位应当给予充分肯定。

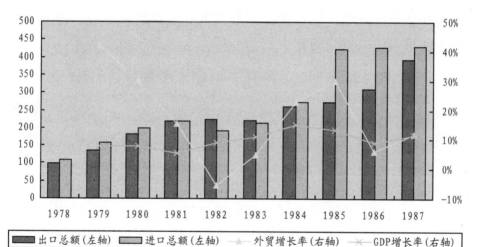

图 2—1　1978—1987 年中国对外贸易与经济增长的对比（单位：亿美元）

资料来源：中国海关统计及历年《中国统计年鉴》

这一时期我国外贸增长速度大幅提高，对国民经济增长的贡献明显增大。1979—1987 年，GDP 平均增速 9.96%，同期我国进出口总额和出口额平均增长 17.52% 和 17.56%，分别高于前者 7.56 和 7.60 个百分点；出口依存度从 1978 年 4.2% 上升到 1987 年的 12.3%，提高了 8.1 个百分点；出口占世界的份额从 1978 年的 0.76% 上升到 1987 年的 1.57%，提高了 0.81 个百分点，世界排名相应从第 34 位上升到第 16 位。可见，外贸对经济增长的带动作用明显增强，在 20 世纪 80 年代末成功实现了邓小平设计的"三步走"中的第一步，即 GDP 规模翻一番的目标。

二、进口替代与出口导向相结合的战略时期（1988—2001 年）

在经历了改革开放初期的探索后，我国进一步学习、借鉴日本、亚洲"四小龙"及"四小虎"的经验，于 1988 年提出了"沿海外向型经济发展战略"，即沿海地区不再与内地争抢出口资源，而是到国际市场"找饭吃"，发展"大进大出"、"两头在外"的产业。同时，对于国内没有比较优势和竞争优势的重化工业，仍然采取开放式的进口替代战略。在客观上，形成了进口替代与出口导向相结合战略。进口替代与出口导向战略相结合主要体现在以下两个方面：一是进口替代工业和出口导向工业并存；二是内地进口替代和沿海出口导向并存。

这一时期的政策设计兼顾了进口替代和出口导向两种战略。主要表现为以下几个方面：一是有选择性地保护而不再是全面保护；二是积极发展出口导向型产业；三是外贸体制改革向纵深推进；四是提出一系列外贸发展的实施战略，如以质取胜战略、市场多元化战略、科技兴贸战略和"走出去"战略等。

这一时期的混合型外贸发展战略极大促进了我国对外贸易的发展。1988—2000 年，GDP 平均增速 9.15%，同期我国进出口总额和出口额的增长速度分别为 14.22% 和 15.99%，分别高于前者 5.07 和 6.84 个百分点；出口依存度从 1988 年的 11.8% 上升到

2000 年的 23.1%，提升了 11.3 个百分点；出口占世界份额从 1988
年的 1.66% 上升到 2001 年的 4.30%，提高了 2.64 个百分点，世界
排名相应地从第 16 位上升到第 6 位。这一时期，沿海地区积极参与
国际分工与交换，充分利用国际产业结构调整与转移的重大机遇率
先发展，促使中国开放型经济上升到一个新水平，极大地促进了第
二步走战略目标，即到 20 世纪末 GDP 再翻一番，提前实现。

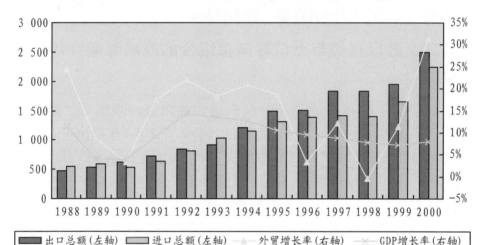

图 2-2   1988—2000 年中国对外贸易与经济
增长的对比（单位：亿美元）
资料来源：中国海关统计及历年《中国统计年鉴》

三、出口导向型战略时期（2001 年年底加入 WTO 之后迄今）

本世纪初加入 WTO 后，随着我国关税水平的进一步降低，原
来进口替代产业的高关税壁垒无法维持，使得进口替代产业越来越
少。人民币汇率维持在相对较低的水平，各种支持出口的财税、金
融等措施进一步完善，贸易便利化进程进一步推进，国内产业配
套、生产能力、物流体系基本以出口为目标，逐渐过渡到出口导向

型战略。

　　需要说明的是，出口导向型战略并非中国政府宏观政策刻意所致。加入 WTO 后，使中国原本具有的出口的巨大潜力进一步释放，出口呈现超高速增长态势。同时，进口关税与非关税壁垒的削减，国内进一步开放市场，进口规模也得以扩大。但由于总体上，出口增速快于进口增速造成的"速度差"，形成了事实上的出口导向型战略。

　　加入 WTO 后，我国严格履行入世承诺，形成了全方位、多领域、多形式的开放格局，并在新的平台上更充分地发挥我国比较优势，参与并融入经济全球化进程。2001—2008 年 GDP 平均增长速度 9.93%，同期我国进出口总额和出口额分别增长 26.12% 和27.27%，高于前者 16.19 和 17.34 个百分点；出口贸易依存度也从2002 年的 25.6% 上升到 2008 年的 32.5%，提高了 6.90 个百分点；出口占世界的份额从 2002 年的 5.02% 上升到 2008 年的 8.89%，提高了 3.87 个百分点，世界排名相应地从第 5 位上升到第 2 位。2009年，虽然受到国际金融危机的严重冲击，但我国 GDP 仍然保持了8.7% 的增长速度，并成为拉动全球经济增长的重要力量；2009 年我国出口下降 16.0%，出现了自 1983 年以来首次负增长，但由于德国等其他国家受到了更为严峻的冲击，使我国得以在当年成为世界第一大出口国。2005 以来，我国贸易顺差连续迅猛增长，2009年贸易顺差虽然较 2008 年 2955 亿美元有所回落，但仍高达 1961 亿美元。到 2009 年年底，我国外汇储备达到 2.39 万亿美元，稳居世界各国外汇储备之首。加入 WTO 以后我国经济现代化和国际化进程明显加速，经济实力明显增强，国际影响力和话语权逐渐提高。

　　经过上述三个阶段外贸发展战略的演进，我国对外贸易明显呈现三级跳，1988 年贸易额是 1978 年的近 4.98 倍，2001 年贸易额是1988 年的 4.96 倍，2009 年是 2001 年的 4.33 倍。1978—2009 年，进出口总额增长率在绝大多数年份均高于 GDP 增长率，起到了贸易拉动经济增长的重要作用。

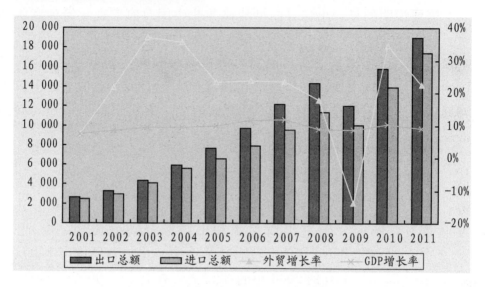

图 2—3　2001—2011 年中国对外贸易与经济增长的对比（单位：亿美元）
　　资料来源：中国海关统计及历年《中国统计年鉴》

　　值得注意的是，2008 年国际金融危机爆发以来，我国进出口贸易发展趋势有所改变。首先，外贸增长速度将不再延续过去近十年的高增长态势，虽然 2010 年和 2011 年实现了较高速度的恢复性增长，但未来一段时期将保持略高于 GDP 的增长速度。其次，贸易顺差缩小，贸易平衡状况得到改善，这是我国扩大进口，积极促进贸易平衡的结果，未来一段时期这一趋势将继续保持。最后，外贸依存度有所下降，这是我国外贸发展受挫的同时 GDP 保持快速增长的结果，预计未来外贸依存度将继续保持平衡下行态势。可以看出，近几年来，不仅国内外客观形势要求我国加快转变外贸发展方式，实行新的外贸发展战略和导向，同时外贸发展的最新动态也体现出新的特征和态势，与过去十来年外贸发展呈现出较大不同。为此，有必要顺应国内外新要求，适应外贸发展客观走向，制定和调整外贸发展战略和政策，引导我国外贸走均衡、协调和可持续发展之路。

第二节　对外贸易发展的巨大贡献
与不可替代的作用

1978—2011 年，我国对外贸易实现了由小到大的历史性跨越，对外贸易进出口总额由 1978 年的 206 亿美元增长到了 2011 年的 36 421 亿美元，从位居世界第 32 位的贸易小国跃居为世界第 2 位的贸易大国，对外贸易对国民经济社会发展贡献巨大，并极大地提高了我国的国际地位和国际影响力。

一、对外贸易发展对国民经济社会发展的巨大贡献

（一）推动经济由封闭走向开放，从高度集中的计划经济到社会主义市场经济的转变

改革开放初期，受历史观念和高度集中的计划经济体制的影响，对外贸易的发展主要通过局部试点或者制定特殊政策的方式进行。1980 年，开始设立深圳、珠海、汕头、厦门 4 个经济特区，实行优惠政策吸引外资，发展对外贸易，为随后对外开放的扩大和深化、为实行市场经济体制起到了极大的示范作用。对外贸易统制的内容、形式和方法在不断发生变化，统制的因素在减弱，市场调节的因素在增强，逐渐转向以市场调节为主。进入 20 世纪 90 年代后，始终坚持对外开放的基本国策，始终将中国特色社会主义道路与经济全球化进程紧密相连，尤其是在邓小平南方谈话后，对外开放步伐大大加快。2001 年加入世界贸易组织，更是推动了我国全方位、宽领域、多层次对外贸易开放新格局的形成。30 余年对外贸易的发展，最终使我国实现了从对外贸易统制、实行国营贸易到奉行以市场经济为基础的自由贸易原则的历史性跨越，创建了各种所有制企业平等参与对外贸易的社会主义市场经济环境。

在很长一段时期，对外贸易被视为国民经济发展的补充手段，

其地位和作用局限于互通有无、调剂余缺。而随着对外贸易的不断发展，使我们逐步认识到经济全球化背景下的中国特色社会主义离不开对外开放，关起门来搞建设是不可能成功的。中国的发展离不开世界，在我国这样的发展中大国建设中国特色社会主义，必须按照统筹国内发展和对外开放的要求，充分利用国际国内两个市场、两种资源，大胆吸收和利用国外的资金、先进技术和管理经验，从内向封闭发展，到外向开放发展，从接触到参与、融入世界市场，使外贸领域成为我国经济体制转向市场经济的先导和排头兵，并最终形成全方位、宽领域、多层次的对外贸易开放新格局。

（二）拉动国民经济快速发展，加快"三步走"宏伟目标的实现

对外贸易发展至少从以下方面拉动了国民经济快速发展。一是对外贸易缓解了外汇和资金双缺口的限制，使我国快速获得制约经济发展的外汇和资金。二是对外贸易发展缩小了国内外技术差距。通过技术引进，我国建立了很多新产业，改造了许多传统产业；技术的消化吸收再创新，进一步提高了我国自主创新能力。三是对外贸易发展缓解了国内能源资源"瓶颈"。随着我国经济的高速增长，我国能源资源短缺状况日益严重，尤其是石油、天然气、铁矿砂等重要战略资源后备储量严重不足。通过发展对外贸易，充分利用"两个市场、两种资源"，保障能源资源供应，弥补我国资源不足，科学开发国内稀缺资源，有利于我国经济可持续发展。此外，从微观层面看，对外贸易发展可以为企业打开国外市场，这使得国内产品的需求量得到提高；这些企业可以服务于一个更广泛的市场，并通过规模经济实现利润；可以使企业以更低的价格买进原材料，从而降低成本；通过引进国外企业的竞争机制，以此提高当地企业的生产效率。

具体来看，出口占 GDP 的比重不断上升，外贸对 GDP 增长的贡献率不断提高，加快了"三步走"宏伟目标的实现。1978—1990

年，我国出口增长 6.4 倍，出口占 GDP 的比例从 4.5％增长到了
15.9％，平均为 10.7％，出口对 GDP 的贡献度（即出口增量占同
期 GDP 增量的百分比）平均为 18.7％，推动同期 GDP 年均增长
9.0％，增长了 2.8 倍，到 1986 年就提前完成了"三步走"发展战
略部署中的"第一步"，即到 20 世纪 80 年代末，实现国民生产总值
比 1980 年翻一番。1991—2000 年，我国出口增长 3.5 倍，出口占
GDP 的比例从 17.6％增长到了 20.8％，平均为 18.9％，出口对
GDP 的贡献度平均为 21.7％，推动同期 GDP 年均增长 10.6％，增
长了 2.5 倍，到 1993 年就完成了"再增长一倍"的第二步战略目
标。2001—2011 年，我国出口增长 7.1 倍，出口占 GDP 的比例从
20.1％增长到了 26.1％，平均为 29.0％，出口对 GDP 的贡献度平
均为 27.9％，推动同期 GDP 年均增长 10.0％，增长了 2.6 倍。

表 2—1　"三步走"发展战略部署下出口与 GDP 增长比较

	GDP 增长（％）	出口增长（％）	GDP 增长（倍）	出口增长（倍）	出口/GDP（％）	出口增长/GDP 增长（％）
1978—1990	9.0	16.7	2.8	6.4	10.7	18.7
1991—2000	10.6	14.8	2.5	3.5	18.9	21.7
2001—2011	10.0	21.7	2.6	7.1	29.0	27.9

注：均按 2000 年不变价格测算。

资料来源：历年《中国统计年鉴》、《中国对外贸易三十年》（改革开放初
期部分年份贸易数据）、USDA＿ERS（改革开放初期汇率数据）

（三）增强产业国际竞争力，加快我国经济工业化和现代化进程

通过发展对外贸易，将国内廉价的蔬菜、水果、玩具、服装等
劳动密集型产品出口到西方以换来大量的机器设备、交通工具和资
本品，提升改造我国纺织、轻工等行业，使这些行业的技术水平、
产品质量和档次都放生了根本性的变化。机电产品特别是高新技术
设备的进口，使我国电子信息技术等高新技术产业和重大装备的设

计制造，从无到有、从小到大发展起来，如通信和电子行业的程控交换机、移动通信设备、数字通信、计算机、卫星通讯的设计制造等，大大提高了我国的综合国力。国内产业在推动结构升级的同时，国际竞争力也在不断提高。目前，我国已有 170 多种商品产量排名世界第一，纺织品、服装、鞋类、彩电、摩托车、空调、DVD、集装箱等 700 多种商品出口量排名世界第一，其中，纺织服装是我国竞争优势最突出的产品，占世界份额的 1/5 左右，处于绝对主导地位。中国制造已经进入世界各大市场，我国已经成为世界重要工业品制造和出口基地。1980 年，我国工业增加值占世界比重仅为 0.2%，居世界第 12 位；到 2005 年，该比重上升到 3.2%，仅次于美国和日本，居世界第三位。因此，对外贸易极大地推动我国完成了以轻纺工业化为主的初步（初级）工业化。当前，我国正在向中高级工业化——重化工业化发展，更需要加强同世界的联系，通过发展对外贸易，充分利用国际国内两个市场、两种资源，推动我国走新型工业化道路（工业化＋信息化）。

（四）增加国家税收，扩大我国外汇储备

1991 年至 2011 年的 20 年间，国家财政用于出口退税的资金累计 56 222.2 亿元，年均增长 20.4%。同期，征收关税和进口环节税收入 88 305.8 亿元，年均增长 24.6%。出口退税与关税和进口环节税收入相抵后，进出口环节为国家直接增加税收达 32 083.6 亿元，占同期全国税收总额的 6.0%。

表 2—2　1985 年以来出口退税额

年　份	出口退税额（亿元）	同比（%）
1985	19.7	—
1986	44.0	123.4
1987	76.7	74.3
1988	113.0	47.3

年　份	出口退税额（亿元）	同比（%）
1989	153.0	35.4
1990	185.0	20.9
1991	254.4	37.5
1992	285.0	12.0
1993	301.0	5.6
1994	450.0	49.5
1995	549.2	22.0
1996	826.0	50.4
1997	432.5	−47.6
1998	437.0	1.0
1999	627.7	43.6
2000	810.4	29.1
2001	1 071.5	32.2
2002	1 259.2	17.5
2003	1 988.6	57.9
2004	3 484.1	75.2
2005	4 048.9	16.2
2006	4 877.2	20.5
2007	5 635.0	15.5
2008	5 865.9	4.1
2009	6 486.6	10.6
2010	7 327.3	13.0
2011	9 204.7	25.6

注：1985 年开始实行出口退税制度。

资料来源：历年《中国统计年鉴》、财政部《2011 年税收收入增长的结构分析》

表 2—3　1979 年以来关税及进口环节税收入

年　份	关税收入（亿元）	同比（%）	进口环节税收入（亿元）	同比（%）
1979	26.0	−9.6	—	—
1980	33.5	28.8	—	—
1981	54.0	61.2	—	—
1982	47.5	−12.0	—	—
1983	53.9	13.5	—	—
1984	103.1	91.3	—	—
1985	205.2	99.0	—	—
1986	151.6	−26.1	—	—
1987	142.4	−6.1	—	—
1988	155.0	8.8	—	—
1989	181.5	17.1	—	—
1990	159.0	−12.4	—	—
1991	187.3	17.8	149.1	—
1992	212.8	13.6	166.1	11.4
1993	256.5	20.5	188.2	13.3
1994	272.7	6.3	337.4	79.3
1995	291.8	7.0	356.0	5.5
1996	301.8	3.4	503.7	41.5
1997	319.5	5.9	558.7	10.9
1998	313.0	−2.0	556.3	−0.4
1999	562.2	79.6	1 013.3	82.1
2000	750.5	33.5	1 491.5	47.2
2001	840.6	12.0	1 651.7	10.7
2002	705.0	−16.1	1 885.6	14.2
2003	923.2	30.9	2 788.6	47.9
2004	1 043.7	13.1	3 700.3	32.7
2005	1 066.6	3.2	4 211.7	13.8
2006	1 141.7	7.0	4 962.5	17.8

续　表

年　份	关税收入 （亿元）	同比（%）	进口环节税 收入（亿元）	同比（%）
2007	1 432.5	25.5	6 152.1	24.0
2008	1 770.0	23.6	7 391.1	20.1
2009	1 483.6	16.2	7 729.2	4.6
2010	2 027.8	36.7	10 490.6	35.7
2011	2 559.1	26.2	13 560.3	29.3

资料来源：商务部网站，《2011 年中国统计年鉴》、财政部《2011 年税收收入增长的结构分析》

增加了外汇储备。改革开放初期，我国外汇储备极度短缺。1978 年国家外汇储备只有 1.7 亿美元。20 世纪 80 年代，通过实施鼓励出口创汇的政策措施，我国对外贸易快速发展，到 80 年代末90 年代初，随着我国商品结构的转变，我国进入了贸易顺差阶段。从 1990 年至 2011 年，除了 1993 年出现过贸易逆差，其余年份均为贸易顺差，外汇储备大幅增加。改革开放以来我国对外贸易的快速增长，结束了我国外汇短缺的日子，到 2011 年年末，我国外汇储备规模达 31 811.5 万亿美元，居世界第一位。国家外汇储备的增加和国际收支的不断改善，对增强外商投资信心，保持人民币汇率稳定，防范金融风险，维护国家经济安全起到了极为重要的作用。

表 2—4　1978 年以来我国外汇储备情况

年　份	外汇储备（亿美元）	当年增加额（亿美元）
1978	1.7	
1979	8.4	6.7
1980	−13.0	−21.4
1981	27.1	40.0
1982	69.9	42.8
1983	89.0	19.2
1984	82.2	−6.8

年　份	外汇储备（亿美元）	当年增加额（亿美元）
1985	26.4	−55.8
1986	20.7	−5.7
1987	29.2	8.5
1988	33.7	4.5
1989	55.5	21.8
1990	110.9	55.4
1991	217.1	106.2
1992	194.4	−22.7
1993	212.0	17.6
1994	516.2	304.2
1995	736.0	219.8
1996	1 050.5	314.5
1997	1 398.9	348.4
1998	1 449.6	50.7
1999	1 546.8	97.2
2000	1 655.7	109.0
2001	2 121.7	465.9
2002	2 864.1	742.4
2003	4 032.5	1 168.4
2004	6 099.3	2 066.8
2005	8 188.3	2 089.0
2006	10 663.4	2 475.1
2007	15 282.5	4 619.1
2008	19 460.3	4 177.8
2009	23 991.5	4 531.2
2010	28 473.4	4 481.9
2011	31 811.5	3 338.1

资料来源：《2011 年中国统计年鉴》、国家外汇管理局

（五）扩大了就业，提高了我国国民福利水平

中国对外贸易的发展，提供了大量的就业机会，扩大了社会就业水平。基于非竞争型投入产出模型的测算结果表明，在1987—2007年期间，外贸所带动的就业人数年平均为8 376万人，其中，出口与进口的贡献分别为5 451万人与2 925万人；而在2005年与2007年，随着我国进出口规模的急剧增加，外贸所带动的就业规模突破1亿人，分别达到12 299万人和11 335万人，其中，出口对就业的贡献分别为8 035万人和7 563万人，进口对就业的贡献分别为4 264万人和3 772万人。2010年，外资企业吸纳城镇就业人数近2 000万人，占全国城镇就业的5.3%以上。同样，我国企业"走出去"，扩大了对外劳务合作，拓展了就业空间，缓解了国内就业压力。2001—2011年间，中国在外劳务人数和年外派劳务人数年均增速均在11%左右，2008年10月末在外劳务人数达到高峰，约85.4万人。截至2010年年底，中国对外劳务合作累计派出各类劳务人员588万人次，2010年年末，中国在外劳务人员81.2万人[①]。

通过发展对外贸易，可以从国外进口不同档次、不同种类的消费品，外资企业生产出来的物美价廉的商品可以直接在国内进行销售，繁荣了国内市场，居民可获得消费品的丰富程度和便利程度大幅提高，满足了居民的各种需要，提高了我国国民的福利水平。

（六）促进了思想观念的变革，推动体制改革向纵深发展

过去我国长期实行计划经济，关起门来求发展，市场观念、竞争观念、开放观念非常淡薄，封闭的经济体制和思想观念严重阻碍了经济的发展。通过发展对外贸易，提高了我国的开放水平，解放了人们的思想，有力促进了思想观念变革和体制机制创新，初步建立起了社会主义市场经济体制。

---

① 资料来源于商务部网站。

对外贸易的发展提升了社会各界对深化市场化改革的支持力度，实现了改革力度、开放节奏、社会承受力的协调统一，由此不断推进改革开放向纵深发展。对外贸易相关领域一系列理论和现实问题的广泛、深入研究以及取得的丰硕成果，在不同时期对国家改革开放进程和相关政策创新产生了重要影响。

对外贸易的发展引领和促进了经济体制改革。对外开放以来，作为率先进行市场化取向改革的领域，外贸体制改革始终走在经济体制改革的最前沿，比如改革计划式、指令式的外贸管理体制，下放外贸经营权，对整个体制改革都发挥了重要的先导、示范和促进作用。更为重要的是，2001 年加入 WTO 之后，在国内改革动力削弱的情况下，外贸体制率先与国际规则接轨，倒逼国内经济体制改革向纵深发展，为社会主义市场经济体制的完善起到了重大作用。

对外贸易的发展促进了与国际体制的对接。在对外开放、发展对外贸易的过程中，通过学习发达国家管理经验、管理模式，为我国制定科学有效的改革措施提供了重要依据和来源，大大加快了改革的进程。我国通过对外开放，发展对外贸易，参与国际竞争，了解国际通行规则，尤其是加入 WTO 以后，参与经济全球化，按照国际通行规则办事，促进了社会主义市场经济体系的完善。

二、对外贸易发展极大地增强了我国的国际地位和影响力

对外贸易的发展增强了我国的综合国力。一个国家的国际地位和影响力主要体现在综合国力的提升上。综合国力包含政治、经济、军事、科技、文化等多个方面，经济实力是综合国力的基石和核心部分，而以外贸为主导的对外经济活动能力则反映了一国经济在国际社会中的地位和在国际间实现资源优化配置的能力。因此，对外贸易的发展程度是一个国家竞争力的直接体现。

(一) 作为我国参与国际分工与交换的基本形式,其地位与作用日益重要

对外贸易是我国参与国际分工与交换的基本形式,其地位和作用主要体现在以下方面:一是出口贸易拉动国民经济增长,提升竞争力。出口占国内生产总值的比重,已由 1978 年的 4.5%,上升到了 2011 年的 26.1%,最高时达 37.1%(2007 年)。出口对 GDP 的贡献度也不断提高,由 1978—1990 年期间的 18.7%,提升到了 2001—2011 年期间的 29.0%。二是进口优化产业结构,提升福利水平。通过进口,引进国外技术、先进设备,改造、提升和优化产业结构,重塑了相关产业的国际竞争力。三是进出口的综合作用。通过进出口贸易,可以充分利用国际国内两个市场、两种资源,调节资源的优化配置,提高经济运行效率。

(二) 通过发挥我国比较优势,实现了由小到大的历史性跨越

对外开放以来,我国立足自身优势,扬长避短,主动参与经济全球化,以硬实力提升我国的综合国力和国际竞争力,推动实现由贸易小国向贸易大国的转变,实现了由小到大的历史性跨越。

20 世纪 80 年代,我国从国情国力出发,利用人口多、要素成本低廉的比较优势,积极承接国际产业转移,大力发展加工贸易和劳动密集型产业,推动了外贸的发展,促进了我国出口商品结构升级。这一时期,我国出口额占世界出口总额的比重由 1980 年的 0.91% 上升到了 1990 年的 1.79%,在世界中的位次由第 26 位上升到了第 15 位,工业制成品出口比重已由 1980 年的 49.7% 上升到了 1990 年的 74.4%。

20 世纪 90 年代以来,我国利用国际资本逐渐丰富、产业配套能力强、基础设施较为发达、人力资源素质大幅提高、成本低等新优势,开始承接发达国家高新技术产业和服务业等更高层次的产业转移,全面推动国内产业结构调整升级,进一步优化外贸结构,促进外贸持续快速发展。这一时期,我国出口额占世界出口总额的比重由 1990 年的 1.79% 上升到了 2011 年的 10.7%，在世界中的位次由第 15 位上升到了第 1 位，机电产品出口比重由 1990 年的 17.9% 上升到了 2011 年 57.2%。

（三）积极利用经济贸易大国优势，增强国际经贸规则话语权

贸易大国使我国在国际市场中的地位提升，在国际经济贸易中的角色发生了根本性的变化，我国从国际经贸规则的"旁观者"到遵守者再到参与制定者，在国际经济协调和规则制定中的话语权得到了明显增强。在多边贸易体制中发挥的积极作用越来越大。中国在多边贸易体制中的地位和作用，已经从国际规则的旁观者转变为游戏规则制定者，在世界贸易组织中发挥着越来越重要的作用。在 2008 年 7 月举行的新一轮多哈回合谈判中，中国成为核心成员国之一，使中国在国际多边谈判中的重要作用得到了进一步加强，多次推动谈判朝着积极的方向发展。

（四）中国作为世界市场的重要组成部分，成为支撑世界经济增长的重要力量

中国是世界市场的重要组成部分。2011 年中国进口占世界进口总额的比例为 9.7%，成为继美国和欧盟之后，全球第三大进口目的地国家，是世界上最大的发展中国家市场。同时，也是世界最大的铜、铁进口国和铁矿、铝矿进口国。2010 年，中国 GDP 占世界的比例为 9.3%，首次超过日本（8.7%），位居世界第二位（第一位美国为 23.3%），2011 年中国 GDP 占世界的比例进一步提升至 10.5%，世界第二的位置得到了进一步巩固。中国经济增长对世界的贡献越来越大，2011 年对世界经济增长的贡献超过了 20.8%。

中国对外贸易的不断发展，极大地推进了中国与世界的经济联系，中国经济发展与世界经济密切相关。1997 年，在东南亚金融危机中，中国承受着巨大压力，坚持人民币不贬值，维护了东亚乃至世界经济的稳定。在新的全球金融危机背景下，中国采取刺激经济政策措施的有效性必将通过国际贸易、国际经济合作等形式传递给

世界其他国家，越来越多的国家不得不承认中国在全球经济复苏中的重要作用，中国已经成为支撑世界经济发展的重要力量。

三、对外贸易发展的基本经验

（一）坚持对外开放、提升开放经济水平，是我国外贸持续快速发展的前提

实行对外开放，是党的十一届三中全会以来，我国根据国际形势的发展变化和国内经济发展的要求制定的重大战略，是建设有中国特色社会主义的一项基本国策。实践充分证明，实行对外开放，充分利用国际国内两个市场、两种资源，有利于推动我国经济社会发展，有利于促进我国科技进步和创新，有利于提高我国国际竞争力和影响力，有利于为我国发展营造有利的国际环境，是推进我国社会主义现代化建设的必由之路。

当今世界是开放的世界。在经济全球化深入发展的今天，加强国际经济技术交流与合作，对各国经济的发展越来越重要。近代中国落后于西方诸国的一个重要原因，就是长期闭关锁国。改革开放以来，邓小平同志反复强调，国内外的发展实践都充分证明，关起门来搞建设是不能成功的。我国对外开放的实践也充分证明，中国的发展离不开世界，没有对外开放，没有开放型经济水平的提升，我国的外贸发展就不可能取得今天这样的成就。

（二）坚持改革创新、推进外贸体制改革，是我国外贸持续快速发展的支撑

改革开放以来，我国外贸体制改革始终处于整个经济体制改革的最前沿，始终坚持改革创新，在积极参与多双边和区域经济合作的过程中，不断突破外贸领域的体制约束，外贸主管部门也在不断分权、放权中完善职能，并逐步实现了国内、国际规则的对接。

实践证明，我国外贸体制上的每一次重大突破，都极大地调动了各方面的积极性和创造性，极大地推动了贸易投资便利化和对外

开放进程，都为我国外贸持续快速发展提供了强有力的支撑。改革开放前，我国外贸实行指令性计划管理和统负盈亏，对外贸易由少数几家国营外贸公司垄断经营，国家统一开展对外经济交流活动。这种经营体制严重制约了我国外贸的发展。在此背景下，我国坚持改革创新，不断推进外贸体制改革。以 2001 年 12 月加入世界贸易组织为标志，我国的外贸体制走上了与国际接轨、适应社会主义市场经济要求的体制轨道，通过加强外贸领域的法律法规建设，特别是通过全面放开外贸经营权，有力地促进了各种所有制经济平等竞争、内外资企业共同发展新格局的形成，有力地推进了开放型经济体制的建立，支撑了我国外贸持续快速发展。

（三）坚持立足国情、注重发挥比较优势，是我国外贸持续快速发展的基础

基本国情是坚持对外开放、发展对外贸易的出发点和立足点。我国外贸发展的巨大成就源自立足中国国情、抓住外部机遇，源自发挥自身优势、自主参与经济全球化进程，源自深化市场体制改革、自觉运用国际规则。坚持立足国情、注重发挥比较优势，是我国外贸可持续发展的基础。

20 世纪 80 年代，我国从国情国力出发，利用人口多、要素成本低廉的比较优势，积极承接国际产业转移，大力发展加工贸易和劳动密集型产业，推动了外贸的发展，促进了我国出口商品结构升级。20 世纪 90 年代以来，我国利用国际资本逐渐丰富、产业配套能力强、基础设施较为发达、人力资源素质大幅提高、成本低等新优势，开始承接发达国家高新技术产业和服务业等更高层次的产业转移，全面推动国内产业结构调整升级，进一步优化外贸结构，促进外贸持续快速发展。

（四）坚持与时俱进、适时推出重大举措，是我国外贸持续快速发展的动力

随着经济全球化和区域经济一体化的深入发展，国际国内形势不断变化，坚持与时俱进、适时调整外贸发展战略，事关中国外贸发展全局，事关中国对外开放总体进程，是我国外贸持续快速发展的动力源泉。

例如，1999 年为适应经济全球化、科技全球化的新形势，深入贯彻落实科教兴国战略，我国提出了科技兴贸战略。科技兴贸战略大大促进了我国高新技术产业的发展，实现了高新技术产品出口由逆差转为顺差，高新技术产品出口比重由 2001 年的 17.5％增长到了 2010 年的 31.2％。再如 20 世纪 90 年代以来，全球区域经济合作发展势头迅猛，国家间的竞争正在向区域集团之间的竞争转变。为适应新的发展形势，我国开始推动自贸区谈判，并在 2007 年党的十七大报告中正式提出了实施自由贸易区战略。因此，可以说，与时俱进、适时调整外贸发展战略是我国外贸持续快速发展的动力。

（五）坚持互利共赢、营造和谐外部环境，是我国外贸持续快速发展的保障

互利共赢是我国开展多边、区域和双边经贸合作的基本准则，是我国对外开放成功实践的重要结晶，也是保持我国外贸持续快速发展的重要保障。

坚持互利共赢，必须在实现本国发展的同时兼顾对方特别是发展中国家的正当利益，必须按照通行的国际经贸规则，扩大市场准入，依法保护合作者权益。对外开放以来，我国始终致力于完善国际贸易和金融体制，始终致力于推进贸易和投资自由化、便利化，始终致力于通过磋商的方式妥善处理国际贸易摩擦，始终致力于支持发展中国家增强自主发展能力、改善民生、缩小南北差距，得到了国际社会特别是发展中国家的广泛支持。尤其是入世以来，我国进口的大幅增长为其他国家经济发展提供了巨大的拉动力；我国出口的大量物美价廉的商品，提高了其他国家消费者的购买力。坚持互利共赢，既是实现我国长远发展、推动建设和谐世界的必然要求，也是我国走和平发展道路，推动外贸可持续发展的必然选择。

第三节 制定后危机时代外贸战略的 必要性与紧迫性

百年一遇的国际金融危机以及由此引发的世界经济衰退，对我国现有的对外经济特别是对外贸易发展战略提出了严峻挑战。必须加快转变我国外贸发展方式，制定和实施后危机时代的外贸发展战略不仅必要，而且十分迫切。

第一，从国内环境来看，经济发展方式的转变要求外贸发展方式和结构也要做相应转变。这必然要对现行外贸战略进行重大调整并制定新的战略。一是我国已经进入了全面建设小康社会的关键时期，经济和社会可持续发展的任务更加繁重，国内市场、资源和环境问题日渐突出，产业调整和升级压力增大，经济发展方式亟待转变。如果继续追求规模、数量和速度，会增内外部压力。如果出口过快增长，国内资源环境则难以承受。我国单位 GDP 的能源消耗比世界平均水平高 2.2 倍，比日本高 8 倍。由于出口主要来自制造业，出口的能耗水平比 GDP 的能耗水平更高。我国单位 GDP 的二氧化碳排放高于全球大部分国家，有机污水排放是发达国家的 2～3 倍。因此，随着我国经济开放程度的提高，外部经济因素每时每刻都在影响国内市场和经济的运行，经济发展方式的转变客观要求外贸发展方式必须随之改变，从而迫切需要调整外贸发展战略，以适应国内经济发展方式转变的需要。

二是由于我国在国际分工中的地位不高，在对外贸易过程中实现的比较利益相对较少，长期存在重规模（数量和速度）、轻效益的问题，与外贸有关的企业也存在重产品、重价格，轻品牌、技术和渠道网络的问题。从总体看，多年以来，我国进口价格指数的涨幅持续高于出口价格指数，贸易条件在不断恶化，对外贸易的比较效益存在长期下降趋势。家电、纺织、鞋、玩具等具有较大比较优势的大宗商品，由于企业长期采取"以低价占领市场"的出口策略，出口价格越来越低，利润越来越少。尽管最近两年，受退税等政策调整和国际市场商品价格攀升的影响，我国出口商品价格总体上有所上升，但仍处于很低水平，因此，提高对外贸易的质量效益刻不容缓。

三是要素构成改变，客观要求适应其变化，细分优势，一是充分发挥现有比较优势，促进劳动密集型产业（传统轻纺等产业）进一步发展；二是不断提升动态比较优势，促进技术资本密集型产业（重化工、机电等产业）进一步发展；三是形成新的国家竞争优势，促进高新技术产业（IT、通讯、航空航天、生物医药、新材料、新能源等产业）发展，并使之成为建设创新型国家的主导产业和最具国际竞争力的产业。

第二，从国际环境来看，后危机时代世界经济、贸易、投资相对放缓，国际市场竞争更加激烈，贸易摩擦步入高发期。一是在中国成为世界第一出口大国之际，世界经济增长迟缓，增速减慢，贸易的外部环境更加严峻，中国在世界出口总量和占比上进一步提升更为困难。后危机时代，全球经济增长将进入相对低迷期，全球消费和国际贸易市场空间相对有限；发展中国家的群体性崛起，促使发展中国家对国际市场的争夺更加激烈；发达国家将有可能实现"再工业化"，重新重视生产、制造和出口，不仅发达国家市场空间缩小，还有可能与发展中国家争夺市场。二是国际竞争更加激烈，全球贸易与投资保护主义势头增强，贸易摩擦的领域、范围、对象更加广泛。金融危机以来，世界各主要国家国内经济刺激计划中，除了技术壁垒、安全壁垒、环境壁垒、公平贸易措施等传统贸易保护措施以外，还在大量新出台的购买国货条款中，增添了很多新的贸易保护主义手段。根据WTO贸易技术壁垒（TBT）委员会的统计，近年来，在特定贸易关切事项（specific trade concerns）中，新关切事项（new concerns）数量的增长迅速，已经超过了先前关切事项（previous concerns）。虽然 G20 峰会多次强调要反对贸易保护主义，并力争达成一个全面、平衡的多哈回合谈判协议，但事实上贸易保护主义压力剧增，对未来世界贸易发展构成严峻挑战。三是环境气候变化对贸易的影响愈演愈烈，为外贸发展增添了新的变数。全球气候变化深刻影响着人类生存和发展，是各国共同面临的重大挑战。《联合国气候变化框架公约》及其《京都议定书》已成为各方公认的应对气候变化主渠道，共同但有区别的责任原则已成为各方加强合作的基础，走可持续发展道路、实现人与自然相和谐已成为各方共同追求的目标。但是，发达国家企图通过主导全球气候变化和环境规则，包括约束性的减排义务、边境碳税等手段，在未来低碳经济和环保产业领域占据国际分工的主导地位，同时制约发展中国家进一步发展的权利。中国作为全球最大发展中国家，可能面临发达国家强加给包括中国在内的发展中国家的环境枷锁，制约未来中国发展的空间和潜力。

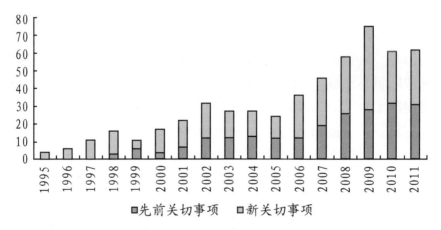

图 2－4　1995—2011 年新关切事项与先前关切事项数量统计图

资料来源：WTO 贸易技术壁垒（TBT）委员会统计

　　第三，中国外贸发展的深层次矛盾与问题，必须通过实施新战略逐步加以解决。当前，我国稳居世界贸易大国行列的同时，也存在一些深层次的矛盾和问题，可主要表现在以下几个方面。一是贸易主体长期由外资主导，外资企业在中国对外贸易经营主体中的比重过高，本土企业偏弱。外资企业在中国外贸中的比重，从 2001 年的 50.8%，提高到了 2011 年的 51.1%，最高年份高达 58.9%（2006 年）。尽管民营企业在我国进出口中的比重也有了较大幅度的提升，从 2001 年的 6.6% 增加到了 2011 年的 28.0%，但企业竞争力普遍不强。本土企业规模小，经营能力不高，只能通过价格等简单手段开展竞争，影响行业效率和整体发展。许多企业缺乏国际战略眼光，对品牌、技术的投入不足，创新能力不强，投入的研发经费比例远远低于发达国家水平，缺乏可持续经营观念；缺乏自己的营销网络和销售终端，产品增值环节和利润实现环节往往被国际营销所掌握。

表 2-5　2001—2011 年我国的贸易主体结构及比重

单位：亿美元，%

年份	进出口总额	国有企业进出口总额	国有企业进出口比重	外资企业进出口总额	外资企业进出口比重	民营企业进出口总额	民营企业进出口比重
2001	5 097.6	2 167.8	42.5	2 591	50.8	338.9	6.6
2002	6 207.7	2 373.5	38.2	3 302.1	53.2	532.2	8.6
2003	8 512.1	2 805.1	33.0	4 722.5	55.5	984.5	11.6
2004	11 547.9	3 300.4	28.6	6 631.8	57.4	1 615.7	14.0
2005	14 221.2	3 660.1	25.7	8 317.2	58.5	2 243.9	15.8
2006	17 606.8	4 165.8	23.7	10 364.5	58.9	3 076.5	17.5
2007	21 738.3	4 945.3	22.7	12 549.3	57.7	4 243.7	19.5
2008	25 616.3	6 110.4	23.9	14 105.8	55.1	5 400.2	21.1
2009	22 072.7	4 794.6	21.7	12 174.4	55.2	5 103.2	23.1
2010	29 727.6	6 219.1	20.9	16 003.1	53.8	7 505.6	25.2
2011	36 420.7	7 606.2	20.9	18 601.6	51.1	10 212.8	28.0

资料来源：根据商务部、海关总署网站数据整理计算

二是贸易方式上加工贸易主导，一般贸易比重过低。自 20 世纪 90 年代初加工贸易在我国外贸比重超过一半之后，直到 2008 年加工贸易出口才降到 50% 以下，但仍在我国外贸中占据着主导地位。我国

加工贸易在价值链中的利益分配非常低。在我国的加工贸易产品中，无论是劳动密集型产品，还是资本技术密集型产品，我国的竞争优势都集中体现在劳动密集的生产制造环节，赚取的主要是加工费用，绝大部分利润被外方从专利技术、市场营销等环节获取。与此同时，一般贸易发展滞后，因此，我国外贸规模扩大的同时，迫切需要优化贸易方式，提升一般贸易的比重，促进外贸自主可持续发展。

表 2—6   2001—2011 年我国贸易方式

单位：亿美元,%

年份	一般贸易		一般贸易		加工贸易		加工贸易	
	出口	占比	进口	占比	出口	占比	进口	占比
2001	1 118.8	42.0	1 134.6	46.6	1 474.3	55.4	939.7	38.6
2002	1 361.9	41.8	1 291.1	43.7	1 799.3	55.3	1 222.0	41.4
2003	1 820.3	41.5	1 876.5	45.5	2 418.5	55.2	1 629.0	39.5
2004	2 436.1	41.1	2 481.4	44.2	3 279.7	55.3	2 216.9	39.5
2005	3 150.6	41.3	2 796.3	42.4	4 164.7	54.7	2 740.1	41.5
2006	4 162.0	43.0	3 330.7	42.1	5 103.6	52.7	3 214.7	40.6
2007	5 384.6	44.2	4 286.1	44.8	6 175.6	50.7	3 684.8	38.5
2008	6 625.8	46.4	5 726.8	50.5	6 751.8	47.3	3 784.0	33.4
2009	5 298.3	44.1	5 338.7	53.1	5 869.8	48.8	3 223.4	32.1
2010	7 207.3	45.7	7 679.8	55.1	7 403.3	46.9	4 174.3	29.9
2011	9 171.2	48.3	10 074.6	57.8	8 354.2	44.0	4 698.0	26.9

资料来源：《2011 年中国统计年鉴》及商务部、海关总署网站

三是贸易地理方向上市场集中度偏高，新兴市场有待开拓。改革开放以来，我国十大贸易伙伴集中度一直偏高，2001 年前十大贸易伙伴的出口占总出口的比重为 87.3%，进口占总进口的比重为

84.5％，2011 年的这两个比重分别为 72.4％和 63.3％。较高的对外贸易市场集中度水平，对国民经济发展的安全与稳定构成了一定程度上的潜在风险。在新一轮对外开放进程中，尤其是在后危机时代，为避免我国国民经济对少数经济体的依赖程度过高，避免高集中度所带来的贸易摩擦，避免主要国家经济波动对我国国内经济的冲击，我国应调整外贸发展战略，在巩固传统市场的基础上，积极开拓和培育新兴市场。

表 2—7　2001、2008、2009、2010 和 2011 年我国对外贸易三大贸易伙伴

单位：亿美元，％

	出口总额	国家（地区）	出口额	占比	进口总额	国家（地区）	进口额	占比
2001	2 661.5	美国	542.8	20.4	2 436.1	日本	428.0	17.6
		中国香港	465.5	17.5		欧盟	357.2	14.7
		日本	449.6	16.9		中国台湾	273.4	11.2
2008	14 285.5	欧盟	2 928.8	20.5	11 330.8	日本	1 506.5	13.3
		美国	2 523.0	17.7		欧盟	1 327	11.7
		日本	1 161.3	8.1		美国	814.4	7.2
2009	12 016.6	欧盟	2 362.9	19.7	10 055.6	日本	1 309.4	13.0
		美国	2 208.2	18.4		欧盟	1 278	12.7
		中国香港	1 662.4	13.8		韩国	1 025.5	10.2
2010	15 779.3	欧盟	3 112.4	19.7	13 948.3	日本	1 767.1	12.7
		美国	2 833.0	18.0		欧盟	1 684.8	12.1
		中国香港	2 183.2	13.8		韩国	1 384.0	9.9
2011	18 986.0	欧盟	3 562.2	18.8	17 434.7	欧盟	2 111.6	12.1
		美国	3 250.1	17.1		日本	1 945.7	11.2
		中国香港	2 679.8	14.1		韩国	1 627.2	9.3

资料来源：商务部网站、国研网数据库、COMTRADE 数据库

四是贸易进出口不平衡，由此引发贸易摩擦。2001 年以来，中国贸易顺差总体呈上升趋势，尤其是在 2005 年以后，贸易顺差增长

明显加快。到 2008 年，我国贸易顺差高达 2 954.7 亿美元，比上年增长 12.5%；2009 年为 1 961.0 亿美元，同比下降 34.4%；2011 年为 1 551.3 亿美元，同比下降 14.5%。伴随着货物贸易顺差的不断扩大，我国遭遇的"两反两保"措施也在不断增加，尤其是受金融危机影响最为严重的 2009 年，针对我国的贸易摩擦愈演愈烈，直接影响我国上百亿美元的出口贸易。

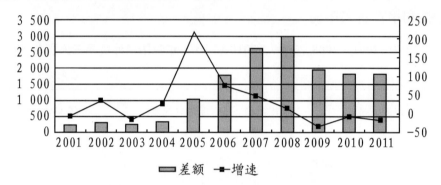

图 2—5　中国贸易差额及贸易差额增速

资料来源：《2011 年中国统计年鉴》和商务部

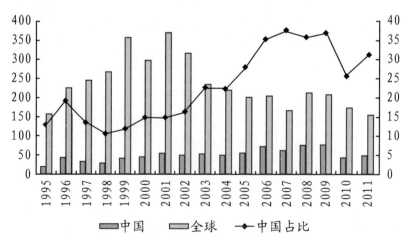

图 2—6　中国遭遇反倾销调查统计图

资料来源：WTO 统计

五是货物贸易与服务贸易不均衡。主要体现在服务贸易占贸易总额的比重低于世界平均水平。2008、2009、2010 和 2011 年，我国服务贸易占贸易总额的比重分别为 10.7%、11.5%、10.9% 和 10.3%，远低于世界服务贸易占世界贸易总额的比例 18.4%、21.4%、19.0% 和 16.4%。货物贸易顺差不断扩大的同时，服务贸易却一直存在逆差。2008 年，中国服务贸易进口增速快于出口，逆差规模进一步扩大，当年服务贸易逆差 115.6 亿美元，比上年增长 51.9%。2009 年，受全球金融危机影响，服务贸易出口降幅远大于进口，逆差达 295 亿美元，同比增长 155.2%。2011 年，服务贸易逆差 549 亿美元，同比增长 149.6%。未来，服务业将是新一轮对外开放的重点领域，应通过外贸发展战略调整，推动货物贸易和服务贸易均衡发展。

第四节　后危机时代中国外贸发展战略的内涵与定位

按照加快转变经济发展方式，大力推进经济结构战略性调整，更加注重提高自主创新能力，提高节能环保水平、提高经济整体素质和国际竞争力，促进经济增长由主要依靠投资、出口拉动向依靠消费、投资、出口协调拉动转变的总体要求，以全球眼光、国情意识、战略思维、改革创新精神以及大国责任感，赋予外贸发展战略新的内涵与定位，从着眼于外贸自身发展向内需与外需协调发展转变，从着眼于我国自身发展向促进我国与世界共同发展转变，从巩固大国地位，推进由大到强转变的总体目标，确定后危机时代我国外贸发展新的战略定位。

一、战略内涵

后危机时代，在我国整个国民经济步入调整结构、加快转型、创新发展的关键阶段，为推动对外经济发展方式转变的需要，中国外贸发展新战略的内涵应当明确为：加快转变外贸发展方式，着眼于自主创新发展，着力提高发展的质量与效益，提升中国制造与中国服务的国际竞争力，增进对外贸易的国民福利。

第一，在发展战略上，从出口导向型向进出口均衡、内外需协调发展战略转变。一是保持货物贸易进出口均衡发展。注重进口在促进国民经济增长方面的积极作用，注重进口在解决国内资源和环境、维护宏观经济均衡、促进国内技术进步、提高经济运行效率和改善对外经济关系方面的积极作用。提高资源进口的主导权，降低大宗商品进口的风险。二是注重减少服务贸易逆差，保持服务贸易均衡发展。鼓励重点领域服务出口、有序承接国际服务贸易转移、创造有利于服务贸易发展的国内环境。三是既要注重外需，又要注重内外需协调发展。从主要依靠投资和出口拉动经济增长向消费、投资、出口"三驾马车"协调拉动经济增长转变。

第二，在发展模式上，由对外贸易"赶超"、"优先"、"超高速"、"外需拉动"发展模式向"巩固地位"、"适度优先"、"速度适中"、"稳定拉动"的发展模式转变。在贸易规模持续扩大的同时，要注重提升贸易的比较利益，实现国际贸易的利益最大化，不断改善贸易条件。

第三，在发展方式上，从追求数量、规模、速度、粗放、外生、扩张型的发展方式向数量与质量并举、规模扩大与结构优化并重，速度适宜与效益提升并存的集约、内生型可持续发展模式转变。在发展对外贸易过程中，改变增量不增利的出口局面，合理反映出口商品的劳动成本、环保成本和资源成本，使企业利益和社会效益相统一。增强在多边贸易体系与区域经济合作中的话语权与国际影响力，提高中国进出口商品的议价能力，推进人民币国际化，全面提升中国开放型经济的国际竞争力。

二、战略定位

对后危机时代我国对外贸易发展新战略进行科学定位，就应以马克思关于国际分工、国际交换和世界市场的理论为指导，顺应世界经济经济全球化发展最新形势，全面参与国际分工与交换，充分利用国际国内"两种资源、两个市场"，在全球范围内优化资源配置，积极发展开放型经济；还应当基于既有比较优势，培育动态的更高层次的比较优势，形成生产要素、市场结构、基础设施、经济制度等在内的综合竞争优势，实现国际分工和对外贸易利益的最大化。

后危机时代对外贸易发展新战略的定位是：拉动经济增长，促进社会和谐，提升国际地位。

一是拉动经济增长，就是要吸收对外贸易是经济增长发动机理论的合理内核，在扩大内需拉动经济增长的同时，也要更加注重出口贸易对拉动经济增长不可替代的作用。拉动国内经济增长的发动机不仅有国内的投资与消费，面向出口的产业在实行追赶型经济发展战略过程中，对经济增长的拉动作用更大，是经济快速发展的"发动机"和"引擎"。这一命题为近300年世界大国交替崛起的历史经验所证实。因此，这就要求我国在扩大内需的同时，绝不能忽视出口对经济增长的拉动作用。

二是促进社会和谐，就是要吸收对外贸易乘数理论的合理内核，充分发挥出口贸易对就业和国民收入增长的倍增效应，这就要求一国应保持适度的顺差规模。一国的出口和国内投资一样，属于"注入"，对就业和国民收入有倍增作用；而一国的进口，则与国内储蓄一样，属于"漏出"，对就业和国民收入有倍减效应。只有当一国进出口贸易为顺差时，才能增加一国就业量，提高国民收入。因此，保持适度贸易顺差，有利于增加就业、提高国民收入，从而实现共享贸易福利，推动社会和谐发展的目的。

三是提升国际地位，就是要吸收国家竞争优势理论的合理内核，积极推进贸易强国进程，全方位培育我国国际竞争力，不断扩大国际影响力。当今世界国家竞争优势的形成是由生产要素、国内需求状况、产业配套能力、公司组织与竞争、国家战略、经济制度等综合因素所决定，尤其是取决于一国的技术创新和产业升级的能力。这就要求我国对外贸易新战略应以培育国家综合竞争优势为目的，在迈向贸易强国进程中，增强我国对外贸易"硬实力"水平，不断提高我国国际竞争力和国际影响力，为实施互利共赢战略、构建和谐世界作出更大贡献。

第三章 战 略 架 构

制定后危机时代中国外贸发展战略，必须统筹国际国内两个大局，树立世界眼光，加强战略思维。按照拓展对外开放广度和深度，提高开放型经济水平的总体要求，统筹国内发展和对外开放，善于从国际形势发展变化中把握发展机遇，应对风险挑战；统筹利用好国内国际两个市场、两种资源；统筹把握好国内产业发展和国际产业分工；统筹处理好不断完善我国社会主义市场经济体制和参与制定国际经济贸易规则，善于利用综合优势，为我国现代化拓展更加广阔的市场空间和提供持久可靠的资源保障。

第一节 指导思想和基本原则

一、指导思想

对外贸易是开放型经济的基础，因此必须明确后危机时代我国外贸可持续发展战略的指导思想，这就是以科学发展观为指导，从全局和战略的高度，不断提高我国在国际分工与交换中的地位，全面参与国际竞争与合作，深化对外贸易在新时期我国国民经济发展中的地位和作用的认识，充分发挥我国现有比较优势，进一步提升动态比较优势，创建新的国家竞争优势，实现对外贸易规模速度与质量效益的统一，促进全面建设小康社会目标的实现，在实现自身贸易利益的同时，求得与贸易伙伴的互利共赢。

二、基本原则

后危机时代我国外贸发展战略应坚持以下基本原则：

（一）改革创新

一是通过深化外贸体制机制改革，着力构建和完善充满活力、富有效率、更加开放、更有利于外贸可持续发展的管理，促进，服务等体制机制，在继承外经贸领域业已实施且具有良好效果的各项战略及工程的基础上，不断创新发展，注入新的活力和内容。二是对外贸易应当在创新中发展。这就是按照建设创新型国家的要求，在外贸领域加大拥有自主知识产权、自主品牌和自主营销渠道及网络的建设，不断提升出口产品的技术含量和附加值，从而获得更大的效益。由一般的加工组装、代工生产向自主研发、自主设计转变，由单一的价格竞争向综合要素竞争转变，将"中国制造"打造成高品质产品的代名词。

（二）开放竞争

在后危机时代，应坚定不移地实行对外开放的基本国策，拓展对外开放的广度和深度，充分利用国际国内两个市场、两种资源，增强参与经济全球化和维护国家经济安全的能力，形成参与国际经济合作和竞争新优势，全面提高开放型经济水平。与此同时，也必须清醒地看到，我国面临发达国家经济科技优势的巨大压力。在外贸领域，从技术标准到知识产权保护，从劳工标准到社会标准，从环境标准到减排标准，从双边贸易摩擦到区域一体化的竞争，再到多边贸易体系主导权等，竞争与压力无处不在。这决定了未来我国的对外贸易发展绝不可能一帆风顺，必定会曲折前行。应学会在开放竞争中促进我国外贸的可持续发展。

（三）协调均衡

要逐步实现五个方面的协调发展。一是国民经济结构中内需与外需的协调。我国经济发展方式转变的核心内容之一，就是促进经济增长要由主要依靠投资、出口拉动向依靠消费、投资、出口协调拉动转变，这就要求把扩大国内需求和合理利用外需有效地结合起来。需要注意的是，扩大内需或内需导向型经济的发展绝不是内向发展，封闭发展，稳定外需和适度扩大外需仍是我国开放型经济发展的不二选择。内外需应当是相互依存、相互补充、互动发展的关系。二是对外经贸领域各项业务的协调发展。即货物贸易、服务贸易、利用外资、对外投资、承包工程、劳务输出、对外援助等业务应相互促进、相互支撑、合力发展。三是多种所有制主体的协调发展。即外经贸经营主体中本土的国有企业、民营企业应与外商投资企业协调发展，特别是要做大做强本土企业，提升其国际竞争力。四是对外贸易市场（对象）的协调，进一步深入实施市场多元化战略，深度开掘传统市场，大力开拓新兴市场、周边市场和广大发展中国家市场。五是国内区域外贸发展的协调。以沿海地区的对外贸易发展带动中西部地区以及东北等老工业基地的对外贸易发展，逐步提升后者的规模与比重，共享开放型经济利益。

要逐步实现三个方面的均衡发展。一是货物贸易领域应当实现进出口贸易的基本平衡，在鼓励出口贸易发展的同时，更加重视进口贸易的作用。二是实现服务贸易的进出口基本平衡，进一步扩大服务贸易出口，有选择地进一步开放服务贸易领域，增加服务贸易进口。三是实现利用外资和对外投资的基本平衡，稳步扩大引资规模，提高引资质量，进一步加大对外投资力度，提高对外投资规模，扩展投资国别和领域，使流入与流出适应我国经济发展阶段和水平。

（四）持续发展

世界范围内能源资源竞争压力加剧，环境问题日益突出，全球气候变化影响激增。这既是对我国国民经济发展的巨大挑战，更是对我国外贸发展的巨大挑战。因此，必须把可持续发展以及绿色发展摆在更加突出和重要的地位。外贸领域应当按照建设资源节约型、环境友好型社会发展的要求，大力发展节能减排环保产品的出口，减少高物耗、高能耗、高污染、低技术含量、低附加值产品的出口，不断优化出口商品结构，在符合我国现阶段经济发展水平的前提下，适当超前布局，渐进提高技术、环境标准国际化水平，并应积极有效应对"低碳经济"的新挑战。与此同时，应大力发展服务贸易，特别是非金融领域的现代生产性服务贸易，有效延伸价值链和供应链，提高对外贸易效益。

（五）合作共赢

当今世界经济、贸易、投资、金融、科技、人才等各个领域的合作不断加强，从国家战略到企业战略，从双边到区域再到多边，合作发展随处可见。随着我国经济实力和综合国力的增强，国际地位和国际影响力的不断提升，世界各国普遍看好我国的发展前景，战略上更加重视，合作意愿普遍增强，这有利于我国通过国际合作加快自身发展。在广泛参与国际合作的过程中，要以自己的发展促进地区和世界的共同发展，扩大同各方利益的汇合点。按照通行的国际规则，扩大市场准入，依法保护合作伙伴的权益。要与发达国家、周边国家和广大发展中国家等各类贸易伙伴在平等、互惠、互补的基础上，实现共同发展，共享发展成果，互利共赢，为构建和谐世界共同努力。

第二节　发展目标

后危机时代，我国仍处于发展的重要战略机遇期，中国外贸发展应立足当前，着眼长远，巩固贸易大国地位，推动贸易强国进程。在发展目标上，应制订相应的数量指标和质量指标，以适应新时期外贸发展战略的要求。

一、发展目标

后危机时代，我国外贸发展战略的发展目标是：在"十二五"期间进一步巩固贸易大国地位，在"十三五"期间，即到 2020 年实质性推进贸易强国进程。

贸易强国意味着我国对外贸易具有强大的国际竞争力。贸易强国是经济强国的有机组成部分和重要支撑，是综合国力和硬实力的具体体现。贸易强国应由科技强国、产业强国、人才强国、规则强国作为强有力的支撑。更为具体地，贸易强国应在贸易规模、进出口结构、贸易模式、产品质量（标准）、品牌国际化、技术、货币国际化、国际投资等方面达到世界领先水平，具体来看：

第一，贸易规模稳步提升。根据商务部确定的"十二五"商务发展的预期目标，"十二五"期间，货物进出口年均增长 10% 左右，2015 年达到 4.8 万亿美元；服务贸易年均增长 11% 以上，2015 年达到 6 000 亿美元。到 2020 年，中国稳居全球货物贸易出口第 1 位、进口第 1 位；同时，服务贸易国际市场份额稳步提升，服务贸易出口、进口跃居全球前 2 位。

第二，拥有一批跨国公司和区域国际品牌乃至世界级品牌。在培育跨国公司方面，第一，培育世界顶级跨国公司。在 2015 年之前，争取 4～5 家跨国公司进入世界 100 强，15～20 家进入发展中国家 100 强；到 2020 年之前，争取 8～10 家跨国公司进入世界 100 强，25～30 家进入发展中国家 100 强。第二，培育中小型跨国公司。争取到 2015 年中小型跨国公司达到 4 000 家；2016—2020 年再增加 500 家，达 4 500 家。与培育跨国公司同步，培育一批区域国际品牌乃至世界级品牌。力争在 2015 年前，中国有 1～2 家品牌入选全球 100 强；2016—2020 年；争取有 3～5 家品牌入选世界 100 强。

第三，逐步占据国际标准高地。逐步占据产品、技术、环境、劳工、社会等标准的国际领先地位。国际标准采标率进一步提高，到 2015 年提高到 65％，到 2020 年提高到 85％，广泛参与原有标准的修改和新标准的制定，推动我国更多的产品标准成为世界标准，全面推进国际相互认证认可。

第四，提升国际贸易规则制定的主导权。在多边贸易规则中拥有主导权。积极参与以自由贸易区为核心、多种形式的区域贸易安排。

第五，商品定价权或议价权。由"价格追随者"变为"价格制定者"，尤其要注重提高在铁矿石、六大有色金属（铜、铝、铅、锌、锡、镍）及稀土资源的定价权。

第六，不断改善我国对外贸易条件。优化外贸商品结构，支持"三自三高"产品出口（拥有自主知识产权、自主品牌、自主营销渠道、高技术含量、高附加值、高效益），提升产品质量档次，不断改善我国对外贸易条件，形成国际竞争的综合优势。

第七，提升人民币国际地位。推进人民币国际化、市场化、自由化进程。扩大人民币跨境使用范围，逐步实现人民币资本项目的可兑换，逐步推动人民币成为国际贸易结算、流通和储备货币。

二、评价指标

以服务经济发展方式转变、提升开放型经济水平为宗旨，依据我国外贸发展转型方向和实际需要，为保持我国对外贸易可持续发展、推动我国对外贸易由大到强的转变寻求科学的对策，结合已有文献[①]，并考虑数据的可获得性，参考《全球竞争力报告》、《全球贸易便利指数》（Enabling Trade Index，简称 ETI）等相关报告与贸易有关的指标，我们设计了贸易强国的评价指标体系。初步拟订

---

①　外经贸部"十五"规划领导小组办公室．新世纪、新目标、新战略．对外经济贸易第十个五年计划重点课题研究报告

了 10 个一级指标、26 个二级指标衡量我国贸易发展程度，并做出了相应的预测。

（一）指标选取

首先，明确综合国力、经济实力（经济强国）和贸易强国均是综合性的概念。第一，综合国力是一个综合性的概念，经济实力（经济强国）是其中一项重要的构成要素。关于综合国力的已有研究成果，包括中国现代国际关系研究所综合国力课题组、中国社会科学院世界经济与政治研究所综合国力课题组以及中国科学院—清华大学国情研究中心等对综合国力指标体系的构建与评估都认为，综合国力主要由政治外交实力、经济实力、军事实力、科技实力和人才及相关资源实力等要素组成，经济实力是综合国力的一项重要构成要素。如中国现代国际关系研究所将综合国力定义为"主权国家经济、军事、科教、资源等方面的实力和影响力的总和"，"它是反映国家盛衰、强弱的战略性指标"[1]。社科院世界经济与政治研究所的研究对综合国力给出了与此相似的定义，认为"综合国力是一个主权国家在一定时期内所拥有的各种力量的有机总和，是所有国家赖以生存和发展的基础，又是世界强国据以确立其国际地位、发挥其国际影响和作用的基础。具体地说，就是在一定的时空条件下从整体上来计量的社会生存发展诸要素的凝聚综合。这些要素涉及资源、经济、政治、科技、教育、军事、社会发展、国际关系等基本领域"[2]。他们认为综合国力具有综合性，是一个主权国家在一定时空条件下，所拥有的各种力量的有机总和，是一个庞大系统的综合体[3]。因此，可以说经济实力是综合国力的一项重要构成要素，

---

① 中国现代国际关系研究所综合国力课题组．综合国力评估系统研究报告（2000年）

② 王诵芬．世界主要国家综合国力比较研究．湖南：湖南出版社，1996

③ 王诵芬．世界主要国家综合国力比较研究．湖南：湖南出版社，1996

经济实力强或者说经济强国是综合国力强国的必要条件。

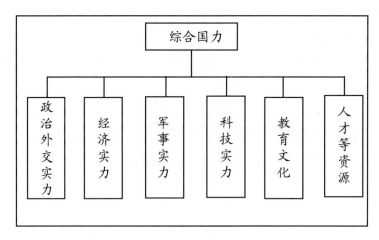

图 3-1　综合国力与经济实力关系示意图

第二，经济强国是一个综合性的概念，贸易强国是经济强国的有机组成部分和重要支撑。与综合国力指标体系的构建思路类似，经济强国同样是一个"综合性"的概念，一般涉及产业、科技、贸易、人才、教育及文化等若干方面。因此，贸易强国是经济强国的有机组成部分和重要支撑。

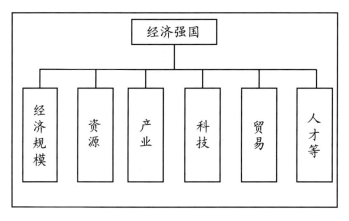

图 3-2　经济强国与贸易强国关系示意图

第三，与综合国力和经济强国相同，贸易强国也应是一个"综合性"的概念，不是一两个指标就可以进行衡量和表示的。本报告中"贸易强国"衡量的是一国对外贸易保持可持续发展的能力，既包含现有"存量"指标，又包含体现未来"增长潜力"的指标；研究的目的是为保持我国对外贸易可持续发展、推动我国对外贸易由大到强的转变而寻求科学的对策。

其次，明确贸易强国理论上应"综合"的具体指标。明确了贸易强国、经济强国和综合国力三者之间的关系、界定了贸易强国背后的理念之后，可以看出：第一，贸易强国意味着某一国家对外贸易具有强大的国际竞争力，具有可持续发展的能力。第二，贸易强国是经济强国的有机组成部分和重要支撑，是综合国力和硬实力的具体体现。第三，贸易强国应由科技强国、产业强国、人才强国、规则强国作为强有力的支撑。更为具体的贸易强国应在贸易规模、进出口结构、贸易模式、产品质量（标准）、品牌国际化、技术、货币国际化、国际投资等方面达到世界领先水平。

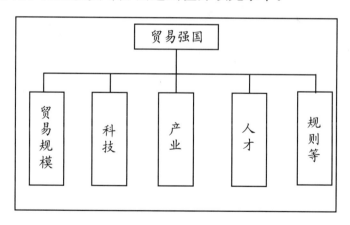

图 3—3 贸易强国指标体系示意图

最后，选取、构建贸易强国评价指标体系。由于贸易强国在理论上应该"综合"的很多具体指标在实践中尚未统计或往往难以统计，因此，本报告贸易强国指标的选取应该在上述理论分析的基础上，结合现有统计数据进行适当调整。也就是说，根据上文分析，考虑数据的可获得性，参考《全球竞争力报告》、《全球贸易便利指数》等国际、国内相关报告及数据库中与贸易有关的指标，我们设计了贸易强国的评价指标体系，初步拟订了10个一级指标，26个二级指标（见表3—1）。

表3—1　贸易强国评价指标体系及编码

一级指标编号	一级指标名称	二级指标编号	二级指标名称
NO.1	市场份额占有率	NO.1—1	货物贸易进出口总额占世界货物进出口总额的比重
		NO.1—2	货物贸易出口额占世界货物贸易出口额的比重
		NO.1—3	货物贸易进口额占世界货物贸易进口额的比重
		NO.1—4	服务贸易进出口总额占世界服务进出口总额的比重
		NO.1—5	服务贸易出口额占世界服务贸易出口额的比重
		NO.1—6	服务贸易进口额占世界服务贸易进口额的比重
NO.2	人均贸易额	NO.2—1	人均货物贸易额
		NO.2—2	人均服务贸易额
NO.3	产品竞争力	NO.3—1	服务贸易总额占贸易总额的比重
		NO.3—2	服务贸易出口占贸易出口总额的比重
		NO.3—3	服务贸易进口占贸易进口总额的比重
		NO.3—4	SITC分类中5—7类产品RCA指数
		NO.3—5	SITC分类中5—7类产品TC指数
NO.4	国际收支平衡	NO.4—1	经常项目差额
		NO.4—2	黄金外汇储备
NO.5	贸易多元化	NO.6—1	前三位出口贸易伙伴占出口总额的比例
		NO.6—2	前十位出口贸易伙伴占出口总额的比例
NO.6	经济规模及人均GDP	NO.7—1	GDP规模
		NO.7—2	人均GDP
NO.7	产业结构	NO.8—1	农业占比
		NO.8—2	工业占比
		NO.8—3	服务业占比
NO.8	汇率稳定性	NO.10—1	本币相对于特别提款权的汇价历史波动率
NO.9	贸易条件	NO.11—1	贸易条件指数
NO.10	跨国投资	NO.12—1	世界500强
		NO.12—2	跨国投资（流出/流入）

(二) 现状评价

参考《全球竞争力报告》、《全球贸易便利指数》等相关报告与贸易有关的指标，10个一级指标，26个二级指标，客观评价我国与世界贸易强国的差距。与美国、欧盟和日本进行比较，对我国在10个一级指标上的表现进行描述性统计分析[①]。

NO.1 市场份额占有率

对国际贸易的参与程度决定一个国家对世界经济的影响程度，是衡量一个国家是否是贸易强国的具体指标之一。一个国家在世界产品市场上占据的份额越大，则其进出口量的变化对世界产品市场的价格影响也就越大。2010年，中国货物贸易出口占世界货物贸易出口的比例为10.4%，位居全球第一位，高于美国、德国和日本（分别为8.4%、8.3%和5.1%）；中国货物贸易进口占世界货物贸易进口的比例为9.1%，低于美国（12.8%），高于德国和日本（分别为6.9%和4.5%）。中国货物贸易总额占世界的比例为9.7%，低于美国（10.6%），高于德国和日本（分别为7.6%和4.5%）。

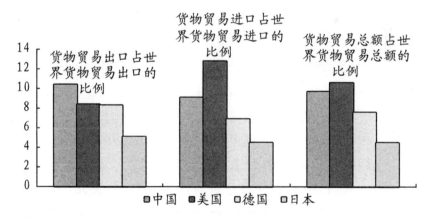

图3—4 货物贸易市场份额占有率

资料来源：根据 WTO《2011年国际贸易统计》计算

---

① 考虑到数据的可获得性和国际可比性，本部分统一使用2010年的数据。

2010 年，中国服务贸易出口占世界服务贸易出口的比例为 4.6%，低于美国和德国（14.0% 和 6.3%），高于日本（3.8%）；中国服务贸易进口占世界服务贸易进口的比例为 5.5%，低于美国和德国（分别为 10.2% 和 7.4%），高于日本（4.4%）。中国服务贸易总额占世界的比例为 5.0%，远低于美国和德国（分别为 12.2% 和 6.8%），高于日本（4.1%）。

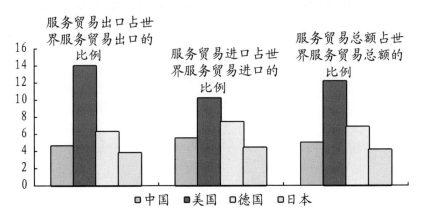

图 3—5　服务贸易市场份额占有率

资料来源：根据 WTO《2011 年国际贸易统计》计算

NO.2　人均贸易额

人均贸易额指标可以剔除市场份额占有率中的经济规模或人口规模较大的因素，也在一定意义上体现了一个国家全民参与国际贸易的程度。2010 年，中国人均货物贸易额 0.22 万美元/人，远低于美国、德国和日本（分别为 1.05 万美元/人、2.86 万美元/人和 1.08 万美元/人）；中国人均服务贸易额为 0.03 万美元/人，远低于美国、德国和日本（分别为 0.28 万美元/人、0.60 万美元/人和 0.23 万美元/人）。

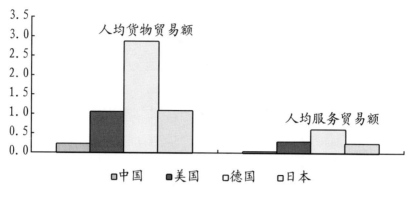

图3—6 人均贸易额（万美元/人）

资料来源：根据 WTO《2011 年国际贸易统计》和 IMF 数据库计算

NO.3 产品竞争力

货物贸易和服务贸易协调发展是贸易强国的主要特征之一，如果一个国家服务贸易占包括货物贸易和服务贸易在内的总贸易额的比例太低，说明其服务业产品缺乏国际竞争力；如果一个国家服务业产品具有较强的国际竞争优势，那么其服务贸易占包括货物贸易和服务贸易在内的总贸易额的比例应该会维持在合理的水平，所占比重应该较高。2010 年，我国服务贸易出口占货物和服务贸易出口总额的比重为 9.7%，远低于美国、德国和日本（分别为 28.8%、15.5%和 15.7%）；我国服务贸易进口占货物和服务贸易进口总额的比重为 12.1%，低于美国、德国和日本（分别为 15.4%、19.6%和 20.5%）；我国服务贸易总额占货物和服务贸易总额的比重为 10.9%，低于美国、德国和日本（分别为 21.2%、17.4%和 17.9%）。

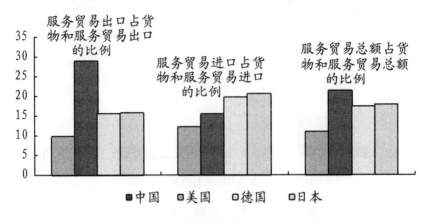

图 3－7　服务贸易占总贸易的比重

资料来源： 根据 WTO《2011 年国际贸易统计》计算

　　各国出口商品附加值的差别，也是其在国际贸易中地位强弱的决定性因素之一。当一国高附加值出口商品的显示性比较优势指数（RCA）大于 1，或者贸易专业化指数（TC）大于零时，说明该国在这些产品上具有明显的比较优势，国际竞争力较强。按照联合国贸易商品分类标准（SITC），2010 年中国在高附加值的 5－7 类产品上的显示性比较优势指数（RCA）为 1.16，RCA 指数大于 1，说明我国在这些产品上具有显示性比较优势，美国不具有显示性比较优势，其显示性比较优势指数为 0.97，德国和日本具有显示性比较优势，且其显示性比较优势指数均大于中国，分别为 1.21 和 1.36；中国在高附加值的 5－7 类产品上的贸易专业化指数（TC）为0.15，TC 指数大于零，表明我国在这些商品上具有较强的国际竞争力，德国和日本 5－7 类产品的 TC 指数分别为 0.20 和 0.39，大于中国，美国 5－7 类产品 TC 指数为－0.19，TC 指数小于零，说明美国在这些产品上不具有国际竞争力。

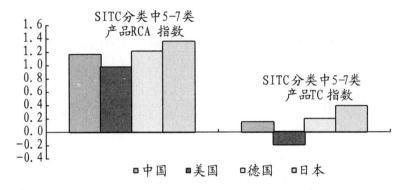

图3—8 货物贸易按 SITC 分类 5—7 类产品 RCA 指数和 TC 指数

数据来源：利用 WITS 软件，根据联合国 COMTRADE 数据库计算

NO.4 国际收支平衡

经常项目差额是反映一国贸易竞争力的一项综合指标。一国经常项目长期处于顺差，表明该国对外贸易的综合竞争力较强。外汇储备规模是一国国际收支平衡的具体体现，也是一国国际贸易竞争力的重要指标。2010 年，中国经常项目顺差 3 054 亿美元，高于德国和日本（1 884 亿美元和 1 958 亿美元），而美国经常项目逆差，为 4 703 亿美元；2010 年中国外汇储备 28 473 亿美元，远高于美国、德国和日本（分别为 521 亿美元、374 亿美元和 10 363 亿美元）。

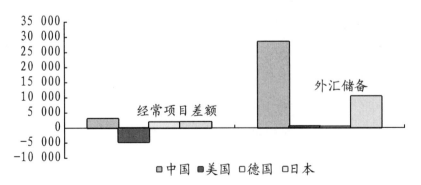

图3—9 国际收支平衡

资料来源：《2011 年中国统计年鉴》

NO.5　贸易多元化

当一个国家的贸易伙伴仅集中在少数几个国家时，则其对外贸易必然与这几个国家的经济发展状况密切相关，一旦这几个国家的经济发生波动，则该国的对外贸易必然受到较大的影响。贸易多元化指标既能体现一国贸易对世界的影响力，也可以反映一个国家对外贸易的抗风险能力，一个国家的贸易伙伴越多，贸易额越分散，则该国对外贸易抵御风险的能力就越强。2010 年，中国对出口前三位贸易伙伴的出口额占出口总额的比例为 40.3%，集中度高于美国和德国（40.2% 和 23.0%），低于日本（为 46.3%）；中国对出口前十位贸易伙伴的出口额占出口总额的比例为 61.6%，低于美国和日本（63.8% 和 70.3%），高于德国（60.0%）。

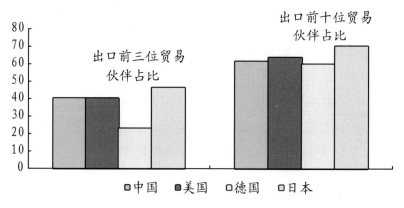

图 3—10　贸易多元化指标

数据来源：利用 WITS 软件，根据联合国 COMTRADE 数据库计算

NO.6　经济规模及人均 GDP

经济规模是贸易规模的决定性因素之一，人均 GDP 既反映一国的收入水平，也是一国对外贸易发展的支撑性因素之一。2010 年，中国 GDP 总量 58 783 亿美元，高于德国和日本（分别为 33 156 亿美元和 54 589 亿美元），远低于美国的 146 578 亿美元；中国人均 GDP 为 4 382 亿美元，远低于美国、德国和日本（分别为

46 860 亿美元、40 274 亿美元和 42 783 亿美元)。

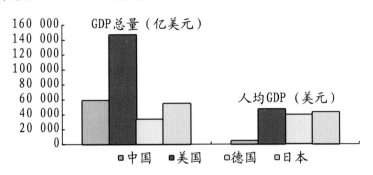

图 3—11 经济规模及人均 GDP

资料来源:《2011 年中国统计年鉴》,IMF Date Mapper

NO.7 产业结构

服务业是全球范围内新一轮产业转移的主要内容之一,第三产业的发达程度将是贸易强国的主要特点之一。2010 年,中国农业产值占 GDP 的比例为 10.2%,远高于美国、德国和日本,分别为 1.2%、0.9% 和 1.4%(2009 年);中国工业产值占 GDP 的比例为 46.8%,也远高于美国、德国和日本,分别为 16.2%、24.0% 和 19.9%(2009 年);中国服务业产值为 43.0%,远低于美国、德国和日本,分别为 82.6%、76.2% 和 78.7%(2009 年)。

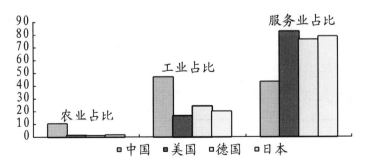

图 3—12 产业结构

资料来源:《2011 年中国统计年鉴》,OECD 数据库

NO.8   汇率稳定性

汇率稳定有助于对外贸易的发展。2010年，人民币相对于特别提款权的汇价历史波动率[①]为 0.05，与日元相对于特别提款权的汇价历史波动率（0.05）持平，低于美元和欧元相对于特别提款权的汇价历史波动率（0.07 和 0.10）。

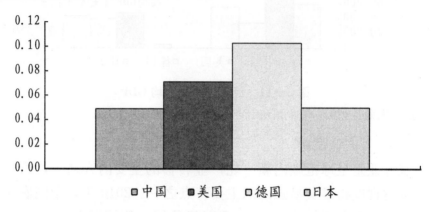

图 3—13   本币相对于特别提款权的汇价历史波动率
资料来源： 根据 IMF 数据库计算

NO.9   贸易条件

贸易条件是指进出口交换比价，贸易条件指数大于 100，说明贸易条件改善，即进出口观察期与基期比较而言，交换比价上升，同等数量的出口可以比基期换得更多的进口商品；反之，贸易条件指数小于 100，则贸易条件恶化，同等数量的出口比基期换得的商品更少。贸易强国的贸易条件应保持在良好状态。2010年，中国贸易条件指数为 90.1，低于美国、德国和日本（分别为 98.1、97.4 和 91.1）。

---

① 关于历史波动率的计算，本报告用的是对数汇价变动法。

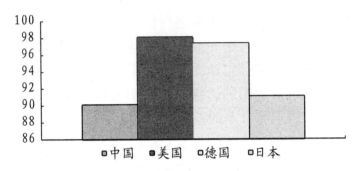

图 3—14　贸易条件指数比较

资料来源：根据 WTO 数据库整理、计算

NO.10　跨国投资

作为经济全球化的主要推动者,跨国公司在世界贸易中发挥着重要作用,是贸易强国的主要支撑;能否广泛参与国际融资活动,也是贸易强国的具体体现,贸易强国可以凭借其雄厚的资金实力以及资本吸引能力,将其经济活动扩展到国外,从中获取巨大经济利益的同时,也繁荣了国际贸易活动。2010 年,在《财富》世界 500 强中,中国 54 家企业入围,低于美国和日本,分别为 139 家和 71 家,高于德国(37 家)。从跨国投资流出与流入的比例来看,2010 年中国跨国投资流出/流入为 64.3%,远低于美国、德国和日本,分别为 144.1%、227.3%和 625.7%(2009 年)。

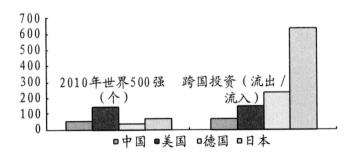

图 3—15　跨国投资类指标

注：中国 54 家企业包括内地 42 家、台湾 8 家、香港 4 家。

资料来源：《财富》世界 500 强,《2011 年世界投资报告》

　　综合评价：对每个二级指标进行标准化处理，并对每个逆向指标进行调整之后，得出一个一级指标雷达图和中国、美国、德国和日本四个国家的二级指标雷达图。五个雷达图的含义为：若某个国家某一指标越靠近雷达图的边缘，则说明表现越好。可以看出，目前中国与美国、德国和日本的差距还很大。

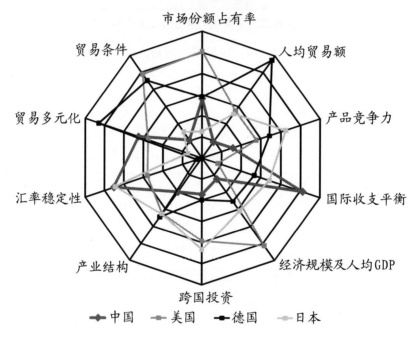

图 3－16　2010 年主要国家贸易发展一级评价指标雷达图

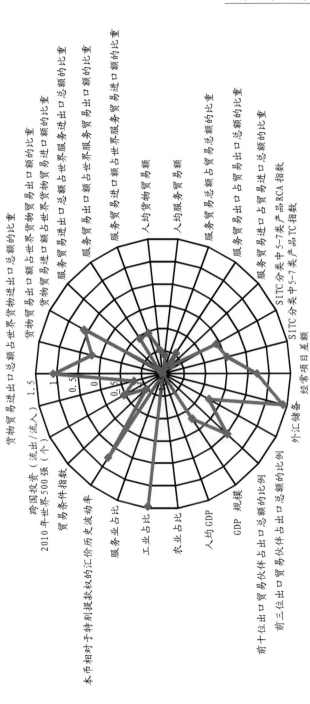

图 3—17 中国贸易发展二级评价指标雷达图

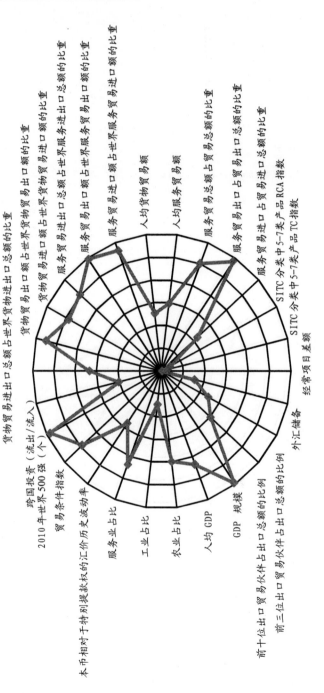

图 3—18 美国贸易发展二级评价指标雷达图

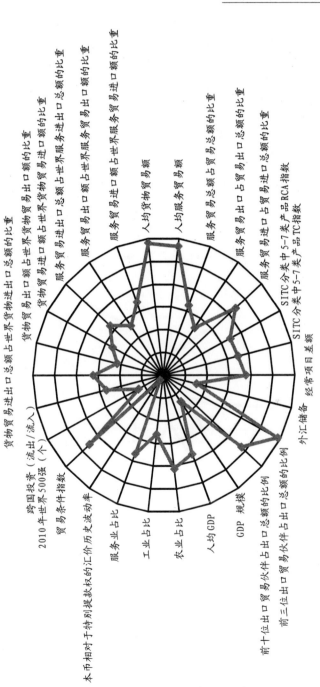

图 3—19 德国贸易发展二级评价指标雷达图

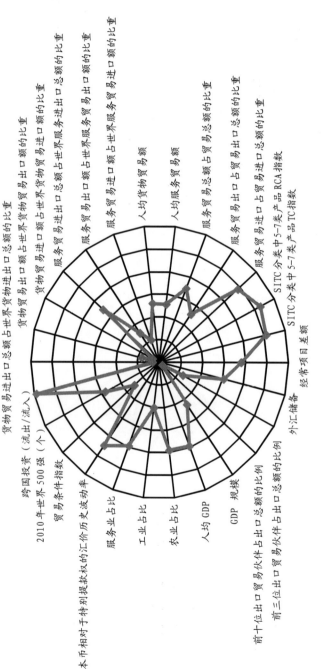

图 3—20 日本贸易发展二级评价指标雷达图

（三）目标估计

第一步，确立贸易强国标准。把美国、德国和日本一级指标标准得分的算术平均数作为该指标的强国标准，也就是说，理想状态下当我国达到贸易强国的时候，在 10 个一级指标上的标准得分应与美国、德国和日本标准得分的算术平均数相等。因此，本报告以缩小与强国标准差距的程度作为未来我国推进贸易强国进程的目标。当前，中国贸易发展现状与贸易强国标准的差距（见图 3—21）：

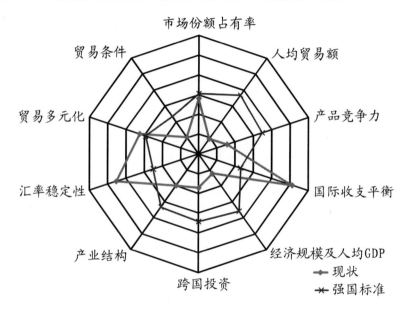

图 3—21 中国贸易发展现状与强国标准对比示意图

第二步，目标设定与估计。以缩小与强国标准差距的程度作为未来我国推进贸易强国进程的目标，那么，本报告假定到 2015 年我国与贸易强国标准差距缩小 1/4，到 2020 年我国与贸易强国标准差距缩小为现在差距 1/2，到 2030 年各指标与贸易强国基本相等。据此，并结合相关指标测算，分别得到 2015 年、2020 年和 2030 年中国贸易发展目标与贸易强国标准对比示意图。

　　雷达图上的各个指标均是相对概念，是根据实际数据，利用 Z 分数法对各指标进行标准化后的结果。因此，雷达图反映的是我国与"强国标准"的差距。

　　正因为雷达图反映的是我国与"强国标准"的差距，因此，单个国家在某一指标上的绝对值并无实际意义。不能简单地说某个国家在某个指标上达到了雷达图的"第几圈"就达到了贸易强国的标准。

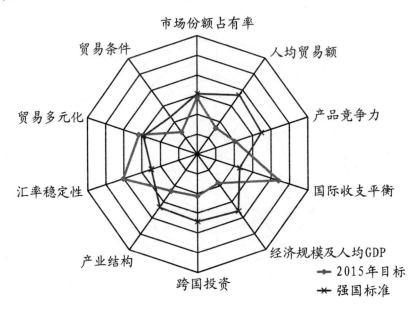

图 3—22　2015 年中国贸易发展目标与强国标准对比示意图

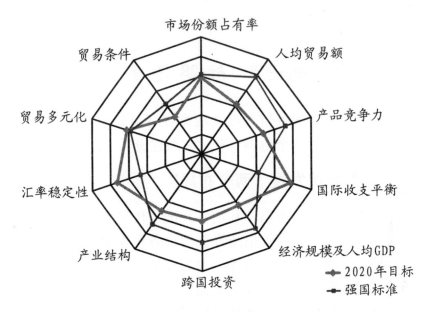

图 3—23 2020 年中国贸易发展目标与强国标准对比示意图

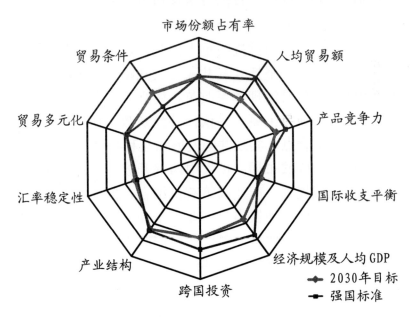

图 3—24 2030 年中国贸易发展目标与强国标准对比示意图

第三节　战略任务

后危机时代，我国外贸发展的战略任务可以概括为："两个布局"、"四个优化"、"六个协调"和"三项建设"。

一、完善外贸发展"两个布局"

一是完善国际市场布局。利用好我国与传统贸易伙伴之间的经济互补性，采取积极、有效措施妥善解决各种贸易争端，稳定相互间贸易环境，努力巩固传统市场。大力开拓新兴经济体和发展中国家市场，通过多种形式加强经贸交流，促进相互间贸易持续、健康增长。发挥沿边地区独有的优势，发展面向周边国家和地区的外向型特色产业群。利用好已签订的自贸区协议，鼓励企业加强与自贸区国家（地区）的贸易、投资合作，积极开拓自贸区伙伴市场。加快实施自贸区战略，着力推进与重点国家的自贸区建设，推动东亚区域经济一体化发展。坚持互利共赢开放战略，扩大多双边经贸合作，推动国际经济贸易治理体系改革，树立中国负责任、守信用的贸易大国形象。增强与主要贸易伙伴外经贸政策协调性，扩大和深化与各方利益的汇合点，实现共同发展和互利共赢。

二是完善国内区域布局。扩大中西部开放，在进一步开放中坚持外贸政策与区域规划、产业政策有机结合，推动实现区域经济优势互补。鼓励沿海地区加快出口产业进步和升级，大力发展高科技含量、高附加价值和高效益出口产业，按照比较优势原则有序推动出口产业向内地转移。支持中西部地区结合自身区位特点和工业基础现状，发挥要素资源相对丰富的优势，努力发展配套产业，积极承接国际和沿海地区的出口产业转移。以重点口岸城市和中心城市为节点，建设若干边境经济合作区、跨境经济合作区和国际商品物流集散中心。帮助中西部地区优化外贸发展环境，提升开拓国际市场能力，提高贸易便利化水平。

二、着力实现"四个优化"

一是优化主体结构。一方面，通过放松管理、加强促进、服务、便利化与保障工作，以更大力度实施"走出去"战略，推动有潜力、有实力的中国企业开展国际投资与跨国并购，实现国内加工制造优势与国外市场网络、品牌与技术优势的完美结合，做强做大企业，培育一批具有国际竞争力的本土大跨国公司。另一方面，应破除中小企业发展的障碍，建立有利于民营进出口企业充分发挥创新与活力的体制机制，促进民营进出口企业提高技术水平、转变生产与经营方式、促进出口产品质量和效益的提升。

二要优化商品结构。在继续巩固传统劳动密集型产品出口优势的同时，大力促进资本和技术密集型产品出口。保持传统轻纺产品出口稳定增长的同时，积极扩大高新技术产品、节能环保产品和现代服务业出口。支持"三自三高"产品出口，稳定传统优势产品出口。通过出口商品结构的优化，以改善贸易条件，提高贸易效益，促进对外贸易发展方式从外延式数量扩张向内涵式集约发展转变。

三要优化市场结构。巩固美、欧、日重点市场。积极采取措施进一步巩固和拓展发达国家重点市场，重点提升我国与美国、欧盟、日本等经贸大国关系，为我国拓展新的出口空间争取时间。积极拓展新的出口市场。应进一步实施贸易市场的多元化战略，尤其是出口市场的多元化，分散中国顺差的国别来源。后危机时代，应根据世界经济贸易格局的变化，重点开拓"金砖国家"中的其他四国、"金钻11国"及我国周边国家和地区市场。

四要优化贸易方式。强化一般贸易。大力促进对国内经济增长、产业升级和技术创新贡献较大的一般贸易发展，提升一般贸易地位。提升加工贸易。加快加工贸易转型升级步伐，即沿海向内陆地区转移、延长产业链条、提高附加价值，提升加工本地增值、本地配套、主体本地化的比重。发展其他贸易方式。适应世界经济和分工模式日趋复杂、科技资讯活跃的新形势，不断创新贸易方式，积极发展包括边境贸易、转口贸易、过境贸易、租赁贸易、替代种植等在内的贸易方式。扩大服务贸易。大力发展服务贸易出口，适度开放服务贸易领域，促进服务贸易进口，提高服务贸易在总贸易中的比重。

三、更加注重"六个协调"

一是更加注重出口贸易与进口贸易协调发展。继续发挥出口对国民经济社会发展积极作用的同时，要更充分发挥进口的功能与使用。继续保持出口平稳较快增长的同时，有重点地扩大进口。在保持适度顺差的同时，保持进出口贸易长期相对平衡增长。

二是更加注重货物贸易与服务贸易协调发展。在继续巩固和提升货物贸易优势的同时，积极培育服务贸易优势，努力扩大服务贸易出口，实现货物贸易和服务贸易协调发展。保持货物贸易适度顺差的同时，努力改变服务贸易逆差现状，实现服务贸易从逆差向顺差的转变。

三是更加注重外贸与双向投资、外经、援外协调发展。外贸与双向投资相协调。通过提高外资质量，促进外贸质量与效益的提升；通过扩大对外投资，将直接出口与中国跨国公司的内部贸易和当地销售结合起来，提升贸易质量，减少贸易顺差，避免贸易摩擦。外贸与对外经济合作相协调。通过对外工程承包、劳务合作带动国内货物和服务出口，实现对外贸易与对外经济合作协调发展。外贸与援外协调发展。积极参与 WTO 框架下的"促贸援助"计划，将对外援助与国别贸易政策结合起来，促进形成与欠发达国家之间更紧密的经贸关系。

四是更加注重外贸与内贸协调发展。在千方百计稳定外需的同时，要积极扩大内需，形成内外需协调发展的体制机制，促进内外贸协调发展。扩大外需不能压抑内需，扩大内需也绝不能放弃外需，努力促进形成内贸与外贸协调发展的良好格局。

五是更加注重多种所有制主体协调发展。在提升外资企业开展进出口贸易的规模和质量的同时，进一步促进国有企业、股份制企业和民营企业对外贸易发展，激发各种所有制主体开展跨国经营和进出口贸易的积极性，形成内资、外资，国有企业和非国有企业良好竞争的发展格局。

六是更加注重东部与中西部协调发展。巩固提升东部沿海地区外贸发展主体地位的同时，更加重视中西部外贸发展。东部地区应鼓励实施"腾笼换鸟"式产业升级计划，将低附加价值的外向型产业向中西部转移。中西部地区应积极承接沿海地区产业的梯度转移，积极发展对运输不敏感的外向型产业，边境地区应进一步实施边境开放战略，不断提升边境贸易发展水平。

四、做好外贸"三项建设"

切实做好外贸转型升级示范基地、贸易平台和国际营销网络三项建设工作。建设好示范基地、贸易平台和国际营销网络，是加快转变外贸发展方式的重要途径。

一是建设外贸转型示范基地。要依托开发区等产业集聚区，建立各类外贸生产基地，提高出口商品质量、培育品牌、制定标准，争创外贸竞争新优势。示范基地包括出口基地和进口基地等，目前，基地培育工作已取得阶段性成果，下一步重点要做好规划，完善标准，加强政策配套，加大宣传力度。

二是建设贸易平台。要建设贸易平台，包括会展平台、专业市场和电子商务平台等。要办好以广交会为代表的国家级会展，要加快建设以义乌小商品城为代表的内外贸结合的专业市场平台，要培育若干个以阿里巴巴为代表的电子商务平台。

　　三是建设国际营销网络。国际营销网络主要包括境外展示中心、境外批发市场和境外销售网点。培育境外展示中心，加强品牌宣传；建设境外批发市场，扩大交易规模；发展境外销售网点，建设自主渠道。

第四章 对外贸易政策调整与完善

第一节 对外贸易政策的基本特征

当今时代，对外贸易政策具有"五大基本特征"，即宏观性、统一性、协调性、政治性、国际性。对贸易政策的调整必须考虑这些基本特征及其综合性的影响，从战略性的高度对待贸易政策的制定与实施。

一、宏观性

贸易政策的宏观性是指，它是宏观经济政策的重要有机组成部分，它与宏观调控的四大目标即经济增长、充分就业、物价稳定、国际收支平衡都有直接或间接的联系。首先，进出口贸易产生的贸易差额直接影响国际收支平衡，从而外贸政策可以间接影响国际收支平衡这一宏观经济目标。其次，外贸作为经济增长的"发动机"，对 GDP 和就业增加具有重要作用。最后，进出口贸易作为连接国内外市场、国内外生产者与消费者的基本渠道，进出口政策也可在一定程度上起到调节国内物价，达到控制通胀的目的。因此，外贸政策在宏观经济决策中的地位应引起足够重视。

二、统一性

贸易政策的统一性是指，它应当是在全国范围内统一实施，且应是稳定的、透明的、可预见的。统一实施指贸易管理政策的统一性、关税政策的统一性和立法的统一性。贸易政策的统一实施不仅取决于中央政府的认识和行动，而且很大程度上取决于地方政府。稳定性、透明度和可预见性主要体现在贸易政策的决策部门和立法部门。稳定性、透明度和可预见性要求贸易政策调整不能过于频繁，更多运用立法手段管理贸易，每项贸易法规出台之前，要广泛地征求相关利益方（企业和协会）及相关部门的意见。

三、协调性

贸易政策的协调性是指，它应当与财税政策、金融政策、产业政策、投资政策、区域政策等相互促进，相互支持，增强互补性，减少互竞性。首先，贸易政策与产业、投资、区域政策相互促进、相互支持，但它们之间不是从属关系，贸易政策不是其他政策的简单延伸。贸易政策要与上述政策保持协调一致性，形成各种政策的互补性，同时避免各种政策目标的冲突性或互竞性。其次，贸易政策与财税、金融等政策也相互关联，涉外财税、金融政策应更多从如何支持对外开放、发展对外贸易的角度考虑，相互促进、共同发展。最后，贸易政策与收入政策、消费政策、社会保障政策、环保政策的关系都有相互联系的方面，在制定相关政策措施时，均应考虑对外贸的潜在影响，综合各种政策效应，作出最后的宏观经济决策。

四、政治性

贸易政策的政治性是指，贸易政策在制定和实施过程中远远超出了一国经济政策的范畴，具有政治属性，包括内政、外交、社会、安全、气候、环境等超经济属性。贸易政策既有经济属性，也具有政治属性。对外贸易是一国发挥其国际影响力，实现其政治目的的主要经济手段，因而贸易政策也是一国经济外交的主要政策工具。一是国际经济贸易合作的政治性。如优惠贸易政策安排、发展援助、区域经济合作（FTA）等都具有明显的对象性，在选择政策优惠对象（国家）时，其政治考虑将是决定贸易政策的重要参考依据。二是国际经济贸易谈判的政治性。如在国际贸易谈判、与贸易相关的其他国际谈判（如国际气候变化谈判）等场合，利益相似的国家往往组成各自的谈判阵营，统一谈判立场，实现有利于本利益集团的国际贸易体制安排、应对国际气候变化的体制安排等。

五、国际性

贸易政策的国际性是指，贸易政策的制定、实施及修改，不仅要依照本国法律，而且要遵守多边协议、区域协议和双边政府协议以及有关国际规则与惯例。贸易政策的国际性除了体现为应当遵守签署的双边和区域经济贸易协定（如FTA）外，贸易政策的国际性主要体现为WTO规则体系约束下通知义务、磋商机制和政策审议机制。一是通知义务。通知义务指WTO成员如果在WTO协调管理之内或者在三个减让表所作的承诺范围内，出现了任何的贸易政策变化、立法变化、司法判决解释方面的变化，要及时通知世贸组织相关委员会。二是国际磋商机制。如果WTO或其成员国发现一国贸易政策的变动有违反WTO相关规则的嫌疑，则可以与相应成员进行贸易政策磋商，通过磋商来要求另一成员国放弃对贸易政策的不合理调整。若磋商无果，则可以提出贸易诉讼，并进入WTO争端解决机制程序。三是国际政策审议。政策审议的目的就是确保可预见性。WTO贸易政策审议委员会的主要任务就是监督每一个成员的贸易政策和贸易立法的走向。在贸易政策审议过程中，每个WTO成员都可对被审议国贸易政策提出异议，并要求整改。这对确定WTO成员贸易政策的合规性和可预见性十分重要。

第二节　贸易政策的调整与完善

一、调整与完善的原则与取向

根据贸易政策的特性，以及进一步推进改革开放、完善开放型经济发展水平的需要，中国对外贸易中长期政策调整应坚持以下原则与取向。

一是强化贸易政策的相对独立性，增强贸易政策与其他政策的协调，提升贸易政策在宏观决策中的地位。在中国经济和产业高度国际化的背景下，任何国内政策的调整都应当具有"开放"视野，即考虑产业与贸易的相互影响，即国内产业的发展是否需要有相应的外部市场支撑，以及如何通过贸易政策的配合使国内产业政策发挥更有效的作用。在外贸对经济增长、产业发展和就业日益产生重大影响的背景下，必须将贸易政策放在宏观政策中的重要位置。但是同时要注意到，与财政政策、金融政策相比，贸易政策本身有其自身特点，其政策功能与定位也不尽相同，因此，在提升贸易政策在宏观政策中地位的同时，也要保持贸易政策的相对独立性。

二是明确政策调控与市场调节的关系，增强政策调控的统一性、稳定性、透明度和可预见性。在市场经济条件下，市场始终是调节经济贸易运行的基本力量。在政策制定和调整过程中，应充分尊重市场经济规律，政策调控只是起到补充、引导市场的作用，而不是凌驾于市场之上。同时，外贸政策作为开放型经济的基本政策，只要改革开放大方向不变、发展开放型经济的道路没变，外贸政策就不能转向，必须是朝向既定的目标不断完善和强化，而不能像宏观调控中的财政政策、货币政策那样相机抉择，也不能像宏观调控中为避免"理性预期"而导致宏观政策无效，从而采取"突然性"地调控政策。相反，外贸政策应保持相对独立性、稳定性、透明度和可预见性，以此为企业营造可以持续的外贸环境。

三是外贸政策调整应有利于外贸发展方式转变、迈向贸易强国目标和国家整体发展战略。外贸政策的调整首先要确定调控政策目标和方向。后危机时代，外贸的重要目标就是进一步转变发展方式，从贸易大国向贸易强国迈进，服务于国家全面建设小康社会目标。为此，政策调控应着力提高外贸质量和效益，进一步优化贸易结构，实现又好又快、好字当先的发展模式。

四是遵循 WTO 倡导的自由化、便利化和公平竞争的基本原则。在当前全球经济体制下，外贸政策必须以 WTO 多边贸易体制的相关规则为依据，不断推进贸易自由化与便利化，维护公平竞争的对外贸易制度环境。

二、关税和非关税政策

加入 WTO 后，中国关税和非关税壁垒的削减使得贸易自由化程度大大提高。在后危机时代，为了适应我国贸易地位的提高及迈向贸易强国的需要，应进一步发挥关税与非关税的调节作用。

(一) 关税政策

根据国务院关税税则公布的数据显示，2009 年我国关税总水平为 9.8％，基本完成加入 WTO 时的减让承诺；2010 年是我国加入 WTO 降税承诺的最后一年，2010 年我国进一步降低鲜草莓等 6 个税目商品的进口关税，至此，我国完全履行了加入 WTO 的减让承诺。由于降税涉及商品少、税率降幅小，对关税总水平影响不大，2010 年的关税总水平与 2009 年相同，仍为 9.8％。根据 WTO 公布的《World Tariff Profiles 2009》报告，目前，我国算术平均关税为 9.6％，其中非农产品关税为 8.7％；加权平均关税仅为 4.5％，其中非农产品加权关税仅为 4.2％。中国关税水平不仅大大低于其他发展中国家（如印度），也接近主要发达国家关税水平（如欧盟）。

表4-1　中国与世界主要贸易大国总体平均关税对比

	中 国	印 度	美 国	欧 盟	日 本
算术平均关税	9.6%	13.0%	3.5%	5.6%	5.4%
加权平均关税	4.5%	9.3%	2.2%	2.7%	2.2%

资料来源：WTO《World Tariff Profiles 2009》

虽然我国按照加入议定书的承诺，目前的关税水平远低于发展中国家平均关税水平。但是，与发达国家相比，我国关税水平仍然相对较高，有进一步调整的空间；进口关税税率结构不够合理，有些有明显优势的产品进口关税仍然很高，各种关税优惠与减免也较多，名义关税和实际关税水平差异很大，仍然存在"高关税、低税收"的现象。为此，建议如下：

一是进一步降低进口关税总水平，逐步降低或取消对资源、能源、技术装备的进口关税。降低关税目水平将有利于加大国内竞争，促进产业升级；有利于增进消费者福利，共享开放成果；有利于扩大进口，促进贸易平衡。一方面通过多边或双边贸易安排，利用协议降税进一步降低我国出口的关税壁垒；另一方面，可以通过自主降税，树立中国扩大开放的良好形象。

二是通过税率结构调整，提高进口关税的有效保护程度。降低进口关税总水平与完善阶梯关税制度相结合，进行结构性降低，而不是普遍降税，这样既满足了扩大开放、促进竞争、提高国民福利、促进国际收支平衡的要求，又达到了适度保护国内相关产业成长的目的。

三是尽可能避免和减少对出口产品征税，对资源与环境的保护更多应由国内税收政策承担。首先，从中国加入议定书出发，出口关税不应违反我国入世承诺；其次，世界各国普遍不限制出口，对于限制出口的产品，都有其特殊目的，并对相关产品进行严格限定；再次，优化设计出口关税品种，尽量减少出口限制的产品类别；最后，能以国内税和数量管理措施代替的商品尽量不再设置出口关税。

四是适度降低进口环节消费税率。减少征收消费税的品种，对不同品种的消费税适度降低税率。

五是制定出口关税的权限，应由贸易主管部门会同产业、海关、财税等共同制定。

（二）非关税政策

与关税措施相比，非关税措施具有灵活性、隐蔽性、针对性特点，是国家管理对外贸易的重要政策工具。长期以来，我国深受贸易伙伴非关税措施的影响，但我国对非关税措施运用还不够充分。总体上，应坚持公平、透明、可预期的原则，进一步推动进出口贸易便利化。一方面，我国应该制定总体的、积极的、长期的应对非关税措施的战略规划，为我国进出口贸易创造更便利、更宽松的环境；另一方面，也要灵活运用非关税措施，对我国产业提供必要的保护，并作为迫使贸易伙伴取消对我国不利的非关税措施的政策工具。

许可证与配额。首先，进一步完善许可证对于特殊商品贸易的管制功能，加强进出口自动许可证的贸易统计监测功能。其次，完善与许可证联系紧密的配额制度。应逐步减少我国进口配额产品，扩大市场准入条件。最后，许可证、配额管理政策应与关税政策合理搭配，如对于实行数量管理的进出口商品，就没有必要再用关税管理手段。

原产地规则。一是针对原产地规则存在多头管理的问题，建议由商务部统一行使原产地规则的制定工作，并协调各部门解决在发放原产地规则过程中产生的各种问题。二是参考国际规范，制定适合我国国情的原产地争议解决程序。三是实现原产地工作由"被动管理"向"主动管理"的转化。四是为配合我国预算支出管理制度的改革，借鉴国际通行做法，制定政府采购中的"国产货"原产地标准，以合理保护民族工业的发展。

另外，在海关估价、国际认证认可、技术性贸易措施（TBT）、动植物检验检疫（SPS）等还应进一步发展完善，一方面要为我国进出口贸易创造更便利、更宽松的环境。另一方面，也要灵活运用相关措施，对我国的市场或产业提供必要的保护，并作为迫使贸易伙伴取消对我国不利的非关税措施的政策工具。同时，我国还应积极参与多哈回合有关贸易便利化议题的谈判，推进全球贸易便利化进程，降低进出口企业的交易成本，提高贸易效率。

三、贸易方式政策

目前我国贸易方式不协调，加工贸易过大，而一般贸易未占主导地位，制约了我国从贸易大国向贸易强国迈进的脚步。后危机时代，贸易方式政策的调整方向就是要强化一般贸易，提升加工贸易，发展其他贸易（特别是边境贸易）。

（一）强化一般贸易

当前，我国一般贸易发展存在份额不高，自主品牌、自主知识产权和自主营销渠道的出口产品占比较低，高技术含量、高附加价值和高效益的出口产品占比不多。提高一般贸易在我国贸易中的地位，促进国内面向出口的产业升级，包括工艺升级、产品质量升级、产业价值链升级和产业间升级等多种方式，不断形成具有国际竞争力的产业。利用财税、金融政策等综合支持手段促进"三自三高"产品出口。争取到 2020 年，自主品牌出口占出口比重提升到20％。鼓励企业建立境外营销和售后服务网络，推动企业开展跨国经营，做强一般贸易。

（二）提升加工贸易

改革开放以来，中国以"三来一补"起步，逐步发展起了具有中国特色的"加工贸易"，并占据我国外贸半壁江山，为缓解我国外汇短缺、促进国民经济发展，推进从贸易小国迈向贸易大国作出了巨大贡献。但是，加工贸易也有明显局限，世界贸易强国无一例外都以一般贸易为主，加工贸易只占很小份额。为此，在后危机时代，应在保持加工贸易发展的合理规模和增长速度的基础上，积极推进加工贸易转型升级。

加工贸易转型升级的内涵可以概括为"五个转型、五个升级"。其中，"五个转型"包括：股权结构转变，由外资企业为主向民营企业转型；产品产地转移，由沿海加工为主向内陆加工转型；组织方式转换，由受托型加工向自主型企业转型；生产方式转化，由物耗型加工向清洁化生产转型；营销市场转向，由出口海外向内外市场销售转型。"五个升级"包括：发展阶段升级，走新型工业化发展道路；产品结构升级，鼓励制造高新技术产品；产业结构升级，支持拓展生产性服务业；集聚配套升级，发展装备制造关键材料；增值能力升级，提高加工贸易增值水平。

稳步推进转型升级的主要措施包括：一是明确加工贸易转型升级中长期目标与方向。研究制定《加工贸易转型升级中长期规划》，推动《促进加工贸易转型升级的指导意见》出台，在此基础上设立中央级加工贸易转型升级专项资金。二是完善有利于加工贸易转型升级的管理政策和服务体系。研究制定加工贸易企业准入标准。加快推进加工贸易联网管理，实现商务、海关等部门在加工贸易审批、备案等方面形成规范高效的现代化管理机制。深化对加工贸易企业转型升级服务，包括改革创新加工贸易监管模式，推动来料加工厂实现不停产转型，支持和鼓励公共技术服务平台和科技创新支撑平台建设，支持加工贸易企业进行清洁生产和节能降耗，制定扶持加工贸易转型升级的土地政策等。三是研究出台支持中西部地区承接加工贸易转移的政策。建议国家给予相关政策支持，如设立承接地建设专项资金、出台国家开发银行优惠贷款实施办法、对承接地设立保税仓库及保税物流园区给予支持等。加强东、中、西部交流与合作，利用各种平台开展产业转移对接工作，探索产业转移模式；组织相关业务培训等。五是开展加工贸易转型升级示范企业认定。选择纺织、服装、家电、通信设备、电子等部分加工贸易重点行业，进行加工贸易转型升级示范企业的试点。

（三）发展其他贸易

一是促进边境贸易发展，扩大财政转移支付的力度与范围；将边民互市免税商品范围扩大到生活用品及部分生产资料；发挥边境经济合作区作为边贸发展的载体功能，繁荣边境贸易，实现兴边富民的目标。边境贸易逐步实行人民币结算。吸收上海和广东等人民币结算经验，在条件成熟的边境地区特别是边境经济合作区开展人民币结算试点；逐步落实边境贸易采用人民币结算全额退税政策；推动与经贸往来较多的国家签订两国央行货币互换协议；银行分支机构为人民币结算提供规范渠道，规避风险，研究设立人民币离岸金融账户的可行性。

二是不断发展、扩大和创新其他贸易方式，如转口贸易、过境贸易、租赁贸易、替代种植等贸易方式，不断丰富我国贸易方式内涵。

另外，应考虑研究制定新的进出口数据统计标准，修改现行的按海关业务管理方式对贸易数据进行统计分类的做法，以此部分解决我国进出口贸易数据"虚高"的问题，尤其是压缩加工贸易的数据水分。一是依据《国际收支手册（第六版）》的规定，到2012年，应将来料加工的工缴费算做服务贸易出口，而不算做加工贸易。二是对于加工贸易中增值率达不到我国原产地规则规定的40％的国货复进口部分，应从进出口贸易中剔除。

四、国别地区贸易政策

长期以来，我国对外贸易主要集中于以美国、欧盟和日本为代表的发达经济体。但是，这种高度集中的外贸市场格局也使我国面临巨大风险。当前全球金融危机导致发达国家经济贸易大幅萎缩，这要求我国必须进一步实施"市场多元化"战略，在巩固传统市场的同时，加快开拓新兴市场，进一步密切同广大亚非拉发展中国家的经贸关系。

(一) 深度开拓传统市场，重点开拓新兴市场

加强和改善与发达国家的经贸关系，提升与大国经贸关系水平，加强战略对话与合作，深度开拓欧美日等传统市场，巩固中国在发达国家的市场份额。深化与发展中国家的互利合作，探索与发展中国家的经贸合作机制，重点开拓亚非拉等发展中国家及周边国家市场，扩大与有较大潜力的新兴市场国家的经贸往来，认真落实中非务实合作八项新举措①。

(二) 加快实施自由贸易区战略

十七大报告明确提出"实施自由贸易区战略"，这标志着自由贸易区战略已经上升到国家战略层面。实施自由贸易区战略，争取与更多国家商签自由贸易协定，是我国深入实施"市场多元"战略的需要，是进一步拓展我国外贸市场空间的需要，也是我国全面实施互利共赢战略，推进贸易大国向贸易强国进程的需要。为此，建议如下：一是加快自由贸易协定谈判节奏，逐步形成我国自己的自贸区网络。根据我国实施自由贸易区战略的规划，采取先易后难，循序渐进的原则，加强国际区域经济合作战略研究，将与我国互补潜力大的重点贸易伙伴，形成自由贸易区谈判目标国和备选国，待时机成熟时，适时启动与重点国家的自贸区谈判。二是不断丰富已经签署实施的自由贸易区协定内涵。在条件成熟时，可以对已经建立的自由贸易区签署补充协定，将传统的货物贸易自由化向服务贸易自由化、投资自由化方向延伸，不断丰富自由贸易区内容；待自由贸易协定运行机制成熟后，可以将内地—香港、内地—澳门两个

---

① 中非务实合作八项新举措是指 2009 年 11 月 8 日温家宝总理代表中国政府在中非合作论坛第四届部长级会议上宣布的推进中非合作的新措施。主要包括：建立中非应对气候变化伙伴关系、加强科技合作、增加非洲融资能力、扩大对非产品开放市场、加强农业合作、深化医疗卫生合作、加强人力资源开发和教育合作、扩大人文交流等八个方面，采取一系列措施，推进中非合作。

CEPA 和中国—东盟自由贸易协定向关税同盟、共同市场方向升级，建立更高层次的区域经济一体化合作体系。

(三) 制定和实施对发展中国家的"普遍优惠制"

普遍优惠制（Generalized System of Preferences，GSP）简称普惠制，是指发达国家单方面对从发展中国家输入的制成品和半成品普遍给予优惠关税待遇的一种国际贸易制度。普惠制是在"最惠国"税率基础上进一步减税或全部免税的更优惠的待遇。借鉴发达国家的模式，设立中国式"普惠制"，对于我国扩大从发展中国家，尤其是最不发达国家进口，改善经贸关系和国际形象，将会收到很好的效果。2006 年 1 月 1 日修订的新欧盟普惠制度，包括一般普惠制、针对最不发达国家的特殊普惠制和旨在帮助竞争力微弱国家的附加普惠制。欧盟新的普惠制方案对"毕业条款"有了更为明确的规定。"毕业条款"是指一个国家的一种产品如果在欧盟的市场份额超过一定比例，就将失去普惠制待遇。根据新条款，普惠制受益国的任何一种产品如果在欧盟市场的份额超过 15%，则将失去普惠制待遇，而纺织品和服装的"毕业门槛"则为 12.5%。

为此，可以借鉴欧盟模式，可以在现有的国别政策基础上，对广大发展中国家和最不发达国家实行单边给惠政策，设立中国式的"普惠制"。具体来说，对源自发展中国家的制成品进口在最惠国税率基础上实行更为优惠的税率政策，单边给予普惠制，针对最不发达国家（LDCs）逐步实行进口商品零关税政策，以此进一步密切同亚非拉广大发展中国家的关系。

(四) 实施"促贸援助"计划

促贸援助（Aid for Trade）旨在帮助发展中国家特别是最不发达国家提高参与国际贸易的能力。促贸援助本身并非是新生事物，但近年来确已成为国际社会引人关注的一个援助领域。为响应 WTO 有关倡议，中国政府 2008 年 2 月 25 日宣布，向 WTO 促贸援助活动提供 20 万美元的捐助。目前，在"多哈发展议程"有关贸易、规则和争端解决等方面的多边谈判难有实质性进展的同时,由WTO主导的全球促贸援助活动却取得了一定的进展。

一方面,积极参与WTO框架下的促贸援助谈判,帮助发展中国家特别是最不发达国家提高参与国际贸易的能力。另一方面,把援外政策与贸易政策更加有机地结合起来,从对发展中国家的贸易顺差中拿出部分资金,加大对相应国家的援助和产品进口。

为此,中国应在已有的工作基础上,借鉴日本在20世纪80年代实施的"黑字环流"计划,通过加大援助,将"援助"与"贸易"、"以贸促援"和"以援促贸"有机结合,促进不发达国家利用援助资金购买中国产品,这样不仅可以将中国的贸易顺差转化为对这些国家的中长期债务,避免贸易摩擦、改善国际形象,还可以改善、提升与发展中国家,尤其是最不发达国家的政治、经贸关系水平。

五、进口政策

与出口一样,进口对国民经济发展具有重要作用。进口是参与国际分工,实现资源跨国配置,获取比较利益的需要;进口的资源、能源、原材料和关键机器设备,具有保障国内供给,提升国内装备水平的作用;通过进口,引进竞争,有利于国内企业提高经营效率,促进国内产业结构调整和升级;进口还增加国内消费市场产品的品种选择,提高消费者福利水平。然而,过去相当长一段时间里,我国对进口的功能与作用认识却不充分,在千方百计促进出口的同时,对进口贸易作用却不太重视。未来应随着形势发展的需要,充分发挥进口对国民经济和社会发展的积极作用,有针对性地积极扩大进口,进一步调整和优化进口结构,建立和完善进口调控体系,促进进出口均衡发展。

一是扩大高新技术与技术装备进口。通过双边谈判,促使美欧等发达国家放宽对中国高技术产品和装备的出口。一方面,这将有利于我国引进、消化、吸收、再创新的进程，另一方面，也有助于我国与欧美国家的贸易平衡。重点扩大先进技术装备、关键零部件和国内紧缺物资进口，稳定各项进口促进政策和便利化措施，敦促发达国家放宽高新技术产品出口限制。

二是扩大资源、能源和国内短缺农产品的进口。能源、资源和国内短缺的大宗农产品进口政策主要服务于两个目标：海外能源、资源和短缺农产品的稳定供给，以及掌握进口价格的定价权和话语权。通过规范进口商行为秩序、免除或调节能源、资源和大宗农产品的进口关税和进口环节税等政策手段，确保海外能源、资源和大宗农产品的稳定进口渠道，增强进口贸易的议价权和定价权。同时，我国进口的大宗能源、资源和大宗农产品价格波动较大，为此，应进一步建立和完善大宗商品进口价格风险的应对机制。

三是适度扩大消费品进口。根据多边、区域合作谈判进程，逐步降低我国普通消费品进口关税。通过进口优质产品，培养一批高层次的国内消费群体，促使国内相关厂商进一步改进产品品质，提升产业素质。取消或降低部分进口产品的消费税。

四是扩大两用物项进口。积极参与并利用军民两用物项的一系列国际安排，如《关于常规武器和两用物品及技术出口控制的瓦森纳安排》、《核供应国集团（NSG）》、《澳大利亚集团（AG）》（防止生化武器扩散）和《导弹及技术控制机制（MTCR）》等，促进美国和欧盟对华军售等领域放宽限制直至最终解禁、扩大两用物项进口。

六、服务贸易政策

服务贸易是未来我国外贸新的增长领域，大力发展服务贸易和服务外包对于转变外贸发展方式、培育出口新增长点具有重要意义。但是，当前我国服务贸易和服务外包发展还不充分，缺乏长远发展规划和稳定、规范的支持手段，在打造我国具有优势的服务出口品牌和特产服务出口产业方面力度还不大,服务业开放还明显滞后,以开放促改革、促发展还受到一定制约,服务贸易与货物贸易发展还不够协调。后危机时代,我国应当将服务贸易作为转变外贸发展方式的重要举措,采取综合措施促进服务贸易和货物贸易的协调发展。

(一)加强服务贸易发展的政策指导

联合相关部委出台《加快发展服务贸易的若干意见》,使各部门在发展服务贸易方面达成共识,并从法规上确立支持服务贸易发展的体制机制和政策手段;研究制定服务贸易中长期发展规划;研究制定《服务贸易出口指导目录》,明确国家财政、金融支持服务贸易发展的环节;完善服务贸易统计体系和指标评价体系。

(二)积极扩大服务出口

一是进一步扩大和完善服务外包基地建设,发挥其扩大带动效应;二是大力服务外包业务,在巩固软件及技术外包成绩的同时,还要扩展在财务外包、数据处理外包等能发挥我国人力资源优势的业务流程外包业务;三是利用财税、金融等综合支持手段促进动漫、汉语教材出版、印刷和光盘复制生产、影视、新闻出版等文化创意产业出口;四是促进具有中国特色的中医及相关服务出口;五是大力促进研发、物流航运等服务贸易。通过服务贸易发展,使我国在巩固世界工厂、国际加工制造中心、国际贸易中心的同时,努力使中国成为世界办公室、国际研发中心、设计与创意中心、物流航运中心和国际营销采购中心等。

(三)扩大服务业开放,有重点地扩大服务进口

根据服务贸易自身发展水平和承受能力,把握新一轮国际产业机遇,积极稳妥地扩大服务业开放,以开放促竞争、促发展。重点鼓励外资投向有利于改善民生和有利于促进就业的社会服务、医疗卫生、教育旅游、电信和商业等现代服务业和生产性服务业。着眼于全面提升我国服务业发展水平,分阶段、有重点地扩大服务进口。着重引进国外的先进技术，扩大研究与开发、技术检测与分析、管理咨询先进服务进口，加大环境服务进口。支持企业通过引进技术的进口，重点支持利用国际先进技术、管理经验和专业人才的境外研发中心项目。

七、与贸易有关的投资政策

（一）利用外资带动贸易发展

改革开放以来，通过利用外资，有效弥补了我国经济建设资金的不足，促进了经济的增长和发展；引进了国外的先进技术和设备，促进了我国技术装备和生产力水平的提高；为我国带来了先进的管理经验，加快了国有企业经济机制的转换，带动了民营经济发展；加大了国内竞争程度，促进产品质量明显提高，带动我国产业和经济的国际竞争力明显增强。吸收外资的重点也逐步从改革开放初期的轻纺、家电逐步发展到现在的集成电路、计算机、通信等高新技术产业，进而发展到金融、保险、资讯等现代服务业，外商在华设立的地区总部、研发中心、营销中心等已经成为我们吸收外资的新亮点。当前，我国已经从外汇短缺成为了全球最大的外汇储备国，利用外资的目的主要在于促进国内产业和外贸结构的升级换代，促进国内区域经济的协调发展。为此，建议如下：

一是优化外资产业结构，促进外贸结构升级。修订《外商投资产业指导目录》，扩大优化鼓励类领域，减少准入限制，放宽外资持股比例限制。鼓励外资进入高端制造业、绿色环保产业和生产性服务业，促进外贸结构，尤其是出口结构向高附加价值、绿色环境和服务业方向优化升级。

二是引导外资参与出口基地和外贸平台建设。通过政策鼓励，引导外资向经济开发区等出口基地集中，实现外资、产业和外贸的集聚和互动发展；引导外资参与会展平台、电子商务平台、贸易中心和商品市场等贸易平台建设，搭建具有全球影响力的跨国营销网络。支持符合条件的省级开发区升级为国家级经济开发区，允许国家级经济开发区和边境经济合作区申请扩大、调整区位，对中西部适应放宽条件。扩大中西部国家级经济开发区基础设施贷款财政贴息规模。支持有条件的沿边地区设立边境经济合作区。

三是加大中西部地区利用外资力度，促进外贸的区域协调发展。修订《中西部地区外商投资优势产业目录》，增强劳动密集型项目条目，吸引东部劳动密集型外资向西部地区转移。鼓励境外投资者以利润再投资和到中西部地区投资；对东部外商投资企业向中西部转移给予资金、社会保险转移政策支持；鼓励东部与中西部地区共建设开发区。通过上述利用外资的区域协调政策，实现促进外贸区域协调平衡之目的。

后危机时代我国将更加注重"引资"和"引智"的结合。"引资"和"引智"并重将是我国长期坚持的战略方针。通过不断提高利用外资的质量，通过利用外资促进智力的引进，将有利于我国实施人才强国战略和可持续发展战略，有利于我国引进国外优秀人才，特别是高层次人才和紧缺人才。

（二）对外投资带动贸易发展

最近几年，随着我国外汇储备实力和企业跨国经验能力的增强，我国在"走出去"战略框架下出台了一系列推动对外投资的政策措施。2008 年，中国对外直接投资首次突破了 500 亿美元，当年利用外资与对外直接投资的比例达到 2∶1。2010 年，我国对外直接投资达到 688 亿美元，利用外商直接投资 1 057 亿美元，利用外资与对外直接投资比达到 1.5∶1。根据"十二五"规划，到 2015 年，我国利用外资与对外直接投资比将接近 1∶1。通过对外投资，在保证国内急需的资源能源稳定供应，转移国内过剩产能，获取国外先进技术、品牌等方面发挥了积极作用。但是从目前来看，我国对外投资领域仍然存在一些问题，如对外投资仍然以资源开发型为主，而制造业领域的投资所占份额相对较小，对转移国内过剩产能、带动国内出口、扩大当地销售和对第三国出口的作用不够突出。另外，外汇管理、财政政策、融资政策等方面还不适应后危机时代我国"走出去"的需要。为了抓住国际金融危机之后给我国企业带来的机遇，实现贸易和投资的互动发展，建议如下：

一是继续鼓励境外资源开发，促进资源能源产品进口。资源短缺将是我国面临的长期问题，必须进一步创新支持境外资源开发投资的方式。为此，要深化境外资源互利合作，可考虑综合运用多种方式，支持具有比较优势的企业通过合作开发、参股收购、管理服务、战略联盟等方式，建立多元、稳定、可靠的供应基地和自主物流体系，提高境外资源的利用能力；整合双边经贸合作中长期发展规划和大型能源资源投资项目，形成一揽子合作模式，并对相关项目投资的支持进行制度性安排；对境外投资项目的资源运回给予进口环节增值税和关税减免等政策措施。

二是鼓励我国制造业对外投资，带动国内设备和零部件出口。后金融危机时代，我国制造业对外投资将迎来重要发展机遇，我国具有比较优势的生产过剩产业向国外转移的力度和压力也将加大。为此，后危机时代，我国应顺应这一发展走势，更加重视制造业领域的对外投资，鼓励符合国外市场需求的行业有序向境外转移产能，积极鼓励"走出去"带动国内出口的投资项目。建议编制发布《对外投资产业指导目录》，鼓励并引导我国生产要素全球化配置，推动有比较优势的制造业、高新技术产业"走出去"。

三是支持企业建立海外营销网络，促进自主品牌和自主营销渠道产品的出口。鼓励国内企业开拓国际市场，促进零售批发行业海外投资，推动国内大型商贸物流企业参与国际竞争，建立海外批发中心、海外超市和零售店等，带动国内相关货物出口，提升中国出口商品的品牌影响力；支持有条件的企业开展海外并购，获取国外营销网络和知名品牌。

四是支持企业建立海外研发机构，促进拥有自主知识产权的产品出口。支持企业通过新建海外研发机构或并购国外企业，以此获得海外技术、专业等有价值的核心资产，以此提高企业对知识、技术、专利等核心价值环节的掌控力，从而提高对外贸易的质量和效益。

五是促进农业、服务业投资，带动农产品和服务贸易出口。除资源开发和制造业投资外，还应鼓励有条件的企业在农业、服务业领域的对外投资，实现对外投资多领域、全方位发展，带动相关行业出口。如通过农业领域的投资，可以带动国内粮种、农业技术和人力资源服务等出口；通过服务业领域的投资，可以扩大商业存在形式的服务出口，尤其是具有中国特色的中医、文化教育等服务出口。同时，提高对外承包工程和劳务合作的质量，可提升相关服务出口的质量和效益。

六是培育中国本土跨国公司，提高外贸经营主体国际竞争力。跨国公司是当前世界贸易的主导力量，80%的世界贸易由跨国公司内部贸易所构成。因此，培育中国本土跨国公司，是增强我国外贸竞争力的重要途径。当前，国家外汇储备规模在全球遥遥领先，这显示了国家整体对外投资的实力，但这并不等于企业的对外投资、开展跨国经营的能力。为此，要支持有实力的大型国有企业和优秀民营企业在率先"走出去"中，培育出一批高素质跨国公司和国际知名品牌。通过建立海外孵化器，支持中小型优质企业国际化发展。同时，要规范企业境外经营行为，依法经营，规避风险，防止恶性竞争，治理境外商业贿赂，维护国家整体利益和良好形象。

第三节　涉外财税、金融和汇率政策

一、涉外财税政策

(一) 与贸易有关的财税政策存在的问题

改革开放30年来，与贸易有关的财税政策经历了从国家统负盈亏、实行承包经营责任制，到自负盈亏的自主经营几个阶段。财税政策的功能与作用已经从国家统制贸易体制下不计成本地支持企业创汇，演变为在市场经济条件下促进和支持企业进出口、维护国际税收公平的政策手段。事实证明，改革开放 30 年，中国与贸易有关的财税政策改革有力地促进了中国对外贸易的发展。但是，涉外财税缺乏支持外贸发展的中长期目标，前瞻性、战略性不足，背后深层原因是对外贸在整个公共财政体系中的地位认识不足，重大财税体制改革中缺乏对外贸因素的关注，从而引发出一系列具体的政策措施层面上的问题。

一是从定位上看，涉外财税政策体系缺乏支持贸易发展的中长期目标，前瞻性、战略性不足。改革开放 30 年，总体上财税支持外贸发展体现了"从倾斜到中性，从直接到间接，从总量到结构"的变化轨迹。但是，在操作上则呈现出部分不均衡的特征，目标定位主要是配合政府的宏观调控政策，带有明显的短期化特征，缺乏支持外贸发展的长期目标，而这实质上是我国外贸发展战略本身缺乏中长期目标的反映。

二是从性质上看，当前涉外财税政策体系缺乏独立性，从属特征明显。政策缺乏独立性突出的表现在出口退税政策和外贸发展基金上，因为多种原因，政策措施更多地从属于国家宏观调控目标、从属于产业等其他政策主题，失去本来的政策独立性。

三是从结构上看，涉外财税政策体系工具单一，调整频繁，合理有限。政策措施的从属性导致其调整频繁，出口退税政策为配合国家的宏观调控和产业政策频繁调整，其结果，一方面，企业难以形成稳定的预期，从而造成决策困难，另一方面，政策的频繁调整，也成为国际贸易摩擦的导火索；而外贸发展基金功能分散，合力有限；政府采购支持外贸发展的潜力未及充分挖掘。

四是从具体措施上看，出口退税政策和外贸发展基金自身制度设计均存在一定问题，有待完善。出口退税政策的问题体现在出口负担机制存在问题，贸易发达地区、省以下地方政府的退税负担过重，导致地方政府对外贸的不合理干预，此外，相对加工贸易，出口退税政策对一般贸易有失公平；而外贸发展基金存在收入不足和来源不够稳定的问题。

五是从基础和配套政策上看，财政税收政策还存在一定不足。财税政策本身的不足表现在：政府采购的外贸杠杆功能欠缺；省以下财政体制管理不够规范；税制本身不够完善，对外贸甚至造成阻滞，突出地表现在增值税、资源税和环境税上。这些不足在一定程度上影响了政策对对外贸易发展的支持，阻碍了涉外财税工具的综合效果。

（二）调整与贸易有关的财税政策的原则与取向

根据与贸易有关的财税政策的具体特点，以及考虑后危机时代外贸中长期发展的需要，以此确定未来相关政策改革与调整的原则与政策取向。

一是明确把涉外财税政策纳入公共财政范围。把贸易因素作为财政制度改革与政策设计的重要参考，从源头上体现财税政策对对外贸易的支持，从而使建设与完善涉外财税政策体系水到渠成；明确把贸易大国向贸易强国的转变作为财政支持贸易发展的中长期目标；强化涉外公共财税政策体系的长效性、激励性、服务性特征。

二是明确与贸易有关的财税政策属于贸易政策范围。与贸易有关的财税政策既与贸易政策相关，又与财税政策相关，但其政策实质是通过财政和税收政策促进对外贸易的发展，因此，贸易政策属性是其主要方面，本质上属于贸易政策范围。为此，与贸易有关的财税政策调整应充分征求贸易主管部门意见，或由贸易主管部门牵头、协调进行相关政策调整与改革。

三是与贸易有关的财税政策应维持相对的稳定性与独立性。与贸易有关的财税政策有其自身特点，主要应符合国际贸易的自由、公平原则，并服务于对外贸易发展目标。例如，出口退税是国际通行规则，政策目标是以"零税率"维持税收公平，其承担的其他宏观调控任务就应当相对弱化，在服务于国家发展战略大方向的同时，要保持与贸易有关的财税政策的相对独立性，为进出口企业营造稳定而可预见的政策环境。否则，随意变化与贸易相关的财税政策，将使企业出口面临的政策环境不稳定，对于企业长期经营决策不利。

四是制定明确的财政支持外贸的导向规划或指标体系。目前，从中央到地方没有一个明确的财政支持外贸发展的导向，主要原因在于没有一个明确衡量对外贸易发展水平的指标体系，建立适合国情的指标体系，也就有了财政政策明确支持的方向。这样既符合WTO的多边贸易规则，也能有效促进外贸发展方式转变和迈向贸易强国目标。为此，构建这样一个财政支持外贸发展的政策导向规划或具体的指标体系，将十分有利于我国与贸易有关的财税政策的进一步发展和完善。

五是与贸易有关的财税政策应坚持 WTO 的公共支持原则。WTO 的相关规则表明，国家支持外贸发展的政策应避免对出口的直接补贴，而是为企业搭建公共服务平台；应对企业的生产、研发与营销等进行普遍的支持，而不是对特定企业的支持。因此，未来与贸易有关的财税政策调整也应遵循这一原则。

（三）涉外财税政策调整的建议

1. 财政支持政策

支持外贸发展的财政政策的主要是中央外贸发展基金，与关税、出口退税政策相比，中央外贸发展基金具有支持目标多元化、支持机制灵活、见效快、周期短、覆盖面广、带动地方财政投入等独特作用。因此，要继续高度重视中央外贸发展基金的作用，保持、扩大财政支持外贸发展政策效果的连续性，提高基金规模，做好整合、优化工作。具体建议如下：

一是设立新的中央促进外经贸发展的专项资金。鉴于目前中央外贸发展基金来源受制于基金管理条例的原有规定，因此，建议取消原有的中央外贸发展基金，设立新的中央促进外经贸发展专项资金，利用一般预算资金作为专项资金的收入来源。新的外经贸发展专项支持资金应保持原有的外贸发展基金的形式和基本功能，保持政策连续性，优化其板块和结构；新资金的定位应该目标多元化、机制灵活、政策效应复合化、覆盖面广；重点解决好已有基金和新设基金、基金与市场的衔接问题。

二是形成财政对外贸支持的稳定机制，重点支持外贸结构调整和转型升级。为此，应建立财政、外贸协调互通的工作机制。加强部门之间的协调沟通，建立固定联系机制；推进对重大事项和改革的共同研究；逐步形成良好的共同决策机制；强化措施执行，实施有效的政策搭配机制、注重政策的时效性和协同性。同时，加强研究，力求形成一套财政支持外贸发展的政策导向机制，或衡量对外贸易转型升级和贸易强国的指标体系，财政支持的方向就沿着这一方向进行。同时，对地方各级政府财政支持外贸发展有一个明确的政策引导。

三是严格遵循 WTO 规则，以构建公共服务平台和普遍统一的支持为主。财政对外贸发展的支持应从流通环节转移到生产环节，提高支持的综合效果，减少对贸易的扭曲作用。根据区域经济发展状况和环保要求，加大对企业的技术研发、环保技术采用和落后地区开发的补贴支持，并根据国际惯例和我国的具体情况，保持和加大对农业的补贴水平，以维护国内市场的稳定和效率。

2. 出口退税政策

一是还原出口退税的"中性"政策定位，增强出口退税政策的稳定性。作为一项普遍适用的国际惯例，我国应当把出口退税作为中性的非歧视性的对外贸易制度固定下来，使其不因出口贸易形势的变化而改变，减少企业经营上的政策困扰，增强市场的可预见性，以有利于我国企业公平地参与国际竞争。

二是推动出口货物"零税率"，实行按照法定征税率退税的政策。根据《对外贸易法》和《增值税暂行条例》，要对出口产品相关环节实行征多少退多少的政策，即零税率政策。

三是在出口退税执行中坚持稳定、快速、足额原则。出口退税应坚持稳定、快速、足额的原则。不应无理由地拖延退税，坚持稳定、快速、足额的退税原则对于提升财政支持政策效力、维护我国外贸企业的正当权益有着重要的作用。

四是推动以人民币跨境结算的出口，实行"不征不退"或"征多少退多少"的出口退税改革试点。取消外汇核销与出口退税挂钩制度，并逐步扩大试点的规模、地域范围以及国别地区。

五是改革出口退税负担机制，减轻地方政府负担。现有的中央与地方出口退税负担机制加大了地方政府的财政负担，也不利于调动地方政府促进加工贸易转型升级，大力发展一般贸易。为此，可考虑出口退税由中央全额负担，或地方出口退税负担由中央以奖励的方式全额或部分返还。

3. 政府采购政策

长期以来，我国支持外贸发展的财税政策工具过于单一，利用政府采购手段促进外贸发展的政策功能开发不足。今后一段时间，要充分利用国内政府采购市场的开放，换取更为广阔的国际政府采购市场，为我国外贸发展提供更大空间。

一是加快中国加入 WTO《政府采购协议（GPA）》的谈判进程，争取 GPA 成员的相应待遇；解决重要产品的市场准入问题。尽快完成谈判程序，以此促进国内政府采购市场的开放；通过扩大开放，增加国外产品进口，促进国内竞争，提高产业素质。同时，加入 GPA，可以获得其他国家政府采购市场的份额，提高我国出口市场空间，为进一步扩大出口创造条件。

二是重视和扩大联合国等国际组织采购市场份额。目前，联合国每年采购的货物和服务价值约 120 亿美元，但中国仅能获得不足

1亿美元的采购订单，占联合国采购份额不足1％，在联合国采购排名列第33位，这与我国产品的国际竞争力和贸易大国地位极不相称。重视和扩大联合国等国际组织的采购份额，不仅可以直接扩大我国出口，还可以提高中国企业的品牌知名度，扩大中国制造的国际声誉和国际影响力。

二、涉外金融政策

（一）与贸易有关的金融政策存在的问题

改革开放30年来，中国金融体制与涉外金融政策发生了巨大变化。从宏观方面看，人民币汇率及其形成机制的几次重大变化较好地适应了中国进出口贸易的发展。从微观方面看，出口信贷、出口信用保险等金融工具从无到有，中国进出口银行、中国出口信用保险公司等政策性涉外金融机构的成立，为中国进出口企业提供了大量的融资机会。而外汇储备的增长，使得中国出口创汇的功能已经弱化，为我国提升出口质量和效益，迈向贸易强国奠定了基础。但是，面对中国对外贸易的高速发展，金融政策和金融工具仍很难适应外贸发展的要求，尤其在后危机时代，如何利用与贸易相关的金融政策和金融工具，进一步提升外贸发展水平，提供中国在国际贸易中的地位与影响力，为贸易大国迈向贸易强国作出更大贡献，仍然存在一些问题、差距与不适应的方面。

一是金融对外贸的支持力度与外贸发展要求还有较大差距。出口信贷、出口保险的规模与比例都较小，与国外相比，中国在出口融资与保险方面与我国贸易大国地位不相称，与其他发达国家也有差距，这与我国日益增长的出口金融支持和服务需求不相适应。

二是贸易融资效率有待提高，融资费用有待进一步降低。根据问卷调查，有92％的企业认为，贸易融资现存的主要问题包括：申请要求较高、手续比较复杂，融资成本较高。这与外贸发展要有良好的融资环境不相适应，尤其对于中小企业的融资门槛较高，与外贸主体绝大部分为中小型民营企业的现实不相适应。

三是贸易金融发展不协调，进口的金融服务发展明显不足。长期以来，中国重出口、轻进口，这在金融服务方面也得到了相应体现。2006 年，中国进出口银行为深圳航空公司提供了一笔进口信贷支持，这也是中国进出口银行自 1994 年成立以来第一笔进口信贷业务。即使到现在，进口信贷业务仍然较少，远远不适应中国扩大进口的需求，与出口金融服务的发展程度相差甚远。另外，出口信用保险公司也基本为出口商品提供保险服务，对进口业务的保险处于空白状态。

（二）与贸易有关的金融政策的调整原则与取向

金融业的开放与发展是十分复杂的问题，它关系国家金融安全和金融风险防范，为此，对国家金融体制和金融政策的任何重大变化都必须谨慎行事。但是，与贸易有关的金融政策调整，大多数并不涉及核心金融体制和金融制度安排，其主要目的是更好地服务于中国对外贸易发展。在完善与贸易有关的金融政策过程中，要坚持金融服务贸易市场化原则，同时应尊重金融业本身的发展规律。在此条件下，进一步增强金融政策和金融工具对贸易发展的支撑、带动和导向作用。

一是增强金融对贸易发展目标的支撑作用。使金融成为中国从贸易大国迈向贸易强国，发挥国际影响力与话语权的有力支撑。这包括进一步推进人民币国际化，增强人民币作为国际结算货币、计价货币、储备货币的地位；进一步增强中国金融机构在国际金融市场的影响力；发展国内期货市场的同时，增强对国际期货市场的影响力，通过期货市场操作化解国际大宗商品价格波动风险，增强对重要能源资源和原材料的定价权。

二是进一步发挥政策性金融服务的带动作用。政策性融资与商业融资相结合，通过政策性贸易融资，带动商业性贸易融资。通过政策性出口信用保险带动商业机构扩大出口信用保险业务。在政策性金融机构和商业金融机构共同作用下，丰富我国金融机构对进出口贸易的金融工具，满足进出口企业对金融服务日益增长的需求。

三是进一步增强金融服务对贸易结构的导向作用。贸易融资要与转变外贸发展方式结合起来，加大对于"三自三高"的融资支持力度，而不是简单地对机电产品和高新技术产品的融资支持。

（三）涉外金融政策的调整建议

1. 贸易信贷政策

建立和完善与贸易发展水平相适应的全方位金融政策支持体系。鼓励金融机构积极开展进出口信贷业务，灵活运用票据贴现、押汇贷款、对外担保等方式，拓宽进出口企业融资渠道。进一步简化贸易信贷登记管理、程序和方式，便利重点产业企业出口和先进技术进口。研究出台贸易融资封闭贷款管理办法，解决综合授信信用评级较低的中小企业融资问题。逐步扩大出口信贷规模，力争政策性贸易信贷增速不低于进出口贸易增长速度。研究制定对中小企业进口信贷优惠政策，逐步提高中小企业在政策性出口信贷中的比例。

2. 信用保险政策

发达国家的实践表明，信用保险是比较成熟的促进出口的金融政策之一。出口信用保险属于非营利性的保险业务，具有部分公共产品的特性，能够推动出口贸易，保障出口上的收汇安全和银行的信贷安全。虽然早在1988年我国便开始创办信用保险制度，但是至今，出口信用保险发展缓慢，没有起到应有的保障作用。而自全球性金融危机爆发以来，国际信用环境恶化，出口信用保险这一工具正当其时。2009年5月，国务院常务会议研究确定了改善信用保险政策的三大举措，包括扩大承保规模、下调保险费率，鼓励金融机构支持企业融资。而比较美国、德国和日本的三大经济体的出口信用保险，中国信用保险公司所提供的险种仍然单一，仅对出口企业应收账款进行担保；承包规模仍然偏小。

一是扩大出口保险范围与规模。2010 年，中国信保保险及担保业务共实现承保金额 1 964.3 亿美元，对全国出口的渗透率和对一般贸易出口渗透率分别达到 10.4％和 22.8％，较上年分别提高 2.2 个和 4.2 个百分点。未来一段时期，中国信保应进一步增强发展能力、经营管理能力和风险控制能力，不断扩大出口保险规模，争取将出口保险渗透率提高到发达国家水平。

二是提高出口保险机构经营效率，降低承保费率。加强中国出口信用保险公司的自身建设，壮大实力，打造具有世界竞争力和影响力的出口信用保险机构，在此基础上，降低承保费率。2009 年下半年，中国出口信保短期保险费率大幅下降 30％。建议国家给予政策扶持，使保险费率长期持续维持在较低水平，尽快达到发达国家 0.3％左右的水平。

三是扩大对中小型民营企业的出口保险业务。民营中小企业外贸企业抗风险能力低，应扩大对中小型民营外贸企业的保险业务规模，鼓励中小企业积极开拓国际市场。

四是发挥出口信用保险的产业结构导向作用。充分发挥出口信用保险的政策导向作用，支持大型成套设备等资本性货物出口，重点加强对农产品、高端制造业、成套机器设备、节能环保产品、现代服务业和技术出口的支持力度。

五是发展政策性进口信用保险业务，支持重要原材料、关键技术设备和部分消费品进口。

3. 其他涉外金融政策

一是完善贸易担保政策。对于资信较差的中小型民营进出口企业，政府可以制定各种担保计划和担保机构。例如，美国加州世界贸易委员会就可为本州出口商提供担保额达 90％的出口信用贷款担保；美国中小企业管理局通过出口经营资本金计划、国际贸易贷款计划、"出口快车"专项向出口企业提供短期经营性资本金贷款担保、小额贷款融资等支持。为此，中国也可借鉴美国等发达国家模式，探索为中小企业提供信贷担保的途径和方式。支持融资性担保机构扩大中小企业进出口融资担保业务，解决中小企业融资困难。

二是创新贸易融资工具。除了进一步完善传统的信贷、担保等融资工具外，还可针对具体的业务进行金融产品和金融工具创新，包括发展中长期贸易融资（保理业务）、福费廷业务、出口租赁等。鼓励融资租赁公司扩大设备进出口租赁业务。

三、外汇管理与汇率政策

（一）外汇管理与汇率政策存在的问题

一是人民币区域化和国际化程度低。中国对外贸易长期实行用外汇进行结算，人民币基本上不是结算货币，这就从根本上限制了人民币计价结算地位的确立，使人民币难以实现大规模跨国流动。人民币区域化和国际化程度的不足，导致我国在对外贸易中被动接受汇率风险，在国际经济中的话语权与影响力也明显不够。

二是人民币汇率形成机制市场化不足。首先，人民币同美元的汇率不能反映整个外汇市场的真实供求关系。其次，人民币与其他货币的汇率机制尚未形成，需要以美元作为交叉货币计算人民币同其他货币之间的汇率水平，这不利于人民币的国际货币职能的发挥。

三是资本项目仍未完全开放。目前，由于资本项目管理，我国汇率仍然表现为贸易结算汇率，而无法真实体现我国经济的国际竞争力及劳动生产率的提高，这也制约了人民币的国际化进程。

（二）外汇管理与汇率的中长期政策取向与建议

一是加速推进人民币国际化。积极稳妥推进跨境贸易人民币结算业务、人民币对外直接投资业务及项目贷款，稳步推进人民币"走出去"。在东南亚及周边地区推行人民结算，扩大同其他国家的货币金融合作，推进人民币区域化和国际化。积极推进贸易收付汇管理制度改革。鼓励国内有条件的金融机构逐步完善海外网点布局，为我国企业"走出去"和开拓新兴市场提供更为便捷、可靠的金融服务。

二是加快推进人民币汇率市场化。进一步完善人民币汇率形成机制，保持人民币汇率在合理均衡水平上的基本稳定；加快外汇市场建设，扩大外汇交易主体，丰富外汇交易工具；加强电子化建设，推动我国外汇市场与国际外汇市场接轨，推进人民币汇率的市场化进程；随着国内外形势变化，尤其是劳动生产率和国际竞争力的提升，动态地调整人民币汇率。

三是逐步推进资本项目完全可自由兑换。在长期资本流动方面，可先放松直接投资的汇兑限制，然后逐步放松对证券投资和银行贷款的汇兑限制；在短期资本流动方面，对贸易融资可以较早地解除限制，对于短期资本交易应最后解除限制；针对不同的交易主体，可先放松对自然人和企业的资本交易汇兑限制，最后解除对银行、投资基金用于贷款和投资的汇兑限制；设定人民币完全自由兑换的明确的时间表。

第四节　与贸易有关的其他政策

一、与贸易有关的知识产权政策

（一）知识产权领域存在的问题

知识产权是决定一国经济、产业和贸易竞争力的关键因素。目前，知识产权问题已经成为提升我国外贸竞争力，推进贸易大国迈向贸易强国的重要制约。

一是知识产权差距成为迈向贸易强国的瓶颈。我国三自三高出口产品占比较低（约为 $2\%\sim5\%$），这已经成为我国提升出口效益的重要制约。中国企业出口 200 强中的 70% 以上是贴牌生产，产品的核心技术和知识产权掌握在外方企业。这严重制约了我国企业的核心竞争力和出口效益的提升，也是我国迈向贸易强国的瓶颈。

二是知识产权问题可能成为新的贸易摩擦焦点。近几年来，我国企业受到国际知识产权壁垒明显增多。2009年1～10月，美国一个国家就已经发起对华337条款调查案件多达6起，中国在国际展会上也时常发生因知识产权问题而被查抄的案件。与其他贸易壁垒不同的是，知识产权纠纷主要影响我国高技术含量、高附加价值的出口。

三是我国企业维护自主知识产权的意识和能力有待加强。我国也是侵犯知识产权的受害国，为此，应提高我国企业维护海外知识产权的意识，增强维权能力。

（二）与贸易有关的知识产权政策建议

2008年6月发布的《国家知识产权战略纲要》从国家总体发展战略的高度，明确了到2020年我国成为知识产权创造、运用、保护和管理水平较高的国家的宏伟目标。从加强知识产权工作，促进对外贸易发展的角度，提出如下建议：

一是大力实施知识产权战略，促进知识产权密集型产品出口。突破传统粗放型经济和贸易增长模式的瓶颈、提高科技发明和创新技术的运用程度、加强知识资源的开发应用是降低资源需求、实现经济转型、突破经济增长潜在极限的重要途径。为此，应利用综合性的财政、税收、金融等政策手段，大力促进具有自主知识产权密集型产品的生产和出口，促进经济和贸易增长方式的转变。

二是为中国企业海外知识产权申请和海外维权提供更有力的支持和更全面的服务。扶持中国企业进行海外知识产权注册申请，将协助其进行海外知识产权战略布局，促使企业树立"产品未动，知识产权先行"的观念。海外知识产权纠纷逐渐成为影响和制约中国企业海外竞争力的重要因素，为此，应积极为企业在海外知识产权的纠纷提供法律服务和支持。

三是采取积极措施预防和化解涉华知识产权纠纷。中国已经成为侵犯国际知识产权的主要来源国之一。美国《特别301评估报告》将中国列入重点观察国；美国337调查案件中，中国占比较高。境外国际性展会中，时常有中国企业侵犯被查抄的报道。对此，可以通过培训，提高企业的知识产权意识，预防侵犯案件的发生；还可建立海外知识产权服务站，妥善解决可能出现的中国企业侵权案。

四是扩大多、双边知识产权的交流与合作。积极参与国际知识产权规则的制定，平衡发达国家与发展中国家利益。建立和完善知识产权对外信息沟通交流机制，重点加强与美欧日等发达国家双边知识产权磋商与对话，增进互信。加强国际和区域知识产权信息资源及基础设施建设与利用的交流合作。鼓励开展知识产权人才培养的对外合作。支持引进或聘用海外知识产权高层次人才。积极参与国际知识产权秩序的构建，有效地参与国际组织有关议程。

五是积极开展知识产权贸易和技术引进。促进专利、许可等知识产权贸易，以此引进技术、提升制造业发展水平的同时，促进技术贸易发展。

二、与贸易有关的环境和气候政策

（一）环境与气候变化对我国经济贸易的影响

2009年年底召开的哥本哈根全球气候变化大会，由于发达国家在资金支持、技术转让和约束性减排方面拒不作出承诺，导致无法形成一个后京都议定书时代的更广泛而具有约束力的多边碳排放协议。但是，在中国等国家的积极推动下，参会主要成员达成了《哥本哈根协议》，朝着缔结具有法律约束力的应对气候变化全球性协议迈出了重要一步。后金融危机时代，全球气候变化议题将越来越影响全球经济和贸易的发展，这也必将对中国的经济贸易产生多方面影响。

一是我国产品特别是能源密集型产品出口贸易将受到冲击。我国工业与出口结构决定了我国极易受到西方国家"环境壁垒"、"边境碳税"等新贸易壁垒的影响。若美欧等国实施"边境碳税"制度，将可能使我国出口产品面临巨大的额外成本。此外，由于我国"两头在外"的贸易模式，以及对国际运输的高度依赖，那么一旦实施航运业的"全球碳税"制度将大大增加我国的运输成本。

二是我国承接国际产业转移和国外直接投资将受到影响。如果发达国家在全球推行"低碳经济"，那么新兴市场大国将被迫进行绝对减排，则我国内产业面临的排放成本将与发达国家趋于一致，这将削弱我国的成本优势，降低跨国企业向我国产业转移和投资的动力，甚至可能在特定行业部门出现外资撤离或退出的局部。

三是我国产业升级和经济发展将受制于发达国家。发达国家"低碳技术"和产业已具备相当基础，而我国尚处于起步阶段。如被迫提前进行绝对减排，强制进入"低碳经济"，我国将不得不花巨资引进发达国家"低碳"设备及生产方式。在尚未完成全部工业化进程，"低碳产业"尚未孕育成熟的情况下，仓促全面推进"低碳化"，反而将偏离我国在经过正常发展过程后进入"低碳经济"的轨道，失去自主发展"低碳产业"的机会，导致我国产业再次受制于发达国家主导的国际产业格局和分工体系，从而失去从经济贸易大国走向经济贸易强国的大好时机。

（二）与贸易有关的环境和气候政策的原则

发达国家推动的全球碳减排协议和"低碳经济"与我国贯彻落实"科学发展观"，建设资源节约型、环境友好型社会，促进可持续发展目标没有本质冲突。但是，若过早承诺强制减排目标，将严重打乱我国发展部署，限制我国经济贸易发展空间。在此种情况下，我国应对环境与气候变化和"低碳经济"的原则与取向应是：

一是坚持"共同但有区别的责任"原则。共同但有区别的责任原则凝聚了国际社会共识。坚持这一原则，对确保国际社会应对气候变化努力在正确轨道上前行至关重要。

二是积极参与全球气候变化谈判，在新规则制定过程中占据主动。中国应利用全球气候变化大会领导人峰会等场合，积极表达中方立场；同时，有效借助各种多边、双边机制，在20国峰会，8+5领导人化对话、WTO和APEC等场合，坚持反对"碳政治"、"碳关税"等限制发展中国家发展权利的措施，联合印度、巴西和南非等利益相关方，对抗发达国家在全球环境和气候变化中的谈判压力。

三是实施贸易的绿色增长战略。结合我国国情，在加快工业化的同时，贯彻落实科学发展观和可持续发展战略，逐步推进产业"低碳化"进程，推广清洁能源，应用节能环保设备和生产方式，降低经济发展的"碳密度"，为未来拓宽发展空间，减轻贸易和气候变化带来的压力。

（三）全球环境与气候变化对我国外贸影响的具体建议

一是将应对气候变化纳入我国外经贸工作的中长期规划，制定低碳经济下中国外经贸工作的发展战略、指导意见。把科学应对气候变化纳入我国外经贸工作的中长期发展规划，把低碳和可持续发展理念的具体目标体现在"十二五"时期外经贸规划中，以协调国际应对气候变化行动和国内可持续发展两个大局。

二是从鼓励、引导与促进资源节约和环境友好型贸易发展的角度，制定"绿色出口产品"目录，对进入目录的相关产品给予财税、金融和贸易便利化方面的综合支持。健全有关贸易和气候变化关系的法律体系，制定相应的鼓励、扶持政策，促使企业提高气候友好型技术、不断开发低碳产品。积极了解和跟踪国外的一些低碳标准，及时加以宣传、推广。积极推广出口产品的绿色生产和清洁技术。在低碳技术创新方面，设立绿色技术创新的专项基金，并加强绿色技术创新的技术服务组织的建设。努力发展与贸易有关的低碳服务。

三是引导加工贸易转型升级，动态调整整加工贸易禁止类和限制类目录，完善加工贸易企业准入管理。对加工贸易企业引进节能环保技术、设备和生产工艺，给予财税支持，鼓励开发绿色环保产品。

四是提早研究并制定基于我国利益的"边境碳税"、"碳标签"等气候政策工具，探索国内环境税收体系改革，从根本上对冲发达国家设立贸易限制措施的借口。对内继续重视提高能源效率并在环境与贸易的利益方面做出权衡与取舍。提高能源效率是我国政府的首要任务，也是完成我国"十二五"目标的主要途径，同时高度重视内涵能源出口问题，避免成为国际"污染天堂"，减少高耗能、高碳密集型的产品的出口，取而代之进口相应的替代产品，在减少我国贸易顺差的同时相应地减少我国的环境污染。

五是积极参与国际碳交易，开展环境外交，为本国企业的发展创造良好的内外环境。2008 年到 2012 年是《京都议定书》的第一个承诺期，中国作为发展中国家不需要承担减排义务，应抓住这一机会，积极参与国际碳交易，从中获取发达国家的清洁环保技术，提升"低碳经济"发展水平；推广清洁发展机制；培育碳交易市场体系；加强碳交易知识的普及和相应的培训；形成我国特色的绿色技术、市场机制和清洁发展模式，积极参与国际碳交易市场的竞争，在国际碳交易市场占据主动；配合国际碳交易，在国内开展出口企业碳排放许可证交易试点等工作。

六是积极应对以保护环境气候为名的新型贸易保护主义。熟悉与国际贸易有关的旨在保护环境的国际法律、公约和规则约束，预防可能重新抬头的气候环境和绿色贸易壁垒。我国应尽快建立国外气候变化绿色贸易壁垒的预警机制，设立绿色壁垒信息中心和数据库，及时发布相关预警信息。同时，认真研究气候变化绿色贸易壁垒对我国主要出口产品的影响，采取积极措施应对，创造良好的出口环境。

三、与贸易有关的产业政策

国内产业结构决定贸易结构，贸易结构又反作用于产业结构，贸易结构对产业升级具有先导作用，并促进国内产业结构的升级和优化。温家宝总理在 2010 年的政府工作报告中指出，要优化出口产品结构，稳定劳动密集型产品出口，扩大机电产品和高新技术产品出口，大力发展服务贸易和服务外包，努力培育出口品牌和营销网络，继续严格控制"两高一资"产品出口。因此，应依据国内产业结构的调整方向，将产业政策和贸易政策二者紧密结合起来，产业振兴与国际市场竞争力的提升互为因果，通过产业振兴规划，提高产业国际竞争力，扩大国际市场份额。一是配合国家工业化升级，积极鼓励附加价值高，国内关联度高，具有国际市场潜力的高端机电产品出口，如汽车、船舶、数控机床、精细化工等工业化的标志性产品出口；二是进一步调整完善《高新技术产品出口目录》，对目录内商品给予财税、金融等综合支持，促进高新技术产品出口；三是通过培育品牌，自主营销等方式，提升传统轻工、纺织、服装产业的出口附加价值。四是适应"低碳经济"发展需要，促进绿色、低碳、环保型产品出口；五是配合国家发展战略性新兴产业的需要，制定新能源、新材料、信息产业、新医药、生物育种、节能环保、新能源汽车、航空航天和海洋等产业的"战略性新兴产业出口产品"目录，对进入目录内的产品给予财税、出口便利化等方面的综合支持；六是顺应服务贸易发展新趋势，促进服务外包、物流服务、设计咨询、金融等现代生产性服务出口。上述措施在培育出口新增长点、优化外贸结构的同时，对引导国内产业结构升级也具有积极作用。

第五章 对外贸易体制机制改革与创新

改革开放以来，特别是加入 WTO 以来，我国已经形成了既符合国情，又符合多边贸易体系规则和协议的外贸体制机制，也正是因为有了这样的体制机制才使我国完成了由贸易小国到贸易大国的转变。后危机时代，我们还必须继续深化改革，进一步创新对外贸易体制机制，以更好地贯彻落实外贸政策和为外贸企业创造良好的发展环境，形成有利于外贸可持续发展的更加完善的体制机制，以此为巩固贸易大国地位，推动贸易强国进程提供强有力的制度保障。具体来看，外贸体制机制的创新和完善包括法律体系、管理体制、促进机制、服务机制以及贸易摩擦应对机制和贸易救济机制等五个方面。

第一节 完善对外贸易法律体系

入世以来，我国在对外贸易法律法规清理、修订和完善上开展了大量工作，到目前为止，已经符合了《WTO 协定》和《中华人民共和国加入 WTO 议定书》，履行了入世承诺的义务，建立了一整套基本符合 WTO 多边贸易体系规则协议的外贸法律体系，确保了我国按照国际通行规则发展对外贸易。这一时期对外贸易法律体系建设的主要内容集中在把国际法、国际协议的相关内容转换成国内法，或者说是按照国际法、国际协议的要求修改国内法。在后危机时代，面对复杂的国际国内形势，为进一步推动我国对外贸易发展，必须不断完善对外贸易法律体系。

一、完善我国对外贸易法律体系的原则与取向

当前，中国对外贸易法律体系的各个具体法律和条例基本上都还停留在原则性规定、条款不具体的阶段，从而导致对外贸易法律体系中各个具体法律及相关条款难以实现有机融合，极大降低了中国对外贸易法律执行中的可操作性，使外贸政策缺乏统一性、稳定性、透明度和可预见性，甚至导致政策的制定与执行主体错位，极大降低了外贸政策的效率。后危机时代，完善我国对外贸易法律体系时应遵循以下原则与取向：

（一）以法律形式明确界定中国对外贸易发展的总原则

一个国家发展对外贸易的总原则不仅是谋求通过发展对外贸易并从中获得相应权益的总体指导方向和基本方针，同时也是规范国家对外贸易管理主体和执行主体的基本行为准则。以法律形式确立国家发展对外贸易的总原则具有重要的现实意义。

中国对外贸易法律体系对中国发展对外贸易的总原则所做出的相关表示过于简单、笼统，仅仅用"根据平等互利的原则，促进和发展同其他国家和地区的贸易关系，缔结或者参加关税同盟协定、自由贸易区协定等区域经济贸易协定，参加区域经济组织"加以简单表述。这种表述使国家对外贸易管理机构难以明确行为方向和基本准则，也难以引导企业的价值取向、行为过程和行为目标。例如，发达国家一般都用法律明确规定国家在发展对外贸易的过程中必须确保本国的国家利益、国家安全和国家权利不受重大损害。近期发生的铁矿石贸易中的力拓间谍门事件，充分说明了贸易与国家安全之间的密切关系。通过法律化的原则，可以使我国在参与国际贸易活动、采取相关措施时做到有法可依，确保本国国家利益、国家安全和国家权利不受重大损害。因此，必须以法律形式界定和引导国家外贸管理机构和企业及

相关主题的价值取向、行为过程和行为目标。

（二）以法律形式明确和区分贸易政策的制定和执行主体

中国现有的对外贸易法律体系没有明确界定国家对外贸易主管部门有哪些，哪些是政策的制定主体，哪些是政策的执行主体。在入世前后的政府机构改革过程中，商务部作为入世后的外贸主管部门，率先进行了放权，走在了机构改革的最前沿，把大量的外贸政策执行权力让渡给了其他部门。但这种"放权"并没有带来外贸政策执行效率的提升，而是导致了外贸政策制定和执行主体的无序和错位。货物贸易政策方面，目前共有十余个部门具备调整外贸及与外贸相关政策的权力。例如，出口退税政策的制定和调整，理应由外贸政策主管部门——商务部来实施，而事实确由为财政部和国家税务总局联合发文，而作为"办理进出口商品的税收及出口退税业务"的国家税务总局应该只是执行机构，但是政策执行机构却变成了政策制定机构，难以保证全国外贸促进政策的统一实施。服务贸易政策的制定和执行，涉及的部门更多，至少包含 34 个部门。外贸政策各部门之间的过度分散，缺乏统一的协调机构，在政策制定和执行过程中存在的问题太多。因此，必须以法律形式明确和区分贸易政策的制定和执行主体，同时要完善外贸政策的跨部门协调机制，保持政策的统一性、稳定性、透明度和可预见性。此外，要以法律形式明确各类主体在外贸管理、促进和服务中的地位和作用，依法开展外贸管理、促进和服务工作。

（三）加快外贸促进法律体系建设

尽管《对外贸易法》明确规定"建立和完善对外贸易促进机制"，但我国至今没有完整的对外贸易促进政策，对外贸易促进机构设置不合理，存在职能缺位、职能不清、责任不明等问题。这些问题产生的主要原因之一就是我国目前还没有一部较为系统、较为全面的外贸促进法律法规作为依据，外贸政策的制定主体和执行主体不明确，与外贸促进活动有关的各个主体的地位、作用、行为过程和行为目标等都没有法律依据，外贸促进活动缺少法律约束，致使现实中出现了"群龙促贸"的"繁荣景象"。在政府层面，货物贸易涉及的部门至少包含 11 个，服务贸易涉及的部门有 34 个；贸促会、商务部三个促进局（外贸、投资和经济合作局）、商会、协会等也开展贸易促进活动；各级地方政府、地方商会协会也在行使外贸促进职能。然而，这么多与外贸促进相关的主体背后，缺乏统一性、协调性的法律框架，各部门缺乏全局性的外贸促进政策的制定和调整，不仅会使外贸促进效率低下，而且可能会使部门之间的贸易政策相互矛盾、相互抵触，使外贸政策缺乏稳定性，这也在一定程度上影响了我国在全国范围内统一实施贸易政策的入世承诺。

因此，必须加快建立和完善外贸促进法律体系，用法律的形式明确与外贸促进有关的各个主体的地位和作用，尤其要确定外贸促进政策的范围、外贸促进政策的主管部门等主要方面。

（四）保持中国国内对外贸易法律体系与国际法、国际协议的一致性

一是在我国国内对外贸易法律体系与国际法、国际协议的对接中，要体现主动性、及时性和可预见性。要充分把握和理解国际法、国际协议中某些原则性条款和具体条款的内涵和外延，为国内某些法律法规的出台提供依据，也为某些政策措施的事实提供支撑，增强主动性、及时性和可预见性。

二是在外贸管理、促进和服务中，不能违背国际法或国际协议的相关规定，"依法行政"既要依据国内法，也要依据国际法。

二、完善我国对外贸易法律体系

后危机时代，在保持国内对外贸易法律体系与国际法、国际协议一致的前提下，应重点加强以下几方面的工作：

（一）加快外贸促进法律体系建设

我国至今没有与《对外贸易法》相配套的对外贸易促进法，导致对外贸易促进机构设置不合理，存在职能缺位、职能不清、责任不明等问题。建议借鉴国际经验，尽早制定《对外贸易促进法》，以利于我国外贸长期稳定发展。

（二）完善与贸易有关的知识产权法律体系

自 20 世纪 70 年代以来，我国就不断出台、修订了一系列知识产权方面的法律法规。入世以来，我国更是加快了与贸易有关的知识产权法律体系建设，如 2004 年制定的《著作权集体管理条例》、2006 年制定的《信息网络传播权保护条例》、2008 年第三次修改的《专利法》等。当前，应抓紧修订《商标法》、《著作权法》和《反不正当竞争法》等现有的与外贸有关的知识产权法律，并根据外贸发展的实际需要，考虑专门出台《与贸易有关的知识产权法》等新的法律法规，逐步建立适合中国国情、符合国际通行规则的与外贸有关的知识产权法律体系。

（三）加快完善国际经济合作法律体系

当前，我国缺乏对外投资合作方面的根本性法律，导致相关部门职责不清、管理不规范，对外投资便利化工作难以取得有效进展的情况，不利于对外经济的可持续发展。鉴于此，应在《对外承包工程管理条例》、《境外投资管理办法》等基础上，尽快出台《对外劳务合作管理条例》，进一步完善对外投资合作管理、服务以及促进的法律法规，依法、科学划分相关部门的职能，提高工作效率。

（四）提早研究与贸易有关的环境与气候立法问题

2011 年，联合国气候变化大会已达成一项具有法律约束力的协议，这预示着与贸易有关的环境与气候立法工作应尽早提上议事日程，制定出既要与国际多边协议接轨、又要适应我国外贸发展的实际需要；既要保证相关政策的制定和实施有法可依，又要为我国外贸的可持续发展创造条件的法律法规。

此外，还应尽快出台《反垄断法》实施细则；在双边投资保护协定修改中，要注重保护我国企业在海外的利益；完善现有对外贸易救济相关法律，用法律作为应对贸易摩擦的主要手段；适应即将加入WTO《政府采购协议》的需要，修改现有《中华人民共和国政府采购法》；以法律形式设定外贸发展专项资金，保证资金足额到位、有效使用；针对出口退税问题，修改现有增值税法；积极参与外汇管理等与外贸有关的其他立法工作，加强沟通协调。

第二节　进一步创新和完善管理体制

后危机时代，为促进我国对外贸易的可持续发展，推动货物贸易和服务贸易的协调发展，须创新和完善外贸管理体制，围绕对外贸易秩序，建立各部门密切配合、中央和地方互动、政府和企业紧密联系的对外贸易协调管理体制。

一、创新和完善外贸管理体制的原则与取向

（一）外贸管理权应适度集中并增强协调性

当前我国外贸管理体制的现状是：权力过于分散，管理手段不集中、不配合，外贸主管部门与执行机构分家，政出多门，缺乏统一的协调主体或牵头单位。目前外贸管理涉及的部门太多（服务贸易涉及30多个部门）。各部门之间存在各自决策、各自为战的问题，如何实现目标的统一是个难题。为了实现外贸管理的目标，商务部只能主动去与各个相关部门沟通，没有一套固定的机制。另外，外贸管理的职能和权力分散。众多的管理主体势必导致职能的分散，从而增加部门间协调的难度并导致政策迟滞。商务部虽然为《外贸法》确定的国务院外贸主管部门，但现实状况是发挥和行使不了相应的职能与作用，结果导致外贸管理的权责不明，极大地影响了外贸管理的可操作性和有效性。因此，外贸管理权应适度集中，并通过体制机制创新，增强其协调性。

（二）应有助于政策的稳定性和可预见性

外贸管理政策不透明、易变，使得企业面对管理政策时无所适从，如近两年出口退税政策和加工贸易政策的大幅调整（从"减顺差"到"保市场、保份额"），给从事对外贸易和加工贸易的企业带来了极大的政策困扰。实际上，从理论上讲，出口退税、加工贸易政策的政策初衷在于促进外向型产业的发展、推动对外贸易规模的扩大与结构优化。因此，作为基本的贸易制度安排，出口退税、加工贸易政策应在一定时期内保持基本稳定，增强政策的稳定性、透明性和可预见性。另外，多变的政策（尤其是出口退税政策）也给贸易伙伴或贸易竞争对手提供了对中国出口商品实行"两反一保"等贸易救济措施的理由，它们会认为中国实行的这些贸易政策缺乏经济依据，是人为制定的，想变就变，有补贴之嫌。从管理政策的预见性和前瞻性来看，目前的外贸管理政策大多属于事后调控，基本上是发现问题后再采取措施，缺乏预见性、前瞻性和战略性，政策滞后与政策迟滞很可能会降低调控的力度、减弱调控的效果。因此，后危机时代外贸管理体制的创新与完善应有助于推动外贸管理政策的稳定性和可预见性。

（三）应有助于外贸管理政策实施效果的反馈和评价

当前，外贸管理政策实施效果的反馈机制还不健全，进出口企业、行业协会、地方政府对调控政策的反馈尚缺乏顺畅、快捷的回馈渠道。反馈机制不灵敏，不利于决策机构把握最新情况，不利于政策的调整，并将损害政策实施的效果。外贸管理政策实施一段时间后，应进行效果评价，总结成功的经验和存在差距的原因，考虑哪些政策手段需要坚持和哪些需要作出进一步调整。

二、创新和完善对外贸易管理体制

针对上述问题，后危机时代，应从以下四大方面进一步创新和完善我国对外贸易管理体制，具体包括设立国务院牵头的跨部门政策协调机制、建立和完善各种类型的部级联席机制、进一步推动和完善部省协调机制和适当调整商务部内设机构。

（一）建议设立国务院牵头的跨部门政策协调机制

随着我国贸易大国地位的确立，外贸政策早已超出了其固有的经济政策范畴，在政治、外交和安全等领域的属性也愈益明显。后危机时代，我国外贸领域面临的问题日益增多，且愈益复杂，涉及部门极广，内部协调事务不断扩大，当前的体制机制已难以适应我国外贸发展的实际需要，尤其是在外部壁垒和挑战不断增多的情况下，单靠外贸主管部门商务部已难以及时有效地解决所有问题。为巩固我国贸易大国地位，推进向贸易强国的转变进程，保证外贸政策的统一实施，在世界范围内维护我国的经济、政治、外交和安全利益，有必要设立国务院牵头的跨部门政策协调机制。

国务院牵头的跨部门协调机制的主要职能包括：

——对我国对外贸易的所有重大问题（既包括重点行业、重点产品问题，也包括劳工标准、社会标准、环境、气候等方面的最新议题）进行决策。

——对我国现行关税税率进行调整。将现有国务院关税税则委员会并入该机制下，在该机制下专设税则委办公室，由贸易政策主管部门负责，财政部、海关总署等部门参与税则委办公室各项协调工作。

——采取贸易救济措施。就反倾销、反补贴、保障措施等诸多问题做出裁决和进行复议，并建立相关预警机制。

——协调服务贸易开放与发展问题。服务贸易开放与发展问题涉及的部门至少包含 34 个。国务院牵头的跨部门政策协调机制拥有对服务贸易相关领域重大问题的裁决权。

——负责多边（WTO）、区域（FTA）谈判工作，且有权及时知悉计划或即将签订的贸易协定中与我国关税或其他进口限制措施有关的规定，了解其运行情况和可能达到的效果。

——在国务院牵头的跨部门政策协调机制下设立专家咨询委员会，定期或不定期地对贸易政策的执行效果进行评估，并提出相关的调整建议。

（二）进一步完善部际协调机制（横向合作机制）

近期来看，为促进跨部门之间日常性工作的沟通与协调，保证相关政策的有效实施，要进一步在商务部与外交部、国防部、发改委、科技部、工信部、公安部、安全部、财政部、人力资源和社会保障部、国土资源部、环保部、交通部、农业部、中国人民银行、海关总署、税务总局、工商局、质检总局、新闻出版总署、统计局、国家知识产权局和国家外汇管理局等部门之间建立和完善各种类型的部级联席机制，增强外贸政策与管理的协调性和稳定性。对于商务部牵头的一对一的部际协调机制，要作为重点加以推进；对于一对多的部际协调机制，要在逐步完善的基础上，尽可能地转交给国务院牵头的跨部门政策协调机制进行协调。

从长远来看，要继续推动大部制改革，进一步增加对外贸易管理的行政协调效能，应着眼于外贸主管部门的综合调整。这一调整尽管在短期内可能难以实现，但从长远来看，这是我国外贸管理体制调整、改革的方向。应以保证外贸政策的统一性、稳定性、透明度和可预见性为原则，在贸易政策制定、管理、促进和执行等方面形成更加有效、便利的运行机制。考虑到大部制改革推进的难度，可以分步推进。

（三）进一步推动和完善部省协调机制（纵向联动机制）

加强商务部与省（自治区、直辖市）纵向协调机制是实现贸易政策全国范围内统一实施、促进对外贸易发展的重要协作机制。这种机制对于商务部加强对地方外贸工作的具体指导、推动落实贸易发展战略方向、规划、目标等工作，及时反馈外贸政策实践效果以及加强配合与互动十分必要。到目前为止，商务部已经签订了14个部省合作框架协议，应争取在"十二五"期间与所有其他省（自治区、直辖市）签署部省合作框架协议，有针对性地结合地域特点进行具体指导、改善相关工作，促进外贸可持续发展。

（四）对商务部内设机构进行适当调整

尽管商务部在外经贸领域的内部机构设置运转正常有序，运行效果良好，但也存在职能分散、交叉、行政效率不高等问题。例如，从贸易方式来看，占据40％以上的加工贸易不在外贸司职能范围以内；从贸易结构看，占据半壁江山的机电产品贸易也不在外贸司职能范围以内。有鉴于此，为保证我国外贸政策的统一性、稳定性、透明度和可预见性，应确定外贸司作为货物贸易管理牵头司局的基本定位，进一步加强管理，适当集中，提高效能。

为提升沿边开放水平，考虑到边境贸易的特殊地位和重要性，根据边境贸易发展的实际需要，增强边境贸易的管理和促进工作，可在外贸司下增设边境贸易处。

从长远来看，可考虑增设开发区司、贸易促进司等司局机构，以利于贸易政策的制定、执行及贸易促进更加切实有效。增设开发区司的主要目的是加强对国家级经济技术开发区的管理与指导，促进此类研发、产业和贸易综合平台的发展；增设贸易促进司的目的是健全贸易促进政策体系，制定贸易促进规划，完善我国贸易促进体制机制，并为今后贸易促进体制的改革创造条件。

或者考虑参照欧盟外贸总司的做法，设立对外贸易总局（国家局），由主管部领导兼任对外贸易总司司长，下面分设对外贸易司、产业科技司、开发区司（新增）、服务贸易司、贸易促进司（新增）等。这种设置将有利于在统一的贸易政策下，统筹各项业务，增强贸易领域的协调与协作。

第三节　进一步创新和完善贸易促进机制

在外贸促进机制上，应通过机构调整和改革，有针对性地开展贸易促进活动，建立较为完善的贸易促进体系。

一、创新和完善贸易促进机制的原则与取向

(一) 理顺外贸促进的组织机构体系

当前我国已经初步形成了从中央到地方多层次促进组织机构体系，但外贸促进主体之间职能交叉重叠，尚未形成组织机构设置合理、职能清晰、分工明确的全国统一的外贸促进机构体系。如商务部及其所属外贸发展事务局、各级外经贸管理部门、中国贸促会系统以及进出口商会、企业协会等都在开展贸易促进工作，但各自分工和职能定位模糊，甚至存在交叉。特别是商务部外贸发展事务局与中国贸促会机构重叠，业务交叉严重，重复收集信息，导致不必要的内部竞争和工作效率低下，浪费了大量人力、财力和物力资源，并且容易带来混乱。就现状来看，《对外贸易法》第五十一条"……建立和完善对外贸易促进机制"的任务还没有完成。

(二) 明确外贸促进机构的定位，规范管理

我国贸易促进机构的定位和管理存在不少弊端：①缺乏独立性。在发达市场经济国家（地区），贸促机构多数是作为独立机构存在，虽与政府机构有联系但相对分开，而我国的贸易促进机构缺乏独立性，与政府机构基本类似。②多数仍为具有官方背景的行政部门或事业单位。这些机构更多地体现出传统行政部门的色彩，尚未实现企业化运作和目标管理体系。③信息不透明。各类信息的公开方面尚未形成公众监督机制。④普遍缺乏工作绩效衡量机制。贸促机构还没有以效率为取向对客户的需求作出及时有效的反应。

(三) 重视对中小企业对外贸易促进工作

除了中小企业外贸促进机构有待完善以外，旨在促进中小企业外贸发展的公共信息服务平台建设也相对落后。我国贸易促进机构已经设立了一些网站，如商务部外贸发展事务局设立的中国贸易促进网、中小企业外贸促进中心网站和中国企业境外商务投诉服务中

心网站；中国贸促会设立的中国国际贸易促进委员会网站；还有进出口商会及行业协会设立的网站等。但是，专门针对中小企业开展对外贸易的专业网站建设落后。目前这些网站上的信息基本是政策信息和动态信息，实用性、专业性和信息量都不够，不能满足中小企业开拓国际市场的需要。

二、创新和完善贸易促进机制

当前，完善外贸促进机制的重点包括：商务部内设促进机构的改革与完善、商协会的改革与完善以及中小企业贸易促进机构的改革与完善。

（一）商务部内设促进机构的改革和完善

从近期看，进一步发挥对外贸易促进机构的作用，促进商务部外贸、投资和经济合作三个促进局的协调配合，明确各自职能，形成定位明确、分工合理、相互协作的贸易促进机制，并推动建立和逐步完善商务部贸易促进机构与中国国际贸易促进委员会的贸易促进合作机制。

（二）商协会的改革与完善

商协会在对外贸易促进、组织企业参与国际经贸活动、应对贸易摩擦等方面具有明显优势，同时在贯彻对外贸易政策等方面具有重要的传导作用。从近期看，商务部所属的七大商会[①]应继续按照政府主导、市场化运作的模式进一步发挥作用。同时，注重理顺七大商会与各类协会的关系，建立并不断完善七大商会与各类协会的合作机制。从长远看，应加强商会与产业部门行业协会的沟通与合作，通过整合调整，形成分工合理、密切配合的商协会贸易促进

---

① 指中国纺织品进出口商会、中国食品土畜进出口商会、中国医药保健品进出口商会、中国轻工工艺品进出口商会、中国五矿化工进出口商会、中国机电产品进出口商会、中国对外承包商会。

机制。

(三) 中小企业贸易促进机构的改革与完善

第一，进一步完善商务部外贸发展事务促进局中小企业外贸促进中心的职能，进一步健全和完善中小企业外贸促进服务体系。

第二，加强与工信部中国中小企业对外合作协调中心的协调与配合，形成以商务部牵头的跨部门中小企业外贸促进机制。建立以商务部牵头，工信部、发改委、财政部等部门共同参与的中小企业外贸促进机制，负责中小企业外贸促进平台建设工作，调动地方及各类机构、组织、企业的积极性，形成多层次、多渠道、多主体共同参与的中小企业外贸促进机制。

第三，建立全国统一的中小企业信息服务平台。参照国际成功经验，借鉴阿里巴巴模式，尽快建立政府主导，企业化运作，政府、中介组织及企业共同参与的现代信息服务平台。完善信息发布机制，帮助企业及时了解国内、国际信息，鼓励和推动更多企业进入有关国际组织、跨国零售商全球采购网络。

第四节　进一步创新和完善外贸服务体系

在外贸服务体系上，围绕对外贸易公共信息服务体系、贸易便利化、商务人员流动等方面，完善对外贸易服务机制。

一、对外贸易公共信息服务体系

第一，充实加强研究咨询服务体系建设，加强研究、咨询能力和机构建设，提高对统计数据、市场信息的分析判断能力，为外贸政策制定和执行提供决策依据。

第二，加强对外贸易公共信息服务平台建设。一方面要完善外贸相关信息定期发布机制，充实并完善为企业开拓国内外市场所需要的信息数据；另一方面要完善商务预警信息发布机制，及时发布贸易伙伴国家（或地区）经济、政治、军事等方面的重大事件，以利于我国企业据此调整外贸相关活动。作为上述两项工作的基础，应尽快建立涉及国际经济与贸易发展动态以及中国对外贸易运行动态的综合性数据库，并通过有效手段确保综合性数据库的便捷使用。

第三，逐步完善商务、海关、外汇、统计、税务、质检等部门的信息共享机制，提升信息获取的便利化程度，以满足外贸相关的统计、分析、评估、监测和预警（如贸易摩擦预警）等方面的需求。

第四，从维护国家主权和尊严、保持国家经济统计的统一性和完整性等各方面综合考虑，应以法律的形式明确规定中国对外经济活动各项指标以人民币计价、结算和统计，近期率先从货物贸易和服务贸易指标着手，并从长远角度考虑，进一步发挥人民币作为国际流通和储备货币的功能。

二、推动贸易便利化的机制

第一，商务部职能范围内的配额许可证管理、加工贸易审批、对外贸易经营者备案登记等方面应给予更多便利。

第二，继续推进"大通关"建设，重点落实"属地申报、口岸验放"工作。以提高信息化水平，促进各部门之间网络互联互通为重点，以货物贸易港口电子通关手续的普及作为贸易便利化的突破口，提高行政效率和服务意识，提高监管水平，实施电子政务公开化，以落实"属地申报、口岸验放"工作为重点，大力推进"大通关"工程。

第三，完善海关企业分类管理办法。例如，针对当前海关查验率偏高、"1年内有3次以上违反海关监管规定的行为"[1] 等不考虑

---

① 《中华人民共和国海关企业分类管理办法》。

企业规模大小对企业分级分类以及执法偏紧的问题，建议根据企业出口经营规模，完善海关企业分类管理办法。

第四，启动进出口检验检疫体制改革。我国现行的检验检疫体制已越来越不能适应对外贸易发展的需要。具体表现在：一是大量的法检项目没有得到国际上承认，没有效力，却给出口企业带来沉重负担；二是检验检疫机构单纯依靠国家投入，检验的手段、能力、价格、服务等都不适应外贸发展的需要；三是服务理念存在偏差。当国外的一些商家、媒体对我国个别出口商品的安全问题大肆炒作的时候，我国的检验检疫机构往往采取自我株连的做法，一个企业出了问题，就对整个行业实行封杀。为尽快改变目前的状况，一是建议改革现行的检验检疫体制，区分行政管理和执行职能。二是从短期看，精简法检目录，减少其适用范围：（a）对关系国计民生的食品、药品安全的商品，实行强制性检验；（b）对企业能够自检的商品或经第三方商检的商品，凭借自检或第三方检验证明即可放行；（c）对具有优势的一些商品，纳入免检目录。从中长期来看，逐步取消出口检验检疫，重点是进口检验。

第五，完善港航服务体系，降低企业成本。中国企业出口时，口岸拖箱费、码头操作费相对较高，尤其是相对于价值不高、劳动密集型产品而言，其在总成本中所占的比例相对更高。因此，应规范进出口环节各种费用的收费标准，降低港航服务环节综合费用和物流成本，减轻企业负担。

第六，推动与外贸有关的外汇、银行、税务、出口退税等方面的便利化。

三、完善便于商务人员跨境流动的跨部门合作机制

与有关部门加强协商与合作，简化出入境手续，对国内外商务人员的签证和停留时间等方面增强灵活性，尽可能地提供更多便利。借鉴 APEC 已达成的 30 天标准简化公司内部人员的跨境流

动程序简化安排，借鉴并推广 APEC 商务旅行卡（ABTC）模式，为商务人员流动创造更便利的条件。与更多国家达成互免签证协议。

第五节　贸易摩擦应对机制和贸易救济机制

一、贸易摩擦应对机制

在国际贸易保护主义不断升温的情况下，2009 年以来中国遭遇的贸易摩擦案件数量和金额创历史最高。中国产品遭遇贸易摩擦的连锁性凸显，出口产品频繁出现一个产品在不同市场遭遇贸易救济调查的现象，呈现出摩擦国别扩大和救济措施叠加的势头，贸易摩擦从传统市场扩散到新兴市场。贸易摩擦的手段日益呈现多样化的特点，贸易摩擦的形式从反倾销向多种贸易保护手段扩展，日益趋向综合化和隐蔽化。贸易摩擦已从针对某一个或某一些产品为对象的微观层面延伸至宏观经济政策、体制和制度等宏观层面。贸易摩擦的范围逐渐扩大，从以往的单个产品上升到整个产业。

后危机时代，我国面临的贸易摩擦将呈现以下趋势：反倾销、反补贴等贸易救济措施日渐频繁和密集，力度加大；贸易摩擦发起国呈现向发展中国家扩大趋势；技术性贸易壁垒层出不穷；绿色贸易壁垒日渐升级；征收碳关税、人民币定价体系将为贸易摩擦增加更多变数；知识产权救济呈现直线上升趋势；社会责任标准贸易壁垒异军突起。

针对我国面临贸易摩擦的现状以及未来趋势，应建立贸易摩擦应对部际协调机制，加强产业政策与贸易政策的衔接，统筹做好贸易摩擦大案要案的预警与应对。进一步加强政府、商协会、企业的合作，完善贸易摩擦"三位一体"应对机制，通过政治交涉、法律抗辩、业界合作，全方位、多途径应对贸易摩擦。

二、贸易救济机制

以自由贸易为宗旨的全球贸易体系是促进世界贸易健康发展的基本保障，中国一贯奉行自由贸易、公平竞争的原则，但是在面对国际市场失灵或者存在不正当竞争或者发起针对我国的贸易战，从而对我国重要或薄弱产业造成冲击时，我国应该合理应用多种贸易救济措施予以回应，这就需要我国建立有效的贸易救济机制。

而我国贸易救济体系主要存在以下问题：一是法律体系不完善。往往存在法律依据不足或是无法可依的现象，法律、法规内容过于笼统，解释空间过大等问题还很严重。例如《保障措施条例》多是一些原则性、宣示性的规定，比较空泛，缺乏配套的、具体的、可操作的规则。二是组织体系的不足。国内企业的反倾销意识薄弱、起诉速度较慢。这一方面是因为生产企业自我保护意识较差，对有效合理利用国际市场规则认识不够，在自己的产品遭到国外产品倾销时显得束手无策；另一方面也是因为商会支持遭受损害企业起诉的法律依据缺失，纵然商会有支持受损企业起诉的主观愿望，但因力量不够、经费不够、国家政策法规的不明确，也无力支持受损企业的起诉。三是信息咨询服务体系的缺陷。从实际情况来看，国内产业很少对竞争对手的第一手资料进行了解，顶多也只是知道其申请调查对象产品的工艺路线、产能等粗略数据。此外，还缺乏高效的预警机制、快速的应变机制和合理的内部协调机制等。

借鉴国外成熟的贸易救济机制，进一步完善我国实施反倾销、反补贴、保障措施和技术性贸易壁垒的法律法规体系，建立符合国际惯例的贸易救济体系。发挥行业协会作用，充分考虑上下游产业的关联性，加强业内前期的对外交涉和沟通，发挥多边组织的作用，变被动为主动，采取积极措施，全面维护国家利益和产业安全。

第六章　促进加工贸易转型
升级与梯度转移

改革开放 30 多年来，加工贸易已经成为中国对外贸易和利用外资的主要组成部分和重要推动力量，为推动经济社会发展和改善民生作出了巨大贡献。自党的十六届三中全会以来，加快加工贸易转型升级和向中西部地区梯度转移就成为转变外贸发展方式、提高外贸质量和效益的重要举措。

第一节　加工贸易发展的成就

发展加工贸易是中国改革开放战略的重要组成部分。1978 年 8 月，广东省珠海县一家工厂与香港的一家公司签订了来料加工和补偿贸易的合同，成立了香洲毛纺厂，这是中国第一家加工贸易企业。此后，加工贸易成为中国在国际分工中充分发挥比较优势，大力承接产业转移的重要途径，推动了中国外向型经济的快速发展。

一、加工贸易发展的历史

中国加工贸易发展大致可以分为四个阶段：一是改革开放之初到 20 世纪 80 年代中期的起步阶段，以广东和福建地区的来料加工为主；二是 20 世纪 80 年代后期到 90 年代初期的鼓励阶段，在国家"大进大出"、"两头在外"政策鼓励下，加工贸易迅猛发展，并由来料加工向进料加工转变；三是 20 世纪 90 年代中后期，加工贸易全面发展。主要标志是 1992 年美、欧、日跨国公司向中国大规模产业转移，到 1997 年加工贸易进出口总额就超过了一般贸易；四是进入 21 世纪至今，加工贸易处在转型升级和向中西部地区梯度转移发展阶段。

二、加工贸易发展的成就

中国加工贸易的跨越式发展，取得了丰硕的成绩，主要有以下几个方面。

一是加工贸易使中国加速成为全球贸易大国。首先，加工贸易规模快速增长。1980 年，中国加工贸易进出口总额 16.7 亿美元，2011 年，中国加工贸易进出口总额为 1.3 万亿美元，31 年增长了 781 倍。其次，加工贸易对中国外贸增长的贡献率较高，加快了中国成为全球第一贸易大国的进程。1980 年，加工贸易占中国对外贸易的比重只有 4.4%，到 2011 年，加工贸易占中国对外贸易的比重为 35.8%。其中，从 1993 年到 2010 年，连续 18 年中国加工贸易出口额一直高于一般贸易出口额。加工贸易的蓬勃发展，加速了中国成为全球第一贸易大国的进程。

二是加工贸易推动了中国产业发展。依托加工贸易的快速发展，中国成为具有重要影响力的全球制成品出口基地。中国不仅成了世界最大的纺织品、玩具、鞋等传统产品的出口大国，也是家电、计算机、手机等信息技术产品的出口大国。加工贸易直接带动了新兴制造业的发展，使中国从一个电子工业相对落后的国家，迅速崛起为世界 IT 产业最重要的硬件制造基地，制造水平和部分领域的设计水平已跻身世界一流。2011 年，中国彩电、手机、计算机等主要电子产品产量占全球出货量的比重分别达到 48.8%、70.6% 和 90.6%，均名列世界第一。据美国 IHS Global Insight 统计，2010 年中国制造业总产值开始超过美国位居世界第一，占全球 19.8%，美国为 19.4%。

三是加工贸易带动了中国企业成长。首先，加工贸易的发展为中国企业融入全球生产网络提供了重要途径。早期的以来料加工为主的"三来一补"加工贸易与国内产业关联度不高，之后随着加工贸易转向以进料加工贸易为主，加工贸易企业对国内料件采购规模和采购比重不断扩大，带动了一批为加工贸易配套的民营企业的快速发展。其次，加工贸易企业的外溢效应促进了中国企业技术和管理水平的提升。许多世界知名的跨国公司在中国投资的加工贸易企业，技术水平和管理普遍高于当时国内的企业，而且随着加工贸易的不断发展、竞争压力的增强和投资环境的改善，大型跨国公司越来越重视在华设立研发机构，先进技术和管理经验呈显性或隐性扩散趋势。

四是加工贸易解决了大量就业。1978 年，中国农村人口比重达82%，人口流动性较小，大量农村人口需要寻找非农就业岗位。加工贸易成为中国农村人口就业的重要渠道，目前加工贸易直接从业人员约有 4 000 万人，约占当前第二产业就业人数的 20%，同时带动了大量间接就业，其中绝大多数人员是从农业部门转入到制造业部门。随着加工贸易企业转型升级和向中西部地区梯度转移，加工贸易企业的从业人员开始走向技术和管理岗位，或者回到家乡就业，就业水平大幅提升。

五是加工贸易积累了大量的资金和外汇。改革开放之后，中国面临着资金和外汇短缺的困境，加工贸易的巨额顺差为解决资金缺口和外汇缺口作出了巨大贡献，为抵御国际国内金融风险提供了资金保障。从 1981 年到国际金融危机爆发前的 2007 年，加工贸易累计实现顺差 1.1 万亿美元，占 2007 年年底中国外汇存量的 72%。

实践证明，加工贸易符合中国外向型经济发展的需要，是中国利用国际国内市场和资源的重要方式，有利于扩大外贸规模、推动产业发展、带动企业成长、解决大量就业、积累资金和外汇，在今后相当长的时间内，加工贸易仍有很大的发展和调整空间。

第二节 新形势下加工贸易发展的方向

2003 年，党的十六届三中全会第一次提出"继续发展加工贸易，着力吸引跨国公司把更高技术水平、更大增值含量的加工制造环节和研发机构转移到我国，引导加工贸易转型升级"。2010 年国务院发布的《关于中西部地区承接产业转移的指导意见》明确要"培育和建设一批加工贸易梯度转移重点承接地"。此后，中国明确提出新形势下加工贸易发展的两个主要方向是转型升级和向中西部地区梯度转移。

一、加工贸易转型升级和梯度转移的原因

在新形势下把加工贸易的发展方向确定为转型升级和向中西部地区梯度转移，主要基于以下三个方面的原因。

首先，中国加工贸易已经是全球高端制造产业链的重要组成部分，进行产业转型升级具有产业基础。目前轻工、纺织等劳动密集型产业目前所占比重约为 1/5，机电产品占中国加工贸易出口比重 2001 年开始超过 50%，之后一直是中国加工贸易出口的主体。资金与技术密集型产业已经成为加工贸易出口的主体，中国加工贸易出口中近 50% 是高新技术产品。从产业层次来看，中国加工贸易已经成为全球高端制造业的重要组成部分。

其次，中国加工贸易以产业链的低端环节为主，在劳动力成本比较优势已不明显的国际背景下亟待进行转型升级。从劳动力成本看，目前中国的劳动力成本约是越南的 2.8 倍、印度的 2.1 倍、柬埔寨的 3.3 倍、孟加拉的 4.9 倍。从劳动力构成看，根据 2010 年第六次全国人口普查，中国 60 岁及以上的人口占总人口的 13.26%，65 岁及以上的老年人占总人口的比例 8.87%，世界平均水平是 7.6%，加之独生子女政策的影响，中国已经快速步入老年化阶段，

劳动力数量即将出现绝对数量下降的趋势。中国在加工贸易价值链中占据的是加工组装环节和低端零部件生产环节，附加值较低，而核心技术、产品设计和软件支持、关键部件和品牌等，依然由发达国家的跨国公司所控制。据统计，全球97％的专利由发达国家的个人和跨国公司拥有。2010年，中国集成电路和电子元器件的对外依存度达到85％，高端核心芯片与电子元器件99％依靠进口，石油化工装备的80％、数控车床的70％，光纤制造设备近100％依赖进口。由于中国参与国际分工要素比较优势的变化，对中国承接的加工贸易产业转移提出了更高的要求。加工贸易转型升级，有利于在更高层次上参与国际经济合作和竞争，加快转变经济发展方式、调整经济结构。

再次，加工贸易在中国的区域分布极为不均，区域经济协调发展需要发挥加工贸易的积极作用。加工贸易集中的珠三角、长三角和环渤海等沿海地区要素成本持续上升，传统产业发展优势在减弱，加之土地、能源资源、劳动力成本、环境承载能力等因素制约，粗放型增长模式已难以为继，转型升级刻不容缓。而中西部地区可利用资源丰富、要素成本低、市场潜力大的优势，承接国际及沿海地区部分产业和部分加工环节的转移，从而解决劳动力本地就业的问题，促进产业和人口集聚，有利于加速新兴工业化和城镇化进程，扩大对内对外开放，加快西部地区经济社会发展，在全国范围内形成更加合理的地区分工布局。

二、国际金融危机后加工贸易转型升级和梯度转移的紧迫性

国际金融危机后，加快加工贸易转型升级和推动向中西部地区梯度转移更具有紧迫性。在2008年国际金融危机爆发之后，加工贸易在中国出口中的比重下降较快，2007年加工贸易占中国出口比重为50.6％，2011年加工贸易占中国出口比重为44％，下降了6.6

个百分点。加工贸易在国际金融危机中暴露了由于增长质量和效益不高、附加值低、自主创新能力不强、管理机制和政策不配套、地区发展不平衡而导致的收益低、抵抗风险能力弱的缺点。从加工贸易企业自身看，由于经营成本快速上升、环境资源压力不断加大、国际竞争愈加激烈等多重压力，粗放式增长模式已难以为继，加快加工贸易转型升级和向中西部地区梯度转移势在必行。

三、加工贸易转型升级和梯度转移需要坚持的原则

加快加工贸易转型升级和推动向中西部地区梯度转移，需要按照"稳定预期、完善政策、分类指导、提高质量、协调发展"的方针，坚持以下四个原则：

一是坚持健康发展和优化结构相结合。在保持加工贸易政策连续稳定的基础上，根据新形势新情况提高政策的针对性、灵活性及与产业政策的协同性，继续发挥加工贸易的积极作用，促进加工贸易结构优化，引导加工贸易转型升级。

二是坚持市场调节和政策引导相结合。准确把握我国国情和加工贸易发展内在规律，以市场为导向，发挥企业的主体作用，增强企业转型升级的动力，实现优胜劣汰。坚持分类指导、有保有压，进一步完善促进加工贸易转型升级的政策措施和指标体系，发挥政策引导作用。

三是坚持中央引导和发挥地方积极性相结合。加强对加工贸易转型升级的宏观指导；各地方结合本地产业基础和生产要素禀赋，按照国家对促进加工贸易转型升级的总体部署和要求，因地制宜、积极有效地制定措施，促进本地区加工贸易转型升级。

四是坚持优化服务和规范发展相结合。进一步加强加工贸易监管和服务体系建设，为转型升级创造良好外部环境。完善加工贸易政策，规范区外加工贸易管理，引导区外加工贸易入区发展。

第三节　促进加工贸易转型升级
的措施和成效

2010年11月，商务部、人力资源社会保障部、海关总署开始在东莞、苏州进行加工贸易转型升级试点。2011年8月，商务部、人力资源社会保障部、海关总署共出台了《商务部　人力资源社会保障部　海关总署关于建设珠江三角洲地区全国加工贸易转型升级示范区的指导意见》（商产发〔2011〕269号），提出珠江三角洲地区要为全面贯彻落实科学发展观，围绕加快转变经济发展方式这一核心，积极支持和推动示范区先行先试，着力优化加工贸易产业结构和区域布局，提升产业层次，延长产业链条，实现加工贸易发展速度、质量和效益的统一，发挥加工贸易转型升级在促进外贸发展方式转变和改善民生方面的作用，辐射和带动区域经济又好又快发展，为全国加工贸易转型升级积累经验，提供示范。

一、加工贸易转型升级的主要措施

一是创新加工贸易管理模式。支持示范区加快推进商务、海关及加工贸易企业三方电子化联网管理，实现加工贸易报批、报备、报关、报核的网上作业，在线服务和数据共享。在珠海横琴新区和东莞市符合条件的地方对加工贸易企业实行联网监管，支持探索电子围网区域管理模式。探索在东莞创新加工贸易备案、核销制度和监管模式。推广应用单耗参数生产系统。

二是优化加工贸易产业布局。加快发展战略性新兴产业，提升产业集聚水平。加快传统产业升级，支持示范区研究制定鼓励加工贸易企业购入关键设备的相关措施，支持加工贸易企业引进先进设备，加快改造提升，提高竞争力。有序地转移一批劳动密集、简单加工的生产制造环节。支持和鼓励示范区与广东省欠发达地区及中西部省市共建产业转移园，打造产业转移示范性园区。

三是加快加工贸易经营模式转化。鼓励和引导示范区加工贸易延长产业链条，逐步向产业链高端发展，加快从加工制造为主向研发设计、品牌营销、物流配送相结合转型，增强国内配套能力，提高内资企业占比，提高加工贸易技术转移水平和外溢效应。支持示范区建立"产学研"对接平台，开展与国内外高等院校和研究机构的对接合作，加强与港台行业组织及中介机构的合作，为企业转型升级提供专业评估和辅导服务。

四是加快出口基地和外贸公共服务平台建设。支持示范区符合条件的出口产业集群申报国家外贸转型升级示范基地。利用外贸公共服务平台建设资金支持建设公共技术创新平台、工业设计中心、检测中心和重点实验室等公共服务平台。鼓励加工贸易企业发挥已建创新平台的社会化服务功能，提高区域产业技术水平。

五是促进加工贸易延长产业链。进一步优化外发加工审核手续，在符合条件的城市试点实行外发加工集中审批模式，对示范区内经海关认定的高资信企业省内跨关区外发加工取消收取风险担保金，引导国内企业进入加工贸易产业链条。继续完善深加工结转管理制度，支持企业拓展深加工结转业务，提高加工贸易国内增值率。

六是加强转型升级融资保险支持。鼓励商业银行、金融机构加大对示范区加工贸易转型升级的支持力度。国家开发银行支持示范区打造科技型中小企业融资平台；中国进出口银行为加工贸易企业提供订单融资、应收账款融资等服务；中国出口信用保险公司通过出口信用保险和国内贸易信用保险为加工贸易企业提供信用风险保障和融资便利。拓宽民间融资渠道，发展小额贷款公司、融资租赁公司、村镇银行等各类新型金融机构，积极开展对中小企业集合票据等新型融资工具的开发和利用。

七是鼓励非法人来料加工厂转型为独立法人企业。研究推动来料加工企业转型为法人企业进口设备税收优惠政策延长期限和适当扩大范围。允许就地转型企业根据《海关总署关于明确加工贸易企业搬迁业务有关问题的通知》（署加发〔2009〕5号）规定，比照搬迁企业享受有关优惠政策。支持转型企业的保税料件和进口不作价设备，比照同一经营单位方式办理结转手续。积极推动解决企业转型过程中遇到的困难和问题。

八是鼓励加工贸易企业拓展内销市场。研究建立适合加工贸易的内销审价体系，构建加工贸易内销"快速通道"。在企业提供有效担保的情况下，在东莞将加工贸易内销集中办理征税手续模式扩大到非联网监管企业，视试点情况研究逐步扩大到示范区其他城市。对既从事加工贸易又从事内销的企业，允许其对设备（不作价设备）综合利用。探索企业内销产品后续服务，在海关特殊监管区域内试点"内销产品召回"维修业务。将广东省外商投资企业产品（内销）博览会升级为服务全国的加工贸易内销平台。

九是加强就业服务和用工指导。依托公共就业服务体系，建立就业市场分析制度，及时收集并发布供求信息，开展各类公共就业服务，为劳动者和转型升级的加工贸易企业搭建更加便捷的人力资源服务平台。落实小额贷款、税收优惠、场地安排等政策，鼓励劳动者在加工贸易产业链创业。加强对加工贸易企业的用工指导，规范企业用工行为，建立健全企业工资正常增长机制和支付保障机制，妥善处理转型升级中企业与劳动者的劳动关系。

十是完善职业教育培训体系。加大职业培训资金投入，调整就业专项资金支出结构，逐步提高职业培训支出比重。落实职业培训补贴政策，积极开展就业技能培训、岗位技能提升培训和创业培训。依托本地技工学校和职业学校，创新设置一批具有本地产业特色的专业学科。根据当地经济社会发展需要，开展专项职业能力考核。加快职业培训机构和实训基地建设，培育一批具有较强培训能力的职业培训机构。组织加工贸易企业与技校、职业培训机构的对口合作；加强与台港澳地区的人才培训交流合作，积极引进职业培训项目和课程，为企业定向培养人才。

十一是积极推进保税物流体系建设。充分发挥现有海关特殊监管区域和保税监管场所功能，引导企业进入海关特殊监管区域、保税监管场所内开展保税物流和研发、检测、维修等高增值活动。支持示范区探索开展"两仓（进口保税仓库和出口监管仓库）整合、双向运作"模式，发展适合物流供应链需求的、具有退税功能的海关保税监管场所。探索海关保税监管场所开展售后维修业务。支持符合条件的地区设立海关特殊监管区域，加快推进保税物流体系建设，构建集约化、规模化、专业化的保税物流运营平台，加强海关保税监管信息化体系建设，推动海关特殊监管区域、保税监管场所实现信息互联互通，为加工贸易企业提供便捷、高效的保税物流服务，降低企业物流成本。大力引进跨国物流龙头企业，发展第三方、第四方物流服务，进一步提升保税物流配套服务能力。

十二是加快发展节能环保生产。积极推动示范区加工贸易企业绿色低碳发展，鼓励企业实施节能工程、使用节能技术，发展低能耗、低物耗、低碳排放生产，指导企业建立与完善废水排放、废料处理、废物利用的科学管理制度，严格执行环保标准。

十三是培育转型升级示范企业。确定评价标准，在示范区选择若干行业，培育和扶持一批转型升级示范企业。进一步探索优化适合不同类型企业的海关分类管理模式。在此基础上，支持示范区建设加工贸易企业诚信管理信息平台，整合相关部门的企业诚信信息资料，完善加工贸易企业诚信档案管理信息库，研究对企业诚信资格认证实行统一管理和互认。

二、加工贸易转型升级的实践与成效

2010年11月，苏州市和东莞市被认定为"全国加工贸易转型升级首批试点城市"，经过一年多的发展，这两个试点城市加工贸易转型升级取得了明显成效。

(一) 东莞市加工贸易转型升级的实践与成效

东莞市重点采取了四项促进加工贸易转型升级的措施。一是积极先行先试,完善转型升级政策支撑体系,从解决深层次问题着眼,不断完善体制机制和政策措施,为加快加工贸易转型升级提供了有力保障。二是积极帮扶解困,夯实企业转型升级基础。把帮扶企业应对困境与推进转型升级有机结合起来,着力解决企业实际问题和困难,增强企业转型升级的信心和底气。三是积极招大引强,提升转型升级发展后劲。以调整产业结构、提升产业水平为目标,积极把招商引资与转型升级同步谋划、同步推进,着力优化增量,提升存量。四是积极扶优扶强,增强企业转型升级综合能力。扶持现有 11 000 多家加工贸易企业就地转型升级是开展试点工作的重要内容,并将此作为东莞产业结构调整的突出工作。

经过一年多的转型升级努力,2011 年,东莞市新增 111 家企业拥有自主品牌,新增海内外注册品牌 557 个;有 1 039 家来料加工企业转为法人企业;外资企业内销 2 042 亿元,内销比重较上年提升 2 个百分点;新增研发机构 191 个,同比增加 66 个;出口 300 强企业基本实现"设计+生产"运作模式,加工贸易转型升级取得了实实在在的成绩。

(二) 苏州市加工贸易转型升级的实践与成效

苏州市 2010 年出台了《关于促进加工贸易转型升级的指导意见》、《苏州开展加工贸易转型升级试点工作方案》,为加工贸易转型升级明确了方向,提出经过 5 年左右的努力,实现 5 个转型、6 个升级的目标。加工贸易主体向内外资企业广泛协作转型;生产方式向代工与自创品牌相结合转型;经营模式向制造与销售相结合转型;产业结构向新兴产业扩展转型;市场营销向国际国内两个市场并举转型。生产过程升级——新技术、新工艺、新流程明显增加;产品结构升级——具有自主知识产权的品牌产品明显增多;销售方式升级——加工贸易企业的一般贸易产能及内销总量明显上升;员工素质升级——熟练技工及大专文化以上职工占比明显提升；企业结构升级——总部经济、研发机构、资本技术含量明显扩展；增值能力升级——加工贸易增值率与企业盈利水平明显扩大。

苏州市在加工贸易转型升级上的成效，可以概括为"两转两升"。

一是向更高端的战略性新兴产业转型。加快引进以新一代电子、精密机械、医药及生物技术、新能源、新材料等创新型产业为代表的加工贸易龙头项目，2010年实际利用外资中，战略性新兴产业和高技术项目占比达40%，高新技术加工贸易企业累计达209家，占全市高新技术企业数的1/5，一批战略性新兴产业集群正在加速形成。同时，苏州市积极引导加工贸易企业增资扩股，全市加工贸易企业投资总额约占全市外资投资总额的50%，原有加工贸易产业链的整体运行水平进一步提升。2010年，苏州市加工贸易的增值系数达73%，较5年前提高了近30个百分点。

二是向更本土化的企业转型。帮助各类产业资本完善产业链，提供资金融通、员工培训、技术创新、市场开拓等系列服务，也包括了帮助境外投资者融入本地化生活。如吴中经济开发区近年来先后涌现出伟创力电脑（苏州）有限公司、苏州天山新材料技术有限公司、苏州汇川技术有限公司等众多成功转型的加工贸易企业。

三是向加工贸易价值链上游提升。一批加工贸易企业开始以ODM方式为海外客户提供"研发＋生产"的服务，并逐步发展成为运用研发设计、系统整合、信息服务等多种软性制造手段的综合性产品供应商。截至2011年第三季度，苏州市已有外资研发企业416家，其中独立法人的研发企业80家，非独立研发机构336家。单个研发机构平均累计研发投入超千万美元，多家世界500强企业在该市设立研发机构。格兰富水泵中国研发中心、伊顿电气全球研发中心等已发展成为其母公司在本土之外最大的专项领域研发中心。

四是向加工贸易价值链下游提升。基于对零库存管理、原材料即时配送、成品分销等服务的需要，三星电子、快捷半导体、阿迪达斯、耐克、欧莱雅等一大批龙头型加工贸易企业选择在苏州设立区域性分拨配送中心，保税物流贸易快速发展。

第四节 促进加工贸易梯度转移的措施和成效

目前，商务部、人力资源社会保障部、海关总署共认定了三批44个加工贸易梯度转移重点承接地，希望通过市场引导和必要的政策扶持，在中西部地区和东部欠发达地区培育若干区位优势较明显、产业基础较好、配套能力较强、基础设施完善、具有比较优势的加工贸易梯度转移重点承接地，有序地承接加工贸易梯度转移，逐步提高中西部地区加工贸易在全国的比重，加快形成布局合理、比较优势明显、区域特点鲜明的加工贸易发展格局，促进区域经济协调发展，更好地扩大就业、改善民生。

一、推动加工贸易向中西部地区梯度转移的主要措施

（一）承接发展优势特色产业

一是大力承接劳动密集型产业。承接、改造和发展纺织、服装、玩具、家电、轻工等劳动密集型产业，促进劳动力本地就业。加快传统产业改造升级，建设劳动密集型产业接替区。二是承接发展高新技术产业。发挥国家级经济技术开发区、高新技术产业开发区及海关特殊监管区域的示范带动作用，承接发展电子信息、生物、航空航天、新材料、新能源等战略性新兴产业，促进高新技术产品出口。三是积极承接发展配套产业。改善加工贸易配套条件，积极围绕承接地重点产业和优势产业承接配套转移，注重集群配套项目引进，形成引进一个带动一片的良好效益，加快产业集群的形

成和发展。四是发展生产性服务业。积极发展与加工贸易相关的运输、仓储、物流、人力资源市场、检测维修等生产性服务业，通过加工贸易带动生产性服务业发展。

(二) 改善承接转移环境

一是完善重点承接地基础设施建设。加快各类园区七通一平、环境综合整治工程等基础设施项目及功能性配套设施项目建设，打造功能完善的承接平台。二是强化承接转移公共服务支撑。建立完善重点承接地公共信息、公共试验、公共检测、技术创新等公共服务平台，规范发展技术评估、检测认证、产权交易、成果转化等中介机构。三是加快通关便利化服务体系建设。创新通关监管模式，推进分类通关改革和"属地申报、口岸验放"通关模式，提高通关效率，促进贸易便利化。四是支持重点承接地建立快速物流通道。支持重点承接地开展多式联运，组织集装箱直达运输，适当增加集装箱分拨站，增加航空、铁路、水路货运线路、班次，满足物资流通需要。五是改善经营环境。转变政府职能，简化办事程序，提高服务效率。坚持按市场经济规律办事，避免出台不符合市场经济要求和世贸组织规则的政策，防止无序竞争，积极为承接转移营造公平、有序的良好环境。

(三) 完善承接转移机制

一是加快海关特殊监管区域的发展。加强产业配套设施和园区基础设施建设。支持符合条件的重点承接地设立海关特殊监管区域和保税监管场所，加快推进保税物流体系建设，推动实现信息互联互通，为加工贸易企业提供便捷、高效的保税物流服务，降低企业物流成本。二是引导转移产业向海关特殊监管区域集中。充分发挥海关特殊监管区域的示范、导向和辐射作用，发挥政策和功能优势，引导技术水平高、增值成分大、配套带动能力强的大型加工贸易企业入区发展。三是鼓励合作共建产业转移园区。鼓励重点承接地通过委托管理、投资合作等多种形式与东部地区或港澳台地区合作共建承接产业转移园区，积极探索承接产业转移新模式。四是搭建承接平台。提升各类大型投资贸易会展活动的质量和水平，充分发挥各类行业协会、商会等中介机构的桥梁和纽带作用，搭建转移促进平台，有效开展承接转移促进活动。五是加强资源节约和环境保护。提高土地投资强度和用地密度，鼓励发展循环经济，积极推行清洁生产。指导企业建立完善废水排放、废料处理、废物利用的科学管理制度，严格执行环保标准。

（四）强化人力资源支撑和就业保障

一是加强职业培训。加大职业培训资金投入，健全职业培训网络，推进公共实训基地建设，根据承接地经济社会发展需要，开展专项职业培训。组织加工贸易企业与技校、职业培训机构对口合作，形成人才定向培养机制。二是加强就业创业服务和用工指导。健全公共就业服务体系，开展各类公共就业服务，为劳动者和转移企业搭建便捷的就业服务平台。落实社保补贴、税收优惠、小额贷款等政策，鼓励加工贸易企业积极吸纳符合条件的劳动者就业；对于劳动者在加工贸易产业链自主创业的，及时提供创业服务，帮助创业者享受场地安排、小额贷款、税费减免等优惠政策。做好社会保险关系转移接续工作。加强对加工贸易企业的用工指导，规范企业用工行为，建立健全企业工资正常增长机制和支付保障机制。三是建立人才引进机制。创新人才引进、使用、激励和服务保障机制，制定发布紧缺人才目录，组织专项引才活动，引进高层次人才。吸引东部沿海地区和海外高层次人才在中西部地区落户。

（五）加强政策支持和引导

一是加大对重点承接地的资金支持。充分利用现行各项扶持政策支持承接地的公共服务平台建设、员工技能培训、招商引资、就业促进等相关工作。有条件的地区可设立承接转移专项资金，用于相关促进工作。二是为重点承接地提供信贷和保险支持。国家开发银行发挥其在基础设施、基础产业及支柱产业领域的中长期投融资优势，为重点承接地提供投、贷、债、租、证等多种金融服务支持。中国进出口银行发挥其在外贸领域的政策性金融优势，为加工贸易企业提供订单融资、应收账款融资等金融支持，并在固定资产投资、产业整合、自主创新、国际物流等领域提供融资服务。中国出口信用保险公司通过出口信用保险和国内贸易信用保险为企业提供信用风险保障和融资便利。三是认定和培育承接加工贸易转移示范地。在条件相对成熟、发展较好的承接地中认定和培育承接加工贸易转移示范地，加大政策支持和宣传推介力度，发挥典型示范和辐射带动作用。四是加快出口基地和外贸公共服务平台建设。支持示范区符合条件的出口产业集群申报国家外贸转型升级示范基地。利用外贸公共服务平台建设资金支持建设公共技术研发平台、产品设计中心、检测中心和公共实验室等公共服务平台。鼓励加工贸易企业发挥已建创新平台的社会化服务功能，提高本地区产业技术水平。

二、推动加工贸易向中西部地区梯度转移的实践与成效

国际金融危机后，中国中西部地区的加工贸易呈现逆势增长态势，增长速度远远高于同期全国平均水平，加工贸易向中西部地区梯度转移取得了显著的成效，使中国的贸易格局更为合理。

国际金融危机之后，在跨国公司向中西部地区的产业转移中，机电产品特别是电子信息产品的地位尤为突出。2011 年，电子信息产品进出口总额达到 11 292.3 亿美元，同比增长 11.5%，占全国外贸总额的 31.0%。中西部地区规模以上电子信息制造业销售产值增长 63.1% 和 74.3%，高出全国平均水平 42 和 53.2 个百分点；两个地区实现出口交货值增长均超过 110%。东部地区的销售产值和出口交货值比重比 2010 年同期下降 3.8 和 4.0 个百分点。惠普、富士康等跨国公司纷纷将生产基地布局到中西部地区。在承接加工贸易

产业转移中，四川省、安徽省等中西部地区成效显著。

（一）四川省加工贸易梯度转移的实践与成效

四川省采取有效措施，积极承接加工贸易转移，成效显著。

首先，带动了出口规模的扩大。从总量上看，2005年四川加工贸易进出口仅11亿美元，2011年加工贸易出口达到了210亿美元，6年增长了18倍。加工贸易使四川具有比较优势的行业可以更加有效、更加低成本地利用国际市场关键配套件和资源扩大出口，产品的市场空间得以扩大。

其次，改善了贸易结构。四川省承接加工贸易产业转移吸引了大批电子信息、机械装备、生物医药、制鞋产业跨国公司和沿海企业开展加工贸易，集成电路、太阳能电池、液晶显示器、便携式电脑等成为引领高新技术产业发展和高新技术产品出口的龙头。从结构上看，2005年四川加工贸易中，电解铝、铁合金等初级产品占加工贸易的出口总额的50％以上，2011年，全省机电产品进出口首次突破300亿美元，同比增长58.6％，占比提高到65％；高新技术产品进出口首次突破200亿美元，达到223.7亿美元，同比增长78.4％，占比提高到47％。高能耗、高污染、资源性产品出口所占比重下降到10％以内。四川省的对外贸易产品逐渐向以中高技术的资本密集型产品为主转变。

通过承接加工贸易产业转移，四川的对外贸易实现了跨越式发展。2011年，在全球经济复杂多变的形势下，四川货物贸易继续保持高速增长，进出口额达477.8亿美元，同比增长46.2％，稳居中西部第一位。进出口、出口、进口增幅均超过全国平均增幅，分别高出23.7、33.9和10.4个百分点。四川省外贸的跨越式发展中，加工贸易起到了关键的带动作用，2011年，加工贸易出口总额同比增长170.7％，比同期四川省一般贸易出口增速高126.2个百分点。

（二）安徽省加工贸易梯度转移的实践与成效

20多年来，安徽省加工贸易实现了从无到有、从小到大的发展，成为安徽省对外开放的重要部分。在实现充分利用国内外比较优势进行互补的进程中，取得了较快的发展。加工贸易结构逐步趋向合理，在扩大出口、吸收外资和推动地方经济发展等方面发挥了重要作用。

2011 年 1～10 月，安徽省加工贸易进出口额 53.1 亿美元，增长 70.1%，增幅是安徽省平均增幅的 2.1 倍，占安徽省外贸进出口总额的 20.8%，占比提高 4.5 个百分点。

安徽省加工贸易的发展呈现出如下几个特点。一是加工贸易规模越来越大。安徽省加工贸易进出口总额由 2005 年的 15.89 亿美元上升到 2010 年的 41.19 亿美元，增长 1.59 倍。二是从事加工贸易的企业越来越多。安徽省有加工贸易进出口实绩的企业由 2005 年的 262 家增加到 2010 年的 500 多家，为进一步扩大加工贸易规模奠定了基础。三是加工贸易企业出口能力越来越强。2005 年安徽省加工贸易出口超 1 000 万美元的企业只有 15 家，到 2010 年加工贸易出口超 1 000 万美元的企业增至 62 家，有 11 家企业年出口额超过 1 亿美元。四是加工贸易出口产品结构越来越优化。2005 年安徽省加工贸易出口集中在轮胎、纺织服装、铜及铜材等劳动密集型产品。到 2010 年，冰箱、空调、叉车、汽车等机电类产品已成为安徽省加工贸易出口的主流，占安徽省加工贸易出口总额的 60% 以上。

第七章　加快培育战略性新兴产业的国际竞争优势

第一节　战略性新兴产业的由来与内涵

一、战略性新兴产业的由来

国际金融危机引发全球范围内的大变革大调整，战略性新兴产业成为引导未来经济社会发展的重要力量。发展战略性新兴产业已成为世界主要国家抢占新一轮经济和科技发展制高点的重大战略。中国正处于经济社会发展的战略转型期和全面建设小康社会的关键时期，必须按照科学发展观的要求，抓住机遇，明确方向，突出重点，加快培育和发展战略性新兴产业。

（一）金融危机催生科技革命

百年罕见的国际金融危机，对全球经济影响的深刻程度史无前例。当前，尽管金融危机最严重的阶段已经过去，世界经济正在走出衰退的泥潭，但复苏依然脆弱，要重新吸收失业人口和过剩产能尚有待时日。

历史经验表明，经济危机往往孕育着新的科技革命。正是科技上的重大突破和创新，推动经济结构的重大调整，提供新的增长引擎，使经济重新恢复平衡并提升到更高水平。1857年的世界经济危机，是第一次波及全球的生产过剩危机。这次危机引发了电气革命，推动人类社会从蒸汽时代进入电气时代。1929 年的世界经济危机，是 20 世纪最严重的全球经济危机。这场危机引发了电子革命，推动人类社会从电气时代进入电子时代，推进了传统产业的升级换代，世界产业结构发生了重大变化，全球化、知识化、信息化、网络化的新时代逐步到来。因此，此次全球国际金融危机同样可能孕育着新的科技革命，要想在危机后掌握发展的主导权，率先复苏并走向繁荣，必须以科技创新为突破口，寻求新的增长点。

（二）世界各国积极参与抢占新一轮经济科技制高点的竞赛

国际金融危机后，世界各国积极参与抢占新一轮经济和科技制高点的竞赛，全球进入空前的创新密集和产业振兴时代。

美国推出"能源新政"，酝酿一场跨产业的科技革命。为实现美国的"能源独立"，确保美国的能源安全，美国总统奥巴马于 2009 年 2 月签署了《2009 年美国复兴与再投资法》（ARRA），推出了总额为 7 870 亿美元的经济刺激方案。在该法案下，基建和科研、教育、可再生能源及节能项目、医疗信息化、环境保护等成为投资的重点，分别投入 1 200 亿美元、1 059 亿美元、199 亿美元、190 亿美元和 145 亿美元；在 1 200 亿美元的科研（含基建）计划中，新能源和提升能源使用效率占 468 亿美元，生物医学领域的基础性投入占 100 亿美元；20 亿美元追加科研投资则主要分布在航天、海洋和大气领域。美国除了将 189 亿美元投入能源输配和替代能源研究、218 亿美元投入节能产业、200 亿美元用于电动汽车的研发和推广外，还将投入 7.77 亿美元支持建立 46 个能源前沿研究中心；把加快"三网融合"作为信息产业发展的重要方向；并加大对生物技术和产业发展的支持力度。可以预言，奥巴马发起的"能源新政"及其"绿色产业革命"，对于美国维持其全球霸主地位，很可能起到与 20 世纪后半叶的"数字化革命"、"信息高速公路"同等重要的作用。

欧盟重视"绿色技术"，推动低碳经济发展。早在 2007 年 3 月，欧盟就提出并通过了一揽子能源计划，计划到2020年把新能源和可再生能源在能源总体消耗中的比例提高到20%。2008年2月，欧盟通过了《欧盟能源技术战略计划》，鼓励推广包括风能、太阳能和生物能源技术在内的"低碳能源"技术，以促进欧盟未来建立能源可持续利用机制。欧盟在其经济复苏计划中，强调"绿化"的创新和投资，加速向低碳经济转型。欧盟制定了一项发展"环保型经济"的中期规划，主要内容是欧盟将筹措总金额为1 050亿欧元的款项，在2009—2013年的5年时间中，全力打造具有国际水平和全球竞争力的"绿色产业"，计划130亿欧元用于"绿色能源"，280亿欧元用于改善水质和提高对废弃物的处理和管理水平，640亿欧元将用于帮助欧盟成员国推动其他环保产业发展、鼓励相关新产品开发、提高技术创新能力并落实各项相关的环保法律和法规。此外，欧盟还大力推进信息网络建设，高度重视文化创意产业。

日本以新能源技术为核心，推动低碳社会发展。日本高度重视新能源技术开发。2008年出台《低碳社会行动计划》，提出大力发展高科技，重点发展太阳能和核能等低碳能源。同年，日本政府修改《新经济成长战略》，提出实施"资源生产力战略"，为根本性地提高资源生产力采取集中投资，使日本成为资源价格高涨时代和低碳社会的胜者。为增加能源的自给率，日本将新能源研发和利用的预算由882亿日元大幅增加到1 156亿日元。日本大力开发核能，是世界第三核能大国，目前全国共有核电站54座，总装机容量4 712.2万千瓦，核能占能源供给总量的15%，核能电化率近40%。日本高度重视太阳能利用，是世界上太阳能开发利用第一大国，也是太阳能应用技术强国，金融危机后还降低了中小企业安装太阳能设备提供补助金的门槛。日本大力支持风力发电，已跻身全球十大风能市场，日本对风电设备给予补助，投入大力资金研发风力发电蓄存技术。日本还放眼2025年，在工程技术、信息技术、医药等各个领域制定长期的战略方针"技术创新25"并加以实施，力图通过创新能力和开放的姿态给日本的经济注入新的活力。

韩国将低碳与绿色发展作为重要主题，制定《新增长动力规划及发展战略》，综合推进绿色技术、尖端产业融合、高附加值服务等领域的新兴产业发展。

巴西着力发展生物能源、风能和核能等新能源产业，鼓励发展灵活燃料汽车，制定发展生物燃料的发展规划和产品标准，此外，巴西还推动制药业发展。

表 7—1　主要国家选择新兴产业的侧重点及相关规划

国　　家	侧重领域	相关规划
美国	新能源、干细胞、航天航空、太空探险、宽带网络、医疗保健和环境保护	新能源法案、解禁干细胞研究、奥巴马承诺经济刺激资金将会投入到宽带网络等新兴技术中去
日本	商业航天市场、信息技术应用、新型汽车、低碳产业、医疗与护理、新能源	长期的战略方针"技术创新25"
欧盟	新能源、节能环保、新型汽车、航空航天等	《欧盟能源技术战略计划》、"环保型经济"的中期规划
韩国	绿色技术、尖端产业融合、高附加值服务	制定《新增长动力规划及发展战略》
巴西	新能源、灵活燃料汽车、制药业	尚无专门规划

资料来源：根据《2010世界新兴产业发展报告》（郑雄伟，中国发展门户网，www. chinagate. cn，2010年11月）及相关资料整理

（三）中国加快培育和发展战略性新兴产业

在全球新一轮科技革命和产业革命到来之际，面临世界各国尤其是美欧日等发达国家在全球抢占经济和科技制高点的竞赛，中国密切关注和紧跟世界经济科技发展的大趋势，大胆抉择，培育和发展战略性新兴产业，力争在国际分工新格局形成过程中占据有利

地位。

2009 年 9 月下旬，国务院总理温家宝在两天时间内先后召开三次战略性新兴产业发展座谈会，听取经济、科技领域专家学者和企业、行业协会负责人的意见和建议。在随后公布的会议公告中，定名为"战略性新兴产业"。

2009 年 11 月 23 日召开的首都科技界大会上，温家宝总理发表了题为《让科技引领中国可持续发展》的讲话，其中再次对战略性新兴产业作出了更为具体的解释。

2009 年 12 月 8 日，中央经济工作会议明确提出，要"发展战略性新兴产业，推进产业结构调整"；要"把推动自主创新与培育战略性新兴产业结合起来，努力实现创新发展"。

2010 年春节前夕，"战略性新兴产业总体思路研究工作启动暨协调小组第一次会议"在京召开。国家发展改革委牵头成立了加快培育战略性新兴产业研究部暨协调小组，成员包括国家发改委、科技部、工信部、财政部、商务部等 20 个部委或单位负责人。此举标志着我国正式启动加快培育战略性新兴产业发展思路研究工作。这次会议还决定成立由国家发展改革委副主任张晓强任组长的加快培育战略性新兴产业发展思路研究文件起草组，负责起草《国务院关于加快培育战略性新兴产业的决定》和《战略性新兴产业发展"十二五"规划》。第一次协调小组会议后，部际小组就在全国范围内展开了包括区域调研、重点行业调研和政策问题专题调研的系列调研活动。

2010 年 9 月 8 日，国务院总理温家宝主持召开了国务院常务会议，审议并原则通过《国务院关于加快培育和发展战略性新兴产业的决定》，会议确定了战略性新兴产业发展的重点方向、主要任务和扶持政策。决定从我国国情和科技、产业基础出发，重点选择节能环保、新一代信息技术、生物、高端装备制造、新能源、新材料和新能源汽车等七大产业，集中力量，加快推进。2010 年 10 月 10

日，国务院正式发布《国务院关于加快培育和发展战略性新兴产业的决定》（国发〔2010〕32号）。

2010年10月18日，中国共产党第十七届中央委员会第五次全体会议通过《中共中央关于制定国民经济和社会发展第十二个五年规划的建议》，进一步明确要"培育发展战略性新兴产业"，加快形成先导性、支柱性产业，切实提高产业核心竞争力和经济效益。在2011年3月正式发布的《中华人民共和国国民经济和社会发展第十二个五年规划纲要》中，进一步明确了战略性新兴产业实现跨越发展的重点领域，同时指出要实施创新发展工程，加强政策支持和引导。

为贯彻落实中央精神，有关部门积极采取措施支持战略性新兴产业发展。2011年9月8日，商务部、国家发展改革委、财政部等十部委发布《关于促进战略性新兴产业国际化发展的指导意见》，以加快战略性新兴产业的培育和发展。该指导意见是在国家部委层面，出台的《关于加快培育和发展战略性新兴产业的决定》的第一个系统性配套文件，凸显了战略性新兴产业国际化发展的重要性。

与此同时，各产业领域的支持政策和专项规划也正在制定或即将出台。例如，财政部、科技部、工业和信息化部，以及国家发展改革委在2010年5月31日联合出台了私人购买新能源汽车试点财政补助资金管理暂行办法，以推进新能源汽车产业加快发展。

此外，地方政府也高度重视，几乎所有省市都正着手或已经完成了战略性新兴产业调研、规划，以培育战略性新兴产业为重点的新一轮区域发展已经拉开了帷幕。

可以看出，在全球大变革大调整的关键时期，在我国各项政策扶持下，战略性新兴产业面临着前所未有的发展机遇，对中国对外贸易发展方式的转变意义重大。

二、战略性新兴产业的内涵

战略性新兴产业是我国在新的历史时期，面临国际金融危机后的新形势，为推进我国产业结构升级和经济发展方式转变、提升我国自主发展能力和国际竞争力、促进经济社会可持续发展而提出的若干重点发展的产业领域。《国务院关于加快培育和发展战略性新兴产业的决定》明确指出，"战略性新兴产业是以重大技术突破和重大发展需求为基础，对经济社会全局和长远发展具有重大引领带动作用，知识技术密集、物质资源消耗少、成长潜力大、综合效益好的产业"。

(一) 七大战略性新兴产业

《国务院关于加快培育和发展战略性新兴产业的决定》明确重点发展的七大战略性新兴产业及其各个产业的发展重点为：

1. 节能环保产业。重点开发推广高效节能技术装备及产品，实现重点领域关键技术突破，带动能效整体水平的提高。加快资源循环利用关键共性技术研发和产业化示范，提高资源综合利用水平和再制造产业化水平。示范推广先进环保技术装备及产品，提升污染防治水平。推进市场化节能环保服务体系建设。加快建立以先进技术为支撑的废旧商品回收利用体系，积极推进煤炭清洁利用、海水综合利用。

2. 新一代信息技术产业。加快建设宽带、泛在、融合、安全的信息网络基础设施，推动新一代移动通信、下一代互联网核心设备和智能终端的研发及产业化，加快推进三网融合，促进物联网、云计算的研发和示范应用。着力发展集成电路、新型显示、高端软件、高端服务器等核心基础产业。提升软件服务、网络增值服务等信息服务能力，加快重要基础设施智能化改造。大力发展数字虚拟等技术，促进文化创意产业发展。

3. 生物产业。大力发展用于重大疾病防治的生物技术药物、新型疫苗和诊断试剂、化学药物、现代中药等创新药物大品种，提升生物医药产业水平。加快先进医疗设备、医用材料等生物医学工程产品的研发和产业化，促进规模化发展。着力培育生物育种产业，积极推广绿色农用生物产品，促进生物农业加快发展。推进生物制造关键技术开发、示范与应用。加快海洋生物技术及产品的研发和产业化。

4. 高端装备制造产业。重点发展以干支线飞机和通用飞机为主的航空装备，做大做强航空产业。积极推进空间基础设施建设，促进卫星及其应用产业发展。依托客运专线和城市轨道交通等重点工程建设，大力发展轨道交通装备。面向海洋资源开发，大力发展海洋工程装备。强化基础配套能力，积极发展以数字化、柔性化及系统集成技术为核心的智能制造装备。

5. 新能源产业。积极研发新一代核能技术和先进反应堆，发展核能产业。加快太阳能热利用技术推广应用，开拓多元化的太阳能光伏光热发电市场。提高风电技术装备水平，有序推进风电规模化发展，加快适应新能源发展的智能电网及运行体系建设。因地制宜开发利用生物质能。

6. 新材料产业。大力发展稀土功能材料、高性能膜材料、特种玻璃、功能陶瓷、半导体照明材料等新型功能材料。积极发展高品质特殊钢、新型合金材料、工程塑料等先进结构材料。提升碳纤维、芳纶、超高分子量聚乙烯纤维等高性能纤维及其复合材料发展水平。开展纳米、超导、智能等共性基础材料研究。

7. 新能源汽车产业。着力突破动力电池、驱动电机和电子控制领域关键核心技术，推进插电式混合动力汽车、纯电动汽车推广应用和产业化。同时，开展燃料电池汽车相关前沿技术研发，大力推进高能效、低排放节能汽车发展。

《中华人民共和国国民经济和社会发展第十二个五年规划纲要》进一步明确了七大战略性新兴产业的 31 个重点行业领域：

1. 节能环保产业：高效节能关键技术装备、产品和服务；先进环保关键技术装备、产品和服务；资源循环利用关键技术装备、产品和服务。

2. 新一代信息技术产业：新一代移动通信；下一代互联网；三网融合；物联网；云计算；集成电路；新型显示；高端软件；高端服务器和信息服务。

3. 生物产业：生物医药；生物医学工程产品；生物农业；生物制造。

4. 高端装备制造产业：航空装备；卫星及应用；轨道交通装备；智能制造装备。

5. 新能源产业：新一代核能；太阳能热利用和光伏光热发电；风电技术装备；智能电网；生物质能。

6. 新材料产业：新型功能材料；先进结构材料；高性能纤维及其复合材料；共性基础材料。

7. 新能源汽车产业：插电式混合动力汽车；纯电动汽车及燃料电池汽车技术。

（二）四大基本特征

根据产业经济学中的相关概念和中央有关文件的阐述，战略性新兴产业具有四大基本特征：

第一，**战略性**。国务院《决定》明确指出，经过一段时期的培育和发展，要把节能环保、新一代信息技术、生物、高端装备制造产业培养成为国民经济的支柱产业，把新能源、新材料、新能源汽车产业发展成为国民经济的先导产业，充分体现了国家的战略需求，充分体现了战略性新兴产业对经济社会全局和长远发展所具有的重要战略意义。

第二，**新兴性**。战略性新兴产业是代表科技创新的方向和产业发展的方向，体现新兴科技和新兴产业的深度融合。它随着新的科研成果和新兴技术的发明和应用而出现，但是目前产业的成熟度不高，产业链尚未完全形成。

第三，**先导性**。战略性新兴产业对经济社会发展具有较强的关联带动作用，是推动社会生产和生活方式发生深刻变革的重要力量。它对今后国民经济发展具有先导作用，产品收入弹性高，全要素生产率上升幅度大，对其他产业部门带动效应大。

第四，阶段性。战略性新兴产业是我国根据经济技术发展水平及对未来经济技术发展的预见所确定的。战略性新兴产业是一个相对的概念，具有明显的时代特点，阶段性特征明显。当前确定的七大战略性新兴产业最终都有可能退出战略性新兴产业系统。科技进步和经济社会发展还将催生更多地战略性新兴产业。

（三）战略性新兴产业与高技术产业的区别与联系

第一，**战略性新兴产业与高技术产业具有相对统一性**。相对统一性表现在战略性新兴产业与高技术产业具有基本相同的特征。高技术产业总体上属于战略性新兴产业的范畴，但其中也有一些技术相对成熟、不具备高成长性的领域，不属于战略性新兴产业。

第二，**战略性新兴产业与高技术产业具有相对独立性**。相对独立性表现在战略性新兴产业与高技术产业没有必然的一一对应关系，它们的内涵不尽相同，主要表现在以下两个方面。首先，高技术产业未必是战略性新兴产业。高技术产业不一定能够成为支柱产业，也不一定具有带动效应，某些高技术产业不具有战略性新兴产业的特征。其次，战略性新兴产业中的企业不一定要符合高技术企业标准。高技术产业需要有较高的研发投入和较多的技术人员，而战略性新兴产业一旦在技术突破之后，产业化的阶段和相关企业并不一定需要很多研发投入和技术人员，例如，新能源产业中的大部分生产企业并不一定符合高技术企业的要求。

第二节　发展战略性新兴产业的重大意义

一、全面推进小康社会建设，实现可持续发展的需要

中国人口众多、人均资源少、生态环境脆弱，又处在工业化、

城镇化快速发展时期，面临改善民生的艰巨任务和资源环境的巨大压力。中国目前以世界 9% 的耕地养活了 20% 的人口是了不起的成绩，但到 2030 年，中国人口接近 15 亿，人均耕地面积要在目前 1.38 亩的水平上减少 10% 以上，因此保障粮食安全的压力不断增大。尽管中国近年来对节能环保高度重视，也取得了巨大成绩，但 2011 年上半年全国七大水系劣五类水质断面比例仍达 15.9%，中国二氧化硫排放量、二氧化碳排放量均居世界前列，大气污染、垃圾围城、工业点源污染、农业面源污染问题仍很严重。要全面建设小康社会、实现可持续发展，必须大力发展战略性新兴产业，加快形成新的经济增长点，创造更多的就业岗位，更好地满足人民群众日益增长的物质文化需求，促进资源节约型和环境友好型社会的建设。

二、推进产业结构升级，加快经济发展方式转变的需要

国际金融危机后，随着经济的逐渐复苏，中国经济中积压多年的不平衡、不协调、不可持续的问题进一步凸显，产业结构不合理，农业基础薄弱，工业大而不强，服务业发展滞后已成为中国经济持续健康发展的隐忧。粗放型经济发展方式下形成的经济结构与资源环境承载能力之间的矛盾越来越突出。2010 年中国 GDP 总量占世界 GDP 的 9.5% 左右，但是一次能源消耗达 24.3 亿吨油当量，占世界的 20.3%。未来高投入、高消耗、高排放的经济增长模式已难以为继。中国经济要想保持既有的增长，必须将经济增长主要依赖因素由对劳动力和资源的投入转变为对技术进步和管理效率提升的倚重。而战略性新兴产业以创新为主要驱动力，辐射带动力强，加快培育和发展战略性新兴产业，有利于加快经济发展方式转变，有利于提升产业层次、推动传统产业升级、高起点建设现代产业体系，体现了调整优化产业结构的根本要求。

三、抢占新一轮科技经济制高点，掌握发展主动权的需要

当前，全球经济竞争格局正在发生深刻的变革，科技发展正孕育着新的革命性突破，主要发达国家为振兴经济、获取发展新优势，纷纷制定新的国家发展战略，加大投入支持，加速重大科技成果转化，培育危机后引领全球经济的新能源、新材料、生物技术、宽带网络、节能环保等新兴产业，努力抢占新一轮科技经济竞争制高点。中国要在未来国际竞争中占据有利地位，必须加快培育和发展战略性新兴产业，掌握关键核心技术及相关知识产权，增强自主发展能力。因此，加快培育发展战略性新兴产业，不仅能够有效缓解全球日趋严峻的能源、资源、粮食、环境、气候、健康等问题，也将决定一个国家在经济全球化过程中的作用和地位。

四、构建国际竞争新优势，推进贸易强国进程的需要

长期以来，我国对外贸易发展主要依靠价格竞争优势，以劳动力为代表的生产要素低成本优势是构成我国外贸竞争力的主要因素。但是，自2008年1月生效的《劳动合同法》实施后，在我国产业工人不断要求加薪和改善工作条件的背景下，企业引进和留住技术人才和熟练工人的成本上升较大。尽管企业上调工资水平，但仍面临用工难的问题，工资上涨压力依然存在。而我国周边国家，如孟加拉国、越南、柬埔寨、印度尼西亚等劳动力成本优势正进一步显现。因此，在传统优势逐步减弱的情况下，大力培育和发展战略性新兴产业，尤其是通过战略性新兴产业的国际化发展，在新一轮全球科技和产业革命中占据主动，有助于在技术研发等领域构建新的国际竞争优势，有效支撑我国外贸可持续发展，推进贸易强国进程。

第三节 战略性新兴产业的发展概况

一、战略性新兴产业的发展现状

近年来，我国战略性新兴产业在研发、生产、市场等各个环节的发展水平不断提高，具备了一定的基础。

(一) 产业发展势头良好，国际化发展的潜力巨大

近年来，我国战略性新兴产业呈现出了良好的发展势头，产业国际化发展潜力巨大。

第一，**产业发展初具规模，增长速度快**。2010 年，我国节能环保产业总产值达 2 万亿元；2012 年新材料市场规模将超过 1 300 亿元，未来我国新材料产业市场增长率将继续保持在 20％以上。2010 年，我国新医药产业总产值达到 17 358.6 亿元，2000—2010 年年均增速 22.1％；航空航天制造业总产值 1 598.1 亿元，2000—2010 年年均增速 15.2％。生物育种产业也增长较快，产业规模已跻身世界前列。2000 年以来，我国种子市场保持着年均 5％的增长率，到 2010 年，我国种子市场的销售额已达 298 亿元左右，居于世界第二位。

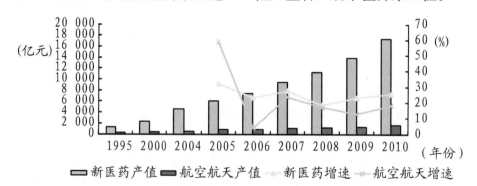

图 7-1 航空航天与新医药总产值及增长速度

资料来源：《2011 年中国高技术产业统计年鉴》

第二，部分产业链条逐步向中高端延伸。新材料产业部分领域逐步向中高端产业链条延伸，并已取得了一定的成果。例如，我国研制的新型高性能超细晶钢已经开始小规模地试生产，一些新型的生物降解型塑料已经实现规模生产；生物医用材料方面，近年来在多个方面实现了研发和应用突破，尤其是介入支架和骨科器材，发展速度非常快；随着碳纤维原丝技术的突破，国内碳纤维行业早在2008年就取得了较大发展，两家千吨级碳纤维生产线投产，国内碳纤维也被用于航空航天领域。信息产业领域，我国已拥有从材料、技术、器件、系统到网络的完整产业链；在物联网领域享有国际话语权，这不仅体现在技术领先方面，更在于中国是世界上少数能够实现产业化的国家之一。

（二）技术水平稳步提升，逐步占领国际前沿领域

近年来，随着科研投入的稳步增长，我国战略性新兴产业研发实力不断提高，部分战略性新兴产业的核心技术研发实力雄厚，多项技术和标准达到国际领先水平。

第一，研发投入稳步增长，重大技术不断突破。近年来，我国战略性新兴产业科研投入稳步增长。航空航天产业2000年大中型企业研发经费内部支出仅为13.79亿元，到2010年已上升至92.84亿元，年均增长21%。生物、生化制品制造业2000年大中型企业研发经费内部支出仅为1.65亿元，2010年已增至13.28亿元，年均增长23%。新能源汽车产业，"十一五"期间，我国总共投入11亿元发展新能源汽车，已经建立起燃料电池汽车动力系统技术平台、混合动力汽车动力系统技术平台和纯电动汽车动力系统技术平台，为企业研发新能源汽车提供了技术支撑。

随着我国研发投入的不断增长，研究力量不断增强，重大技术不断突破，技术水平不断提升。以航空航天产业为例，相关领域已实现重大技术突破，大飞机项目中，锻压设备、特种钢、碳陶刹车片等产品的研制成功，填补了我国的技术空白，提高了航空航天产业的国际竞争力。

第二，部分领域技术国际领先。一是部分战略性新兴产业的技术水平总体处于国际领先水平。在生物育种产业方面，我国建立了比较完整的转基因作物育种研发和管理体系，成为世界上为数不多的具有转基因作物独立研发能力的国家之一，并在生物工程技术应用和航天培育方面取得了重大进展。我国杂交水稻、抗虫棉以及杂交玉米技术均处于世界领先地位，杂交水稻领先其他国家 20 年以上，已在包括东盟和非洲国家在内的 40 多个国家推广和应用。二是部分战略性新兴产业的某些技术领域处于世界前列。我国新一代信息技术产业中的物联网技术研发水平处于世界前列，在传感器、通信、网络等方面拥有大量自主知识产权产品和专利，并与德国、美国、英国等一起，成为国际标准制定的主导国，具有重大影响力。高端装备制造业中，勘察船、移动式钻井平台、载人深潜器等部分海洋工程装备技术世界领先。新能源产业中，潮汐能发电、生物质能等海洋可再生能源研究水平世界领先。

第三，部分领域行业标准国际领先。我国部分战略性新兴产业的行业标准已处于领先水平，并开始着手制定产业标准体系。例如，我国新能源汽车研发取得明显进展，电动汽车的标准体系已经编制完成，形成了约 1800 项专利，整车水平已经进入国际先进行列，共有 48 个型号的各类电动汽车获得机动车新产品公告，其中，比亚迪、奇瑞、长安等企业的插电式和油电混合动力汽车已具备上市销售条件。

（三）对外贸易势头良好，国际市场发展空间较大

我国部分战略性新兴产业对外贸易发展势头良好，进出口贸易不断增长，国际市场份额逐步提升。整体而言，我国战略性新兴产业的国际市场发展潜力较大。

第一，部分产业进出口初具规模，增长速度快。我国部分战略性新兴产业进出口贸易已初具规模，年均增速保持快速增长。2011

年电子信息产业实现进出口总额 11 292.3 亿美元，占全国外贸总额的 31.0%。高端装备制造产业中的航空航天制造业，2000—2010 年，出口从 3.77 亿美元增长到了 29.9 亿美元，年均增速高达 23%。2000—2010 年，新医药产业出口从 35.76 亿美元增长到了 300.26 亿美元，年均增长 23.7%。

第二，部分产业出口国际市场份额不断增长。2000—2009 年，航空航天制造业出口国际市场份额从 0.45% 增长到了 1.08%，新医药出口国际市场份额从 1.68% 增长到了 3.13%。新材料领域，我国稀土产品出口国际市场份额很高，全球 96.77% 的稀土矿来自中国。

第三，出口产品质量不断提升，部分产品国际市场地位逐步提升。我国部分战略性新兴产业出口产品质量不断提升，国际地位逐步提升。以我国新能源产业为例，光伏产业以优质的产品供应世界各国光伏市场，且主要集中在欧洲和美国等发达国家市场，国际市场地位不断提升。

第四，部分产业有领先优势，国际市场发展潜力巨大。我国部分战略性新兴产业出口潜力巨大。以生物育种产业为例，杂交水稻在国际市场具有相当大的发展空间。目前，我国有超过50%的稻田种植杂交水稻，而国外杂交水稻的推广面积尚不足 2%。我国杂交水稻种子将成为未来我国种子出口的主要品种之一，出口发展潜力巨大。再以新能源汽车产业为例，尽管国际新能源汽车产业仍处于研发设计阶段，但我国部分新能源汽车已进入国际市场，天津清源公司开发的纯电动轿车累计出口美国、欧盟 1 300 辆以上，出口潜力巨大。

（四）双向投资平稳推进，逐步融入国际分工体系

第一，大部分产业利用外资规模不断增长。近年来，我国战略性新兴产业利用外资增速较快。以生物育种产业为例，外资已开始布局中国市场，目前在我国登记注册的外商投资农作物种子公司有 76 家，包括 26 家独资公司、42 家合资公司、8 家中外合作经营公司。从经营的种子品种来看，外资企业主要从事蔬菜、花卉业务，

目前已开始向玉米、水稻等大田作物进军，扩张速度明显加快。

第二，一些领域企业"走出去"平稳推进。近年来，新医药领域企业"走出去"步伐加快，一些生物医药产品的国外认证、注册等工作进展顺利。从2007年起，新材料产业掀起了投资海外资源的热潮，尤其是在2008年金融危机后，国外很多资源性公司的市场估值大幅降低，同时由于受到市场、资金等方面的压力，也更加迫切地需要新投资者进入。中石化集团、中铝公司、中钢集团等国字号大型企业都实施了海外收购，众多有实力的国内其他企业也正在实施或筹划收购海外资源类公司的股权。

第三，逐步融入国际分工体系。随着双向投资的不断发展，我国战略性新兴产业逐步融入国际分工体系。近年来，航空航天产业正加速融入世界航空产业分工体系。中航工业与美国、欧盟、巴西、加拿大等多个国家和地区的合作伙伴成立了37家合资公司，已经成为世界主要飞机制造企业的重要合作伙伴和世界航空产业链的重要组成部分。目前世界上在役的干线飞机中，一半以上使用中国生产的零部件。新能源领域，中国光伏产业产量世界第一，占世界的33%，并已逐步融入国际分工体系之中，国际地位不断提升，呈现出了"三头在外"的特点，即原材料在外，40%左右的原材料需要进口；光伏产品在外，98%左右的光伏产品出口国外；设备在外，50%左右的设备依赖进口。

（五）技术贸易稳步发展，国际技术合作不断加强

第一，技术引进快速发展。2005—2010年，新医药产业技术引进费用从3.8亿元增长到了11.2亿元，年均增速24%。其中，医药制造业技术引进费用从3.6亿元增长到了4.8亿元，年均增速6%；医疗设备及仪器仪表制造业从0.2亿元增长到了6.3亿元，年均增速99.4%。

第二，技术出口稳步扩张。技术出口方面，我国一直以为第三世界发展中国家提供技术贸易出口和技术援助为主。在中东、非洲等国家都有我国的国际援助承包工程，为不发达地区提供通讯、电力等技术劳务服务。随着我国技术力量的不断强大，企业的技术贸易出口规模日益扩大，国际工程承包能力越来越强。例如华为、中兴等通讯器材企业，在占据国内运营商市场的同时，产品远销国际市场，甚至为中东、非洲等技术相对落后的国家提供从通讯网络设计到设备供货、安装和管线铺设，最终建成整个区域通讯网络的网络工程承包服务。航空航天领域，我国长征火箭为欧美国家发射航天卫星，这也说明中国技术贸易出口正逐渐在国际市场上扮演越来越重要的角色。

第三，国际技术合作不断增强。我国生物技术企业通过向非洲等发展中地区输出技术、产品和资本，以研发服务模式与欧美发达地区合作等方式进入国际市场。继中古、中德在生物产业领域的合作步入良性轨道后，中英、中印、中加的合作步伐也不断加快。2008 年 11 月，中英在生物医药领域的合作框架得以确立，鼓励两国大学间、科研机构间以及大学与科研机构间的合作，促进两国的贸易和投资往来。航空航天产业，2008 年，与庞巴迪签订了 C 系列飞机项目风险合作合同；与法国透博梅卡公司签订了涡轴 16 合作研制合同，首次实现了我国与国外对等联合设计民用发动机；与空客签订了合资复合材料中心建设框架合同；CF34－3、HTP1 000 发动机风险合作和"优势 70"发动机项目、S76 直升机项目进展顺利；与欧直公司合作的 Z15 直升机项目取得重大进展。

二、战略性新兴产业发展存在的问题

尽管我国战略性新兴产业发展具备了良好的现实基础，但其发展过程中仍然存在一些问题，制约了我国战略性新兴产业的进一步发展。

（一）高端产品和关键技术设备依赖进口，产业自给率低

近年来，我国自主创新能力不断提升，但与国际领先水平相

比，总体上仍处于较低水平，高端产品自给率低，关键技术和设备国产化程度低，对进口的依赖程度高。

第一，产业研发基础薄弱，研发强度较低，自主创新能力不足。与欧美日等发达国家相比，我国新医药产业研发强度水平很低。2009 年，中国医药制造业研发强度为 1.42％，远低于美国（2007 年）的 26.57％和日本（2006 年）的 15.04％，产业的自主创新能力严重不足。航空航天产业研发基础薄弱，基础设施缺乏，测试手段落后，试验设计不配套，预研工作起步晚，范围小；产品开发还停留在使用发展阶段，发动机研制尚未走完全过程，多是仿制外国较落后的产品。生物育种产业的科研、生产、推广和销售长期相互分离，企业自主研发能力普遍较弱；大多数企业没有建立起自身科技创新体系，有科研能力的企业不到总数的 1.5％，科研经费投入不足，平均不到销售收入的 1％，低于国际公认的"死亡线"。我国新材料产业产品跟踪仿制多，技术集成能力较差，缺乏拥有自主知识产权的新材料产品和技术，在高端产品方面缺乏国际竞争力；部分产品或某些产品的核心技术受制于人，成为制约相关产业发展的瓶颈。

第二，高端产品依赖进口，产业自给率低。新材料产业，我国作为材料大国，尽管传统材料生产能力在近年来提高很快，但众多基础材料仍未实现自主供应，一些高附加值新材料仍依赖进口。我国钢铁产量世界第一，但钢材达到世界平均水平的不足 20％，每年仍需进口 3 000 万吨优质钢材，相当于国内产量的 10％。高分子材料领域，我国专用高分子材料与国外差距较大，工程塑料在质量和数量上均难以满足国内需求，需大量进口。2007 年，国内 PAN 基碳纤维的生产能力仅为 200 吨/年，且由于产品性能低和价格高等原因，大多没有达到满负荷生产，远远满足不了国内 6 000 吨以上的市场需求，只能长期依赖进口。

表 7-2 部分国家高技术产业 R&D 经费占工业总产值比例

单位：%

国 别	高技术产业	飞机和航天器制造业	医药制造业	办公、会计和计算机制造业	广播、电视及通信设备制造业	医疗、精密仪器和光学器具制造业
美国(2006)	16.41(1)	11.51(4)	21.63(3)	11.07(3)	15.62(1)	18.67(1)
瑞典(2005)	12.23(2)	11.78(2)	11.58(7)	11.07(2)	14.44(2)	8.46(3)
芬兰(2007)	11.48(3)	4.69(10)	27.92(1)	1.84(12)	11.79(4)	4.84(9)
英国(2006)	11.04(4)	11.65(3)	23.02(2)	0.38(15)	7.33(10)	3.60(10)
日本(2006)	10.64(5)	4.20(12)	15.04(5)	26.06(1)	5.43(12)	14.59(2)
德国(2006)	8.34(6)	10.37(5)	10.42(8)	4.09(7)	8.87(8)	6.63(6)
欧盟(2002)**	8.11(7)		10.32(9)	4.04(8)	9.28(7)	5.71(7)
法国(2006)	7.78(8)	5.14(9)	9.09(10)	7.15(5)	11.75(5)	7.35(5)
韩国(2006)	5.98(9)	9.66(7)	2.48(13)	3.41(9)	6.80(11)	2.53(13)
挪威(2006)	5.67(10)	1.06(13)	5.79(11)	3.27(10)	8.13(9)	5.28(8)
西班牙(2005)	4.87(11)	9.96(6)	5.75(12)	1.94(11)	2.87(15)	2.62(11)
意大利(2006)	3.72(12)	13.30(1)	1.53(15)	1.20(13)	4.58(13)	2.55(12)
中国(2007)*	1.29(12)	4.36(11)	1.70(14)	0.57(14)	1.50(15)	1.78(14)
丹麦(2006)			19.63(4)	4.22(6)	11.00(6)	8.19(4)
加拿大(2004)		6.39(8)	11.73(6)	11.03(4)	12.57(3)	

资料来源：《2011 年中国高技术产业统计年鉴》

注释：括号中的数字为相应的排序；* 按大中型工业企业计算；** 欧盟 15 国，不含奥地利、希腊、卢森堡和葡萄牙。

第三，关键技术和设备主要依赖进口，国产化程度低。我国新能源产业开发多集中在技术含量较低的供暖和制热领域，跟国外相比还存在较大差距。太阳能、风能、地热能、潮汐能等新能源的开发利用仍处于初级阶段，核心技术水平较低，技术开发和设备制造能力较弱，关键技术和设备长期依赖进口，导致产品成本高，缺乏竞争力。以风电领域为例，风力发电机组整机制造主流机型以引进国外技术为主，风力发电机组关键部件包括轴承、变流器、变浆器、控制器基本依赖进口。我国航空航天产业整机产品竞争力不足，核心部件及元器件均需依赖进口，而且在内装饰材料、软磁硬磁材料、液压系统的制造、试验等很多方面也需依赖国外技术，产品相对来讲也缺乏竞争力。

（二）出口产品国际市场竞争力低，国际市场话语权低

第一，出口产品质量低。出口产品以中低端为主，以信息产业为例，国内企业由于缺乏技术创新能力，缺乏顶级电子信息产品品牌，知识产权缺失，业务相对单一，长期处于产业链的中低端环节，造成出口产品以中低端为主。

第二，缺少自主知识产权。以生物育种为例，植物转基因关键技术和方法的知识产权大多数掌握在美国和欧洲国家手中，我国在该领域的原始创新很少，基于丰富种质资源开发的具有实际应用价值的功能基因则更稀少，除抗虫基因成功应用于我国棉花育种外，基因资源的挖掘和利用大多为"有用基因无产权、有产权基因无用"的状况。我国拥有的有效品种权只相当于美国的 5.3%、日本的 13.4%。据统计，世界十大跨国种业公司在农业生物技术方面的专利份额达到 50%～60%，我国不及美国的 1/10，我国野生大豆种质资源被美国人获取后，美国通过分子标记等手段申请了 160 多项专利，而我国需要为属于自己的基因资源支付使用费。未来十年，生物技术领域的竞争将更加白热化，对基因权、品种权、高端技术专利的控制，是掌握国际种业竞争主动权、规则制定权和话语权的核心。

第三，**缺少自主品牌**。自主品牌建设滞后，产品出口以低附加值、低技术含量为主，且大多是贴牌方式，具有国际影响力的著名品牌十分缺乏。

第四，**缺少国外营销渠道**。电子信息产业，随着全球产业融合趋势加快，大型运营商和渠道商不断介入制造业开始发展自己的品牌产品，基于增值服务的产品定制步伐进一步加快，使国内品牌企业面临着与市场关系割裂的格局。我国电子信息产业亟须加强渠道、品牌、技术等资源的整合，以适应更高层次的国际市场竞争。

第五，**秩序混乱**。新能源汽车产业领域，由于汽车出口市场缺乏适当引导，出口秩序有待规范，低端产品大量重复出口，企业各自为战，形不成合力，甚至出现彼此之间相互压价的恶性竞争行为。新材料领域，稀土出口秩序混乱，监管有待加强。目前，我国稀土产品已占据全球 80％左右的市场份额，但长期以来，我国上百种稀土出口产品，仅有 40 多个税号，部分产品与税号脱节，既无法满足监管需求，又导致我国资源流失和走私现象时有发生，产业安全问题日益突出。

第六，**价格控制能力弱，国际市场话语权有待提高**。新材料产业领域，尽管中国占据全球 96.77％的稀土矿，但缺乏国际市场资源定价话语权。以 2008 年 10 月以后的稀土价格为例，受国际金融危机影响，稀土氧化物及稀土金属等产品价格一直处于下行趋势；其中，稀土矿产品价格降幅近 40％。不少中小稀土企业因抵御风险能力不强，损失惨重，已停产或者面临停产；如赣州市 88 家稀土矿山企业全部停产，90％的分离企业停产，稀土应用产品的生产和销售企业也受到了明显影响。

（三）企业竞争力弱，面临国际国内竞争日益加剧

第一，**我国企业数量多，规模小，行业集中度低**。我国战略性新兴产业企业规模普遍较小，数量多而分散，缺乏大企业、大集团，企业控制权和技术控制权较低，难以形成完善的产业链，尤其

与可以完成上中下游全产业链的国际大企业相比实力悬殊。

第二，**跨国公司进入中国市场进程加快，国内竞争加剧。**在跨国公司加快布局国内市场的同时，我国国内企业数量多而分散的现状使竞争显得格外激烈，我国企业面临的挑战更加严峻。近年来，我国中药行业发展较快，产品更新换代频繁，新进入企业较多，纷纷出现的合资企业加上国内原有的遍布各地的医药生产企业，使市场竞争不断加剧。生物育种行业，尽管目前70余家外资企业主要从事蔬菜和花卉业务，但其呈现出的发展趋势足以让我们给予其充分重视。跨国公司凭借其先进的科技、雄厚的资金和丰富的国际市场运作经验，不到10年时间，已经占到我国高端蔬菜种子50%以上的市场份额，利润占80%以上。在出口型蔬菜生产基地，国内种子品种面临全线失守、全军覆没的困境。目前，跨国种子公司已开始向玉米、水稻等大田作物进军，扩张速度明显加快。

第三，**企业"走出去"步伐缓慢，国际竞争形势严峻。**一是我国大部分企业"走出去"步伐缓慢。以生物育种产业为例，企业"走出去"步伐缓慢，首先是因为非洲等目标国家条件艰苦，中国专家派出困难；其次是因为种子企业规模小，在国外建设基地周期比较长，再加上我国粮种比低，获利少，"走出去"步伐缓慢。二是企业"走出去"多以开展贸易为主。我国新能源、新材料、生物育种等产业中的企业对海外市场不够了解，基本以开展贸易为主，利用国际资本市场境外上市、开展境外并购的不多，开拓海外市场困难重重。三是面临国际大型跨国公司的巨大挑战。中国航空航天产业在国际市场上面临国际竞争对手的强大挑战。在中国国防工业体系中，航空工业面临的国际竞争最激烈。特别在民用航空领域，中国的天空几乎完全被波音、空客等国际航空制造巨头占领。

（四）部分领域仍存在政策体制性约束，开放水平有待进一步提高

一是出于对产业安全的考虑，对部分产业国际化的限制较多。我国生物育种产业中，杂交稻种子的出口存在配额、批文等限制性束缚，一定程度上影响了我国生物育种产业的发展，但实际上我国对杂交稻种子核心技术控制得较好，不存在事实上的出口安全问题。

二是传统的行业管理体制约束产业的国际化发展。以航空产业为例，其传统的行业管理体制使其对内、对外的开放程度都比较低，民间资本和国际资本难以进入，参与国际合作、国际竞争的综合能力较低。

（五）国内市场基础不完备、环境不完善

第一，部分产业现有市场规模难以支撑产业发展，市场培育存在一些障碍性因素。以新能源汽车产业为例，尽管中国已经成为全球最大的汽车市场，但由于新能源汽车价格偏高和政策不配套，难以形成有效的市场规模，尚不足以支撑新能源汽车产业发展，需要政府通过政策扶持，完善相关基础设施，引导生产和消费，创新商业模式，扩大市场应用，加快培育国内市场。再如，新能源产业中的风能、太阳能利用等受单位成本较高、区域电网能力制约等因素的约束，航空航天受国家空域管制等因素的约束，节能环保缺乏政策驱动，市场培育和发展中的障碍性因素亟待消除。

第二，市场准入制度与价格形成机制不合理。市场准入方面，一是市场准入规则中存在一些歧视性标准，准入不公平问题突出。二是部分领域标准不合理，如创新药标准过低。三是政府滥用市场准入权利或准入设定不当的情况仍然严重。突出表现在地方保护、部门分割、行政性垄断等方面。例如，药品招标采购和流通中存在严重的地方保护，三网融合中电信运营商受到广电部门的限制难以进入有线网络领域，节能环保领域招投标流于形式等。价格形成方面，战略性新兴产业产品定价和价格体系不合理。例如，我国的药品定价政策内外有别，进口产品定价过高，国产药品价格一降再降，抑制了医药企业的新品研发意愿，不利于创新药物的研发和推广；资源环境价格没有理顺；风电价格不合理等。

第三，部分产业国内市场监管不到位，规范的市场秩序尚未形成。以医药产业为例，医药市场流通秩序混乱，医药企业和产品准入、药品招标采购不规范、原料药及药品生产企业行为不规范，销售假药的问题仍比较严重，市场秩序有待进一步完善。再如生物育种行业，现有市场监管手段和检测条件落后，不利于打击制售假劣种子等违法行为，保障良种有效供应的难度加大。此外，国内知识产权制度不够完善，侵权现象时有发生。

（六）国际化人才储备不足，人才流失问题较为突出

第一，国际化人才储备不足。由于资金和企业实力等因素的限制，我国企业派遣人员到海外工作、学习的比例不高，我国战略性新兴产业普遍缺乏具有国际教育背景、熟悉国际惯例与规则、具有国际运作经验的国际化人才，需要通过改善发展环境、加大人才引进力度、加强本土国际化人才培养等方式，逐步解决这一制约我国战略性新兴产业国际化发展的"瓶颈"问题。

第二，存在人才流失问题。以生物育种产业为例，跨国种业公司通过设立独资或合资研发机构，提供丰厚研发经费和个人待遇，吸引和笼络国内生物技术领域的高层次科技人才，致使我国生物育种人才流失较为严重。

第四节　加快战略性新兴产业国际化
发展的政策措施

加快战略性新兴产业国际化发展，推进贸易强国进程的政策措施在 2011 年 9 月 8 日，商务部、国家发展改革委、财政部等十部委发布的《关于促进战略性新兴产业国际化发展的指导意见》（商产发〔2011〕310 号）中得到了集中体现，主要包括以下几个方面的内容：

一、利用全球创新资源，提升产业创新能力

在全球范围内，加强技术交流与合作，有效利用全球创新资源，不断提升我国战略性新兴产业的原始创新能力、集成创新能力和引进消化吸收再创新能力。

（一）鼓励技术引进和合作研发

修订《中国鼓励引进技术目录》和《鼓励进口技术和产品目录》，大力支持战略性新兴产业先进技术设备、关键零部件进口。支持国内企业与境外企业联合研发共性关键技术、开发新产品以及科技成果向现实生产力转化。

（二）鼓励引进消化吸收与再创新

鼓励引进项目的前期研发、再创新成果的产业化、消化吸收与再创新产品开拓国际市场、消化吸收与再创新的技术或者产品申请国内外专利。

（三）鼓励参与国际标准制定和推动国际互认

积极参与战略性新兴产业领域国际标准的制定，在基础较好、产业和技术优势明显的领域，积极探索推广使用中国标准的新途径。支持企业采用国际标准，取得相关认证，推动签署政府间产品标准和认证认可结果的相互认可协议，促进国外政府和相关机构对我国检测认证机构测试认证结果的采信。

（四）促进知识产权创造、运用、保护和管理

支持企业在境外申请专利、注册商标；加强科技成果、专利等无形资产的评估，促进技术创新和技术转让健康发展；逐步完善国际贸易领域知识产权相关法律法规；妥善处理知识产权纠纷；加大对知识产权侵权行为的打击力度，防范知识产权滥用行为。

（五）加大高端人才引进力度，加快高端人才的培养开发

畅通吸纳高端领军人才的绿色通道，按照国家规定在居留、出入境、物品通关、工作生活条件等方面，为海外高层次人才来内地

工作创业提供便利。采取持股、技术入股、提供创业基金等灵活方式，积极吸引各类高端人才，营造有利于战略性新兴产业领军人才跨境流动的良好环境。

二、开拓和利用国际市场，转变贸易发展方式

支持企业开拓和利用国际市场，提升企业适应国际市场的能力，增强企业国际竞争力，不断拓展战略性新兴产业的国际化发展空间。

（一）加强对重点市场分类指导

根据战略性新兴产业的发展水平，结合不同市场需求，支持新能源汽车、光伏等产业开拓发达国家市场，推动节能环保、生物育种、生物医药等产业开拓亚洲、非洲、拉美等新兴市场，支持风电产业开拓发达国家市场和新兴市场。研究推动与20个重点国家的双边产业合作规划，确定合作重点领域，明确合作具体形式，制定有针对性的贸易投资指南，支持各类经营主体开展多种形式的国际化经营活动。

（二）充分发挥双多边机制作用

将促进战略性新兴产业的国际交流与合作纳入双多边合作机制框架。建立战略性新兴产业专项合作协议，充分发挥中英航空等专项合作协议作用。有效运用对外投资、对外援助、对外工程承包等多种方式，提升双多边合作的质量和水平。继续通过中美、中欧、中日高技术战略合作机制，加大政府间高技术领域磋商力度，推动发达国家放宽对华出口限制，扩大高技术产品贸易。

（三）加大对鼓励类商品对外贸易的支持力度

制定战略性新兴产业进出口产品目录，对列入目录且符合条件的产品在通关、检验检疫等方面给予支持。加强资源综合利用的能力，通过政策引导，鼓励外商把终端产品生产转移到国内来，提高出口产品的技术含量。

（四）大力支持不同贸易方式优化发展

在大力支持战略性新兴产业一般贸易发展的同时，推动航空航天产业扩大转包生产规模，促进平板显示和高性能集成电路等产业加工贸易转型升级，支持在高附加值环节开展国际合作，提升参与国际分工的能力。

（五）积极承接服务外包

在生物医药、工业设计、软件和信息服务等与战略性新兴产业相关的领域积极承接服务外包，充分发挥国内人才、设备与成本等优势，开展生物制药研发及试验检测、传感网相关数据处理、金融后台服务、信息及软件技术研发类外包等服务外包业务，发挥服务贸易高附加值优势，提高货物贸易技术含量和附加值，延长货物贸易价值链。

（六）加强出口促进体系建设

发挥驻外机构、行业组织等相关中介机构作用，为企业提供国际市场信息服务。有针对性地鼓励和扶持各类专业展会和重要出口商品宣传活动，促进中外企业信息交流和项目对接。在生物医药、新能源、新材料等领域规范出口秩序。

三、创新利用外资方式，促进对外投资发展

"引进来"与"走出去"相结合，切实提高国际投融资合作的质量和水平，促进战略性新兴产业在国际分工新格局中占据有利地位。

（一）积极引导投资方向

修订《当前优先发展的高技术产业化指南》等，补充和完善战略性新兴产业相关内容，鼓励外商投资战略性新兴产业。制定国别产业导向目录，为企业开展跨国投资提供指导。积极探索在海外建设科技型产业园区。

（二）拓宽利用外资渠道

鼓励外商投资设立创业投资企业，完善退出机制。支持企业

根据国家发展战略及自身发展需要到境外上市，创新利用外资手段。

（三）鼓励研发合作

继续积极鼓励外商设立研发中心，支持中外企业联合研发，申请重大项目。

（四）扩大企业境外投资自主权

简化企业境外投资审批程序。进一步加大对企业境外投资的外汇支持。鼓励有条件的企业在境外以发行股票和债券等多种方式融资。

（五）鼓励建立海外生产体系

鼓励新能源、航空航天、新能源汽车、高端装备制造等行业符合条件的企业在国外投资建厂。鼓励生物育种业在海外设立生产示范园区，加强海外推广。支持符合条件的环保企业加强国际合作。

（六）鼓励设立海外研发中心

鼓励符合条件的企业通过并购、合资、合作、参股等多种方式在海外设立研发中心，重点扶持风能、太阳能、新型平板显示和高性能集成电路、新能源汽车、生物育种等行业与国外研究机构、产业集群建立战略合作关系。

（七）鼓励建立海外营销网络体系

针对不同国际市场，支持符合条件的企业采取自建、与渠道商合作等方式建立境外营销中心、维修服务网点等海外营销体系。支持企业通过境外注册商标、境外收购等方式，培育国际化品牌。

四、推动创新基地建设，发挥国际化发展示范带动作用

大力支持国家科技兴贸创新基地建设，促进国内外行业领军企业集聚发展，充分发挥科技兴贸创新基地对促进战略性新兴产业国际化发展的示范带动作用。

（一）发挥国际化发展示范带动作用

引导科技兴贸创新基地结合各自优势，加大对特色产业支持力度，培育若干具备行业领军优势的基地或基地企业。在积极利用好国家各项扶持政策的同时，鼓励对基地内企业给予配套政策支持，并在适当条件下，扩大与基地相关联的企业或区域。

（二）推动国际合作

依托科技兴贸创新基地，结合产业特点，分行业领域深化国际合作。推动科技兴贸创新基地与国外研发机构和相关高技术产业园区建立战略伙伴关系。适时建设战略性新兴产业国际化发展示范基地，充分激发其引领、示范和促进作用。

（三）加强公共服务平台建设

促进共性、关键技术研发，加快国际孵化器、检验检测、信息服务、人才培训等公共服务平台建设，建设以科技兴贸创新基地为载体的国际化发展促进体系。

五、加大扶持促进力度，完善支撑保障体系

促进战略性新兴产业国际化发展，必须加大财税金融政策支持力度，完善便利化措施，加强产业预警体系建设，积极应对国际贸易保护主义。

（一）积极利用财税支持政策

充分利用好现行促进战略性新兴产业国际化发展的有关财税政策。结合战略性新兴产业发展特点，积极落实《国务院关于加快培育和发展战略性新兴产业的决定》确定的各项财税支持政策。

（二）用好出口信贷和出口信用保险

利用出口信贷和出口信用保险，积极支持战略性新兴产业领域的重点产品、技术和服务开拓国际市场，对航空航天、高端装备制造等金额较大或能带动国内专利技术和标准出口的战略性新兴产业产品，在出口信贷和出口信用保险方面给予重点支持。

(三) 完善便利化措施

落实海关企业分类管理措施，大力推进分类通关改革，鼓励战略性新兴产业重点培育企业申请成为海关高资信管理企业，享受相关通关便利措施。战略性新兴产业领域海外科技专家来华工作，按有关规定给予通关便利。推进进出口检验检疫企业分类管理，对获得生态原产地标记保护的产品给予检验检疫便利。

(四) 加强产业预警体系建设

重点对生物育种、生物医药等外资加速进入的产业，加强国内、国外产业发展动态监测与研究，尽快完善产业预警体系。

(五) 加强海外信用风险防范

引导企业增强风险意识，防范国际贸易和投资活动中的各类风险。积极利用保险工具，对战略性新兴产业的海外市场拓展及对外投资提供全面的风险保障和风险信息管理咨询服务。

(六) 积极应对贸易保护主义

鼓励企业做好反倾销、反补贴、保障措施应对工作，指导企业积极利用世界贸易组织通报咨询机制等方式应对国外各种非关税壁垒。重点在生物医药等重要领域加强多双边磋商，减少国际贸易摩擦。

(七) 完善和推进知识产权海外维权机制

继续完善和推进以政府为主导，企业、行业中介组织、研究机构和驻外经商机构共同参加的海外知识产权保护服务网络，通过培训、信息支持和服务、宣传等手段，提高企业的知识产权保护意识和海外维权能力。

(八) 充分发挥行业组织的作用

引导和鼓励各类商协会、产业联盟、技术联盟等行业组织，在企业开拓国际市场、应对国际知识产权纠纷、防止恶性竞争、促进国内、国际标准制定等方面充分发挥协调指导作用。

六、夯实国内市场基础，营造良好发展环境

夯实国内市场基础，培育国内市场需求，创造有利于国内外企业公平竞争的良好环境，为有效促进战略性新兴产业国际化发展奠定良好的基础。

（一）促进商业模式创新

支持借鉴和引进国际先进商业模式，鼓励合同能源管理、专业化环保服务等商业模式的创新和发展。

（二）加强市场准入和价格管理

完善生物医药行业准入管理，进一步健全药品注册管理的体制机制，完善药品集中采购制度，完善新能源产品价格形成机制，完善生物育种行业准入管理及转基因农产品管理，完善并严格执行节能环保法规标准，推动形成与国际接轨的市场准入制度和价格形成机制。

（三）加强质量诚信体系建设

大力推进以质取胜战略，培育一批具有自主知识产权和知名品牌、国际竞争力强的优势企业，建设一批具有国际水平和带动能力的现代产业集群，积极推进质量诚信体系建设。加大质量失信行为的惩戒力度，提高战略性新兴产业产品的质量水平和国际信誉。

第八章　扩大进口促进贸易平衡

改革开放三十多年，中国通过积极参与国际分工和竞争，迅速由一个贸易小国成长为世界第一贸易大国。然而，由于国内经济发展阶段、国际产业转移、政策体制等方面的原因，中国对外贸易领域长期存在重出口、轻进口的倾向，形成了进口长期低于出口，进出口贸易结构严重失衡，贸易差额不断扩大的局面。如何看待进口在国民经济发展中的作用？当前我国积极扩大进口的必要性与迫切性何在？如何探寻未来扩大进口的有效途径？与进口密切相关的一系列问题成为中央和地方政府以及企业共同关注的焦点。

第一节　进口对于国民经济发展的促进作用

一、理论基础：经济学界对于进口贸易的探讨

长期以来，在评价对外贸易对经济增长的贡献时，思想界几乎都把关注的焦点放在出口或是贸易顺差上，似乎只有出口才对经济增长起推动作用，而对进口对于经济增长的作用谈之甚少。这一点可以追溯到古典经济学时代，经济学之父亚当·斯密在《国富论》中详细分析了出口给一国经济带来的利益，他指出，出口带来的收益及换回本国需求的产品没有机会成本的付出，因此必然促进本国的经济增长（交易生利）。而作为古典政治经济学集大成者的大

卫·李嘉图成为较早研究进口对于经济增长贡献的思想家，他认为，通过对外贸易从国外获得较便宜的食品等生活必需品以及原材料，能够稳定物价，阻止利润下降的趋势，保证资本积累，促进经济增长。约翰·穆勒则在其著作《政治经济学原理》一书中指出，通过进口可以得到本国不能生产的原材料和机器设备等该国经济持续发展所必需的物质材料，同时推动国内生产过程的创新和改良，提高劳动生产率；通过产品进口造成新的需求，刺激和引导新产业的成长。

受古典经济学家上述观点和理论的启发，后来的经济学家进一步探讨了进口贸易对经济的带动问题。D. H. 罗伯特逊和 R. 纳克斯认为资本品的进口使该国取得国际分工的利益，大大节约了生产要素的投入量，它是经济增长的主要因素；马克斯·科登提出的贸易对经济增长率影响效应理论，认为如果大量进口投资品，会使国内投资品相对价格降低，投资成本下降，而投资率的提高无疑会带来经济增长率的上升。

直到 20 世纪 80 年代初，新贸易理论才开始将进口贸易作为主要因素来解释技术进步，认为进口贸易是促进技术进步的一个重要因素，同时将经济增长引入这一分析框架，把技术作为内生变量，研究技术变动、进口贸易、经济增长三者之间的互动关系。他们认为，大量先进设备和技术的进口会促进科技进步和生产率的提高，促进经济集约化增长程度，从而促进经济增长率的提高。甚至有些学者认为，如果一国的进口结构保持以先进技术、生产设备和国内短缺资源、原材料为主的格局，进口在一定时期内增加较快，出现适度的贸易逆差也是可以容忍的。他们以 20 世纪 90年代以来美国经济增长的实例加以佐证，认为 20 世纪 90 年代美国经济的高速增长得益于高科技贸易进口的增加，统计资料显示，随着美国先进技术进口所占比重逐渐提高，美国高科技产业对经济增长的贡献度在不断增强，美国经济增长中至少有 27% 要归功于高科技产业及高新技术的进口，高科技产业已经成为美国经济发展的有力推动力。

有关实证研究结果也表明进口参数对经济增长率的变化具有显著影响，出口参数则没有进口增长率对经济增长贡献那样显著。在未考虑时滞效应时，回归结果表明，出口增长率与经济增长率呈负相关关系，进口增长率与经济增长率具有显著的正相关性。当考虑时滞效应以后，回归结果显示，进口增长率、出口增长率都对经济增长具有正相关贡献，出口部分增长也会拉动经济增长。但进口增长率仍然比出口增长率对经济增长的影响更加显著，在同样增长率下，进口大约比出口对经济增长的贡献大一倍。

同时，也有学者对于进口给一国经济所带来的负面影响做出研究，他们认为，进口会冲击国内产业，增加失业。这主要表现在：（1）国内市场被进口品替代而挤出本国劳动力就业机会；（2）进口先进设备使资本有机构成提高，表现出机器排挤工人现象；（3）新产品的进口，导致原有产品的淘汰，进而导致相关劳动密集型的企业倒闭，工人失业增加。一些学者的研究表明，过度进口可能对经济造成不利影响，就像过度出口可能造成国民经济的"贫困化增长"一样，特别是存在过剩经济条件下，进口本国能够生产的产品，将会排挤国内进口品竞争部门的生产投资，即所谓因过度进口产生的"投资挤出效应"，产生副作用。大量进口某些原材料或资源类产品，将提高相关产业的对外依存度，使一国贸易条件进一步恶化，从而对国家经济安全产生不利影响。

二、进口在国民经济发展中的作用

随着全球化进程的快速推进以及国际分工格局的演变，理论界与实践工作者关于进口对一国经济所产生的作用给予越来越多的正面肯定，总体来看，适度的积极进口战略可以促进国际分工，优化资源配置，形成竞争而提高效率，促进经济增长并增加社会福利。

具体表现在以下几方面：

1. 突破供给约束。进口可以弥补一国资源产品的不足，每个国家都有其资源的短板与瓶颈，进口本国缺乏的资源产品，可以提高全球资源的使用效率，对该国经济发展起到关键的支撑作用。如日本由于自然资源贫乏，自 19 世纪 80 年代开始，依靠进口，扩大了自然资源的供给，国外的廉价资源为本国经济发展提供了有利条件，促进了经济的高速发展。

2. 创造有效需求。一国潜在的消费需求，并不总是能够由国内的生产所能满足，如果没有进口商品，有些潜在的消费需求就不能最终形成消费支出，不利于经济增长。国外商品的进口，尤其是新产品的进口，会培育国内消费者对该种商品的需求，刺激进口国国内该种商品的国产化趋势，同时也带动国内其他相关产品的需求，进而推进经济增长，并提高消费者福利。

3. 促进国际分工，实现资源的最优配置。进口贸易使资源配置到更有效率的产业中，提升不同发展阶段国家的产业结构，进而促进经济增长。发展中国家随着对引进技术的吸收和创新以及规模经济的形成，产品由以前的进口变为出口，一国产业从无到有，再到强大，最终在国际市场上建立自己的竞争优势。而发达国家通过进口贸易获得劳动生产率低的商品，本国的资源得以优化配置到高端产业，从而促进经济增长。

4. 促进技术进步。技术进步是经济增长的主导性因素，一国通过进口贸易获得技术，可以节省时间，减少浪费和开发不成功的风险。对于发展中国家来说，通过技术贸易，进口先进的产品、技术和设备，来获得发达国家的先进技术，可以加速国内产业的发展，帮助当地企业发展，进而促进经济的发展。

5. 促进市场竞争机制的建立与完善。进口产品在国内市场的竞争压力是促进国内企业提高技术与管理的重要动力。开放进口市场，进口商品的冲击会刺激国内企业改进生产技术、提高产品质量，以此巩固和扩大自己的市场份额，从而提高本国企业的生产效率和产品品质，促进国内产品的升级换代，促进整个产业结构的调整，带来经济的动态增长。

另外，进口贸易可以带动人员的交流、文化的传播和思想的交流，对一国的政治、文化和社会进步产生积极的影响。

第二节　中国进口贸易发展现状与问题

一、中国进口贸易发展历史与现状

改革开放以来，特别是加入世界贸易组织以后，随着我国关税总水平的逐步降低、非关税壁垒的不断减少、国内市场的进一步开放以及外贸经营权的放开，我国进口贸易高速增长，规模迅速扩大。2001 年我国进口贸易总额 2 435.5 亿美元，到 2011 年已突破万亿美元，达到 1 7434.6 亿美元，占世界进口的比重上升至 8%，超过德国成为世界第二大进口国，仅次于美国。

我国进口总额变动趋势的另一个特征是进口额占 GDP 的比例迅速提高。1980 年，我国进口总额占 GDP 的比例仅为 6.6%，到 2011 年，这一比例已经达到了 23.3%，30 年间上升 16.7 个百分点，平均每年上升约 0.6 个百分点。进口额占 GDP 的比例不断上升的趋势表明，进口额比 GDP 以更快的速度在增长。

统计表明，2001—2011 年我国进口年均增长率高达 21.3%，大大高于世界平均水平，且 11 年中有 7 年的进口增幅均大于出口增幅。金融危机发生后，中国实施的积极进口政策，对世界经济的复苏起到了有力的拉升作用。尤其是 2010 年我国进出口增幅分别为 38.7% 和 31.3%，进口增幅高于出口增幅 7.4 个百分点，其中，机电设备进口比 2009 年同期增长 45%。

表 8—1　我国自入世以来进出口总额的变化

单位：亿美元

年　份	进出口额	同比（%）	出　口　额	同比（%）	进　口　额	同比（%）
2001	5 096.5	7.5	2 661.0	6.8	2 435.5	8.2
2002	6 207.7	21.8	3 255.7	22.3	2 952.0	21.2
2003	8 512.1	37.1	4 383.7	34.6	4 128.4	39.9
2004	11 547.4	35.7	5 933.6	35.4	5 613.8	36.0
2005	14 221.2	23.2	7 620.0	28.4	6 601.2	17.6
2006	17 606.9	23.8	9 690.8	27.2	7 916.1	20.0
2007	21 738.3	23.5	12 180.0	25.7	9 558.2	20.8
2008	25 616.3	17.8	14 285.5	17.2	11 330.9	18.5
2009	22 072.2	—13.8	12 016.6	—15.9	10 055.6	—11.3
2010	29 727.6	34.7	15 779.3	31.3	13 948.3	38.7
2011	36 420.6	22.5	18 986.0	20.3	17 434.6	24.9

资料来源： 海关统计

与此同时，我国的市场开放程度不断提高。改革开放特别是加入世贸组织以来，中国市场开放在广度和深度上都不断提高。2010年中国进口关税总水平降至 9.8%，远远低于发展中国家 46.6% 的平均关税水平。2010 年，中国进一步降低了部分原材料以及最终消费品进口关税，同时从 7 月 1 日起，分步对最不发达国家给予零关税待遇。在非关税措施方面，中国近年来不断加快推进贸易便利化措施，目前已全部取消了进口配额管理商品。

进口商品结构是一国参与国际分工的体现，与其经济发展水平相适应，反映出一定时期内一国的进出口贸易政策。入世后，随着改革开放的深化，以及各项进口调整政策的实施，我国工业化建设的步伐加快，经济结构不断升级，进口商品结构进一步优化，特别是我国加强了加工贸易的分类管理、取消了加工贸易中部分"两高一资"出口产品的优惠政策、对外资企业和内资企业实行平等待遇之后，更加起到了优化进口产品结构的作用，高新技术、原料和能源进口快速增加。2011 年高新技术进口占比高达 26.6％，比 2001 年上升了 5 个百分点，而机电产品进口增速放缓，机电产品进口占比从 2001 年的 54％降至 2011 年的 43.2％，表明我国进口商品结构向着高新技术领域转化。同时，新的进口政策较好地满足了我国工业化发展对初级产品的需要，与我国所处的工业化中期发展阶段相适应，为初级产品进口创造了良好的条件。初级产品占进口的比重不断上升，2011 年初级产品进口占比从 2001 年的约 19％上升至 34.7％，而同期工业制成品进口占比从 2001 年的 81％下降至 65.3％。同期，在初级产品进口中，非食用原料和矿物燃料、润滑油及有关原料进口增速更快，年均增长率分别为 22％和 19.4％，占比也有所提高。2011 年非食用原料占比从 2001 年的 9％上升至 16％，矿物燃料、润滑油及有关原料进口占比从 7％上升为 15.8％。同时，工业制成品的进口有所下降：化学成品及有关产品、按原料分类的制成品和机械设备进口增幅均低于初级产品，化学品占比从 2001 年的 13％降至 10.4％，按原料分类的制成品占比从 17％降至 8.6％，机械设备占比从 44％降至 36.2％。

受进口政策调整的影响，我国不仅在进口商品结构上进一步优化，而且，进口商品的地区分布也更为合理，呈现多元化发展趋势。亚洲、欧洲、北美洲一直是我国的主要进口来源地，入世后，我国进口来源开始向亚洲以外的其他发展中国家转移。2001 年亚洲、欧洲和北美洲合计占我国进口的比重达到 93.7％，到 2011 年下降到 82.3％。2001 年我国从亚洲的进口占比达到 67％，2011 年我国从亚洲进口占比为 57.6％。我国从欧洲、北美洲的进口占进口总额的比例也呈现出下降趋势，2011 年我国从欧洲和北美洲的进口占进口总额的比重分别从 2001 年 20％和 12.4％下降到 16.5％和 8.3％。取而代之的是我国从拉丁美洲、非洲地区国家的进口速度增加和进口规模加大。2011 年我国从拉丁美洲、非洲和大洋洲进口占进口比重分别从 2001 年的 2.8％、2％和 2.6％上升为 6.9％、

5.3％和5.1％，我国进口市场多元化发展趋势已经显现。2010年以来，相关经济体对华出口迅速增加，增速大都远超其对外出口总体增速。在主要贸易伙伴中，我国已成为日本、韩国、澳大利亚、巴西、南非等经济体的第一大出口市场，欧盟第二大、美国和印度第三大、东盟第四大出口市场。

二、我国进口贸易中存在的问题

在我国进口大幅增长的背后，依然存在着不少值得关注的问题：

一是初级产品进口依赖程度上升。2001—2011年，我国初级产品的进口由457.4亿美元增加至6043.8亿美元，增长幅度高达13倍；工业制成品由1 978.1亿美元增至11 390.8亿美元，仅增长了5倍，初级产品的年均进口增幅高出工业制成品7.3个百分点，机电产品的进口增幅则低于总体进口增幅1个百分点。2011年我国初级产品进口占比已大幅升至34.7％，对初级产品的进口依赖程度急剧上升，显示了我国经济发展过度依靠规模扩张的路径，其结果不仅造成环境保护和排放控制的难度，同时也为我国治理粗放型经济发展带来新的压力。

二是先进技术设备进口滞后。进口结构与一个国家产业结构的发展有着基本的一致性。长期以来，为了满足制造业加工发展的需要，初级产品及原材料的进口大幅上升，目前我国原油、铁矿石等重要能源一半左右通过进口供应，农产品净进口量相当于5亿亩土地的产量，相比之下，先进技术设备的进口却低于原材料的进口增幅，这种状况反映了我国企业技术改造升级的步伐依然滞后，我国制造业劳动生产率和竞争力的提升仍面临相当大的压力。以美国为代表的西方发达国家仍对我国实施了较为严格的高新技术产品出口管制，根据2007年美国修订的出口管制清单，包括航空发动机等20个大类的高科技产品对中国的出口受到管制。因此，如何通过扩大进口来提高产业竞争力也成为新时期我国外贸发展战略需重点关注的问题。

　　三是消费类产品进口不足。长期以来，由加工贸易产生的"生产导向型"的进口产品占据我国进口贸易的半壁江山，而代表消费需求的最终消费品进口明显低于世界平均水平。以 2008 年为例，按照联合国的 BEC 分类，在代表消费需求的最终消费品进口上，中国的进口比例（占该年度进口总额的比例）仅为 2.4%。与世界主要发达和发展中国家相比，中国处在最低水平。按照宽口径消费类进口需求来分析，中国的进口比例仍然是主要国家中最低的，进口比例仅为 8.39%，不足主要发展中国家消费类进口比例的 1/2，是主要发达国家消费类进口比例的 1/3～1/4 左右。

　　四是进口定价话语权缺乏。金融危机以来，国际商品市场价格有所回落，为我国扩大进口提供了一定的机遇。但我国对进口产品的定价权与我国的进口需求却表现出严重分离的现象，许多产品的进口只能被动地接受国际市场价格，最明显的例证就是铁矿石的进口。铁矿石是我国最主要的进口商品之一，但我国铁矿石的进口价格却一直受制于人，2001—2009 年，铁矿石的长协价格累计增长了近 4 倍。2010 年，三大铁矿石供应商联合改变长协机制，提高铁矿石供应价格，对我国的钢铁行业造成了较大的冲击。目前，我国大宗商品对外依存度普遍较高，其中，铁矿石依存度为 64%，铜为80%，镍为 70%，铅和铝矾土也都超过了 50%，高依存度也意味着高风险度，如果我国不能在国际商品定价机制方面获得相应的话语权，进口的不确定性风险也同样不容忽视。

第三节　当前我国扩大进口的必要性与重要性

一、进口贸易在我国国民经济发展中的作用

　　从改革开放以来我国对外贸易的实践看，进口主要作用的变化

大致经历了这样几个阶段：第一，调剂余缺。即进口用于缓解国内的资源和产品短缺，满足国内需求。第二，进口替代。即通过进口国外产品，推动和激励国内相关产业发展，再逐步替代进口。第三，积极进口。2005 年以后，在贸易顺差和贸易摩擦的压力下，我国实施了积极的进口政策，以缓解贸易差额的过快增长。

改革开放初期，我国一直实行奖出限入和进口替代的政策，主要原因一是由于外汇紧缺，希望通过出口换回更多的外汇；二是国内产业基础薄弱，大量幼稚产业需要保护和发展；三是城镇化进程使得国内就业压力骤增；四是担心一些商品依赖国外供给会影响国家经济安全。应当承认，出口的快速增长对改善我国国际收支、拉动 GDP 增长和吸纳大量就业发挥了重大作用。但同时，也造成了经济增长过分依赖外需，国内资源以较低收益净流出和国民收入的损失，同时也加剧了人民币升值压力和与主要贸易伙伴的贸易摩擦。随着对外开放的深入，我国已成为具有全球影响力的制造业大国和贸易大国，在劳动密集型制成品出口方面已具有较强的国际竞争力，外汇储备更是跃居全球首位。同时，全球化的快速推进使得国际分工日益深化，各国经济之间相互依存程度加大，在此形势下，过分强调保护和进口替代显然已经不能适应形势的发展需要。

发达国家的实践表明，在工业化进程中后期，开放国内市场，外国产品的大量输入并未对经济增长、就业和出口造成重大负面影响。进口产品的竞争推动了生产要素由不再具有优势的产业向新兴产业转移，催生了新兴产业发展，也推动一些传统出口产业转型和升级，由此带来了新的就业机会。同时，大量的进口和贸易逆差使国内消费者可以更多地消费外国便宜的商品，同时将本国的要素成本上升压力和通货膨胀压力输送出去。比较一下经济合作与发展组织（OECD）主要成员的经济增长、就业和贸易差额情况，可以发现，经济增长、就业与一国贸易是顺差或逆差并没有必然联系。只要进口是合理和有效的，逆差并不会影响国民经济发展。以日本为例，日本的对外贸易大致经过了三个阶段：一是在 1965 年之前，由于大量进口设备、技术、资源等产品，日本经济均处于贸易逆差格局中。这一时期，日本主要靠引进外资和海外借贷来弥补国际收支的差额。二是在 1965 至 1980 年间，日本有 7 年处于贸易逆差、9 年处于贸易顺差，16 年的总结果是贸易逆差 59 亿美元左右。三是从 1981 年开始，在国内需求基本满足、生产能力进一步提升且国际竞争力显著提高的背景下，日本迈入了国际贸易顺差国行列，直至 2010 年的 20 年间，日本没有发生过贸易逆差，同时，贸易顺差数额也明显增大，一些年份突破了千亿美元大关。日本 60 年左右的发展历程展示了一国从经济起步到经济发展再到进入发达国家行列过程中的对外贸易走势变化，正是通过大量进口引进海外先进设备、技术和资源，日本在较短的时期内奠立了先进的工业基础，并在 20 世纪 80 年代之后实现了贸易的长期顺差。

二、金融危机后我国扩大进口的重要意义

2008 年爆发的金融危机带来全球经济的调整与变革，也给我国转变经济发展方式和对外贸易发展方式带来机遇。后危机时代世界经济、贸易、投资相对放缓，国际市场竞争更加激烈，全球贸易与投资保护主义势头增强，贸易摩擦的领域、范围、对象更加广泛。从国内环境看，我国已进入了全面建设小康社会的关键时期，经济和社会可持续发展的任务更加繁重，国内市场、资源和环境问题日渐突出，产业调整和升级压力增大，经济发展方式亟待转变，客观要求外贸发展方式必须随之改变。在此背景下，实施适度的积极进口政策，对于促进我国经济可持续增长、实现产业结构升级、提高居民生活质量、缓解贸易保护主义压力、维护国家经济安全、提升我国的国际竞争力与影响力具有重大意义。

第一，实施积极的进口战略，将使更多的国家享受我国经济发展的利益，有助于提升我国负责任大国的形象，也有助于增强我国

在进口市场的谈判能力与协调能力，加强我国在全球贸易发展中的话语权。金融危机爆发后，2009年欧美日三大经济体出口贸易分别下降20.6％、17.9％和25.8％，但是对中国的出口仅分别下降1.5％、0.2％和12.3％；2009年德国、荷兰等33国对我国出口保持增长；巴西及洪都拉斯等23个新兴经济体及发展中国家对我国出口呈两位数增长。我国进口的大幅增长，不仅满足了国内经济建设的需要，支撑了中国经济的增长，同时也对主要贸易伙伴的经济发展起到支持作用，更对世界经济增长做出了积极贡献。

第二，可以促进资源在国内的更有效配置，实现国内产业结构的调整和升级。当前，我国正处于由贸易大国向贸易强国迈进的过程中，经济结构调整和产业升级将是我国"十二五"时期的一项重要内容，如何加强对进口先进技术设备的消化和吸收，全面提升我国制造业的竞争力面临着新的突破。在未来的产业技术升级和结构调整的过程中，应高度重视进口的作用，尤其是要重新定位研究进口先进技术设备的作用。

第三，促进技术进步，提升我国的核心竞争力。对于广大发展中国家来说，通过技术进口的方式提高生产能力和效率，是发挥"后发优势"并实现赶超的重要途径。大多数新兴崛起的国家基本都无一例外地通过技术进口实现赶超，日本、"亚洲四小龙"以及当前的新兴经济体都是很好的例证。后危机时代，实施高新技术进口与自主创新并举的战略，是提升我国科技水平，不断推进工业化发展，实现经济增长和赶超的重要方式和途径。以高速铁路技术为例，通过初期的进口设备、引进技术、消化吸收，我国围绕高铁技术完成了400多项科研试验，攻克了一系列技术难题，目前已经形成了具有自主知识产权的时速300～350公里的中国高速铁路技术体系。

第四，增加消费者福利，获取更加廉价而高质量的商品。进口消费品能够起到消费示范、扩大消费领域、形成消费热点、改善消费质量、调节消费方式、促进消费水平不断提高、开拓新的消费市场的积极作用。发达国家的实践表明，人均GDP达到3 000～5 000美元时，居民消费结构将做出相应调整，对于优质进口产品与服务的需求将大量爆发。而目前我国消费品进口在进口总额中所占比例仍偏低，扩大消费品进口对于我国挖掘消费潜力，扩大内需，提高民众生活质量，促进经济可持续增长具有重要意义。

第五，促进贸易平衡，缓解贸易保护主义压力与贸易摩擦频发。近年来，由于出口规模迅速扩大，我国对外贸易呈现巨额贸易顺差，引起许多贸易伙伴的不满和双边贸易摩擦，我国成为世界上反倾销和贸易保护措施的最大受害国，出口贸易环境严重恶化，人民币升值的外部压力不断增大，在国内也增加了宏观调控的难度，扩大进口并优化进口结构已成为外贸发展中长期战略的重要内容之一。适度扩大进口有利于缓和我国与一些主要贸易伙伴的矛盾，平衡国际收支，为我国产品进入国际市场创造良好的外部条件。

第六，资源性产品持续稳定的进口，是确保国内生产和经济安全的基础和保障。资源性产品由于存在稀缺性和不可再生性，关系一国的经济安全和可持续发展。我国正处在工业化与现代化的攻坚阶段，如何保证石油、铁矿石等重要物资的供给和进口安全，直接关乎我国经济的可持续增长与工业化进程的顺利推进。

近年来，我国在一些重要物资进口上面临着来源地单一、国际价格频繁波动、运输渠道风险上升等问题，建立起持续、稳定、多元、安全的资源性产品进口渠道迫在眉睫。

毋庸讳言，进口的扩大也必将使国内市场的竞争更加激烈，国内产业、企业及其产品在面对国外资本品、消费品的竞争中面临更加严峻的挑战。部分国内产品将可能从原来的有效供给蜕变为无效供给，最终只得退出市场，被淘汰出局。在国内市场日益成为世界市场密不可分重要组成部分的条件下，国内产业与企业应当增强紧迫感与忧患意识，加快技术更新与改造，产品升级与换代，加大研发与创新，营销与服务，延伸供应链，提升价值链。唯此才能在激烈的竞争中立于不败之地，不断提升竞争力。

第四节　扩大进口的策略

作为一个拥有 13 亿人口的全球最大的发展中国家，中国正处于工业化、城镇化快速推进的阶段，有广阔的市场空间和巨大的发展潜力，有丰富的人力资源和较为充裕的资金要素，有不断改善的基础设施和产业配套条件。"十二五"期间，为有效发挥我国在国际经济分工中的比较优势，培育新的竞争优势，实现国际经贸合作的包容性增长与互利共赢，必须坚持出口和进口并重，优化进口结构，扩大进口规模，发挥进口对宏观经济平衡和经济结构调整的重要作用。

一、加快外贸发展方式转变，实现加工贸易与一般贸易项下进出口的均衡发展

后危机时代，我国对外贸易发展更加注重平衡发展，在竞争与合作中达到互利共赢之结果。这就要求进一步实行贸易自由化与便利化，开放市场，扩大准入，增加进口，公平贸易。而加快转变外贸发展方式，在继续发展加工贸易的同时，不断强化一般贸易的发展，使之逐渐占据主导地位，才是真正解决贸易不平衡之道。目前，在国际分工中，我国还未完全改变受支配的被动地位，加工贸易进口带来的经济和社会效益还比较低。我国加工贸易的快速增长动力基本来自外资，从事的加工贸易基本上是跨国公司全球资源配置的一个环节，许多加工贸易的初级产品——原料进口加工要消耗大量的电力、煤炭等不可再生资源，并且对环境造成了较大的污染；还有些加工贸易，主要从事最终产品的组装和低端零部件的配套生产，技术含量较低，处在加工贸易价值链的最低端。而核心技

术、关键零部件配套、关键设备以及品牌等其他价值链环节被跨国公司的母公司所控制。因此，加工贸易数量上的扩张不能与我国资源环境发展相适应，不能与我国的经济效益和社会效益相结合。有必要进一步加强对加工贸易的管理，调控加工贸易增长速度；调控利用外资规模的扩大速度，优化引资结构，发展技术高精尖型的加工贸易。同时，我国一般贸易整体上国际竞争力不高，一直是处在逆差状态，应积极扩大一般贸易出口。一方面要科学地调控初级产品的进口数量，通过大力推进技术进步和技术创新，提高国内现有资源和矿物能源的使用效率；积极发展现代农业开发新的可再生资源和能源，鼓励和支持科学养殖和种植，走内涵式扩大再生产的道路。另一方面充分发挥市场的调节功能，激励国内广大的中小企业大力进口高新技术、关键技术和设备，加快生产设备的更新换代，提高生产效率，创造更多的社会财富，提高广大人民的生活水平。

二、加紧制定系统的进口促进政策，完善进口促进体系

由于我国长期以来实施出口导向型对外贸易战略，对于进口的重视这几年才提上议事日程，但还没有建立起明确的进口促进战略以及与之配套的进口促进政策。只有建立长远的进口促进战略，形成系统、稳定、有效的进口促进体系，才能使我国的进口政策有的放矢、富有成效地发挥对国民经济的促进作用。今后一个时期，应建立和完善进口公共信息服务体系，宣传介绍中国有关进口法律法规，提高政策透明度，设立进口商品供求信息平台，为国内外企业营造公平、公正、公开的贸易环境。定期举办各类进口商品展览会、博览会、推介会，积极为扩大进口搭建更多的平台。积极研究运用各种金融、税收等手段支持扩大进口，包括为企业提供进口融资便利等。改善金融服务，鼓励进口信贷，推动进口信用保险体系建设。加强产业损害预警机制建设，切实维护国内产业安全。完善

进口公共服务，发挥各类商务平台的积极作用。支持和组织各种形式的投资贸易促进团，积极赴有关国家开展投资贸易促进活动，有效减少贸易顺差。中介组织要充分发挥作用，更加注重自身建设，不断增强行业指导和协调能力，进一步提升为企业服务的质量和水平。

此外，还应着力提高贸易便利化水平。进一步优化进口关税结构，引导企业扩大进口。在降低关税水平的基础上，进一步清理非关税措施，对当前不符合经济发展需要的政策措施进行修改和完善。继续简化和放宽部分进口管理措施，减少进口环节和手续，降低进口费用和成本。近5年来，中国已分批取消了约800多个税目商品的自动进口许可证管理，今后，应进一步改善进口检验检疫程序和海关通关环境，提高货物进口通关的便利化程度。

三、继续调整和优化进口结构，积极鼓励先进技术、关键装备、消费品和短缺资源的进口

扩大资源性产品进口的灵活性。优化进口管理程序，给予企业一定的进口自主权，以便企业在国际大宗商品价格出现大幅回落时，国际油价、粮价、有色金属等初级产品价格下跌时，抓住时机组织进口，同时，政府还可以组织相关职能部门、企业、机构形成进口预案，以政府采购和民间购买相结合的方式，择机购入石油、矿石、有色金属等稀缺资源。

积极扩大高新技术产品进口。适应国内经济结构调整和产业进步的需要，扩大先进、适用的机器和设备进口，扩大国外具有优势的新技术、新材料和优质零部件进口，扩大环保节能材料和用品进口，积极开拓中小企业、民营企业投资品进口市场，加快提高企业的竞争力。制定有效政策鼓励企业加大对高新技术产品的进口，加快企业机器设备的折旧，技术改造投入是保持企业技术进步的关键，而加大引进关键技术设备是一条有效的捷径，与此同时，应鼓

励企业形成消化吸收和自主配套能力，对此应有明确的政策支持，如对提前进行设备折旧的企业提供低息或贴息贷款，对进口的关键设备提供减免关税的政策等。

扩大部分高档消费品的进口。适应人民生活水平提高和消费市场细分的要求，帮助国外供货商改进在华营销策略，贴近国内消费者需要和承受能力，积极扩大中高档消费品、新型家居用品和名牌商品进口，扩大符合安全、健康标准的高品质食品和保健品进口，扩大教育、科研、体育和休闲等用品进口。配合扩大消费的政策，适当降低国内稀缺的高档消费产品的进口关税。一方面可避免出国团组从海外大量购买名牌消费品，同时又可通过扩大进口满足国内高端消费群的需要。

高度重视战略性新兴产业的进口。根据国务院最新发布的《加快培育和发展战略性新兴产业的决定》，未来，我国将进一步通过加快培育和发展战略性新兴产业，提升我国自主发展能力和国际竞争力。应加强我国鼓励发展的战略性新兴产业的技术设备进口，特别是节能环保型设备的生产和制造能力，通过引进高端技术装备等，逐步形成我国自主的研发制造能力，促进我国战略性新兴产业加快发展。

四、优化进口市场结构，逐步改善贸易环境

继续推动进口市场多元化，为转变外贸增长方式，及外贸持续稳定发展创造良好的环境。目前，我国进口市场主要集中在亚洲及欧美地区。2011 年，自亚洲进口占我国进口总额的 57.6％，其中，日本、东盟分别占我国进口总额的 11.2％及 11.1％，而欧盟和美国则分别占 12.1％及 7％。由于美欧对我国实行出口管制等多种原因，导致其占我国进口比重相对较低，对我国贸易逆差较大，贸易摩擦持续增加。因此，应继续优化进口市场结构，推动进口来源地多元化。实施重要资源及关键技术装备进口市场多元化，以降低对相对

集中的进口市场依赖度，确保我国经济快速发展所必需的要素供应，也有利于分散市场风险，保障国家经济安全。推动高新技术产品进口市场多元化，以尽快获得发达国家技术进步的外溢效应，促进我国以后发优势迅速提高科技水平和综合国力。目前，美欧等发达国家既是我国主要贸易顺差来源地，也是技术创新和高新技术产品生产地。要通过强化贸易协商对话机制，规范知识产权保护制度，推动美国与欧盟逐步解除高新技术产品对我国出口的限制，促进双边贸易协调发展。同时也要扩大从其他相关贸易伙伴的进口，以降低我国技术进步和对外贸易的环境成本。

五、建立风险防范与协调机制，维护正常竞争秩序

我国进口规模的扩大，标志着我国市场开放度增大，贸易自由化进程加快，也意味着国内同类产业或进口替代产业面临更加激烈的国际竞争。正常的竞争会迫使落后产业，产能过剩行业、低效率企业逐步退出市场。激励具有比较优势的企业加快自主创新，提高生产经营效率，增强国际竞争能力，也有利于加快外贸增长方式的转变。但是，进口规模的扩大有可能导致不公平贸易的出现，使公平竞争秩序遭到破坏，损害国内产业利益。近期一些重点进口商品价格持续上涨，国外对我国某些大宗进口商品的市场垄断加剧等，均会对我外贸发展产生不利影响。因此，应建立进口风险防范机制，对重点进口商品进行跟踪监测。建立有效的大宗进口商品协调机制，应对不公平贸易，适时运用贸易救济措施，保护国内产业发展、维护企业权益。

"十二五"期间，我国将坚持进口与出口协调发展的原则，优化进口结构，稳定和引导大宗商品进口，积极扩大先进技术设备、关键零部件和能源原材料进口，适度扩大消费品进口。近期，国务院出台了一系列加强进口的政策措施：一是调整部分商品进口关税。以暂定税率的方式，降低部分能源原材料进口关税，降低部分

与人民群众生活密切相关的生活用品的进口关税，降低初级能源原材料及战略性新兴产业所需国内不能生产或性能不能满足需要的关键零部件进口关税。继续落实对自最不发达国家部分商品进口零关税待遇，加快降税进程，进一步扩大零关税商品范围。结合自由贸易区降税安排，引导企业扩大从自由贸易区成员方的进口。二是提供多元化融资便利。鼓励商业银行开展进口信贷业务，支持先进技术设备、关键零部件和能源原材料的进口。鼓励政策性银行对高新技术产品和资源类商品进口提供政策性金融支持。拓宽进口企业融资渠道，鼓励商业保险公司推出有利于扩大进口的保险产品和服务。加强和改善跨境贸易人民币结算工作。三是提高贸易便利化水平。口岸及海关特殊监管区域所在地的海关和出入境检验检疫机构实行工作日 24 小时预约通关和报检。清理进口环节不合理收费，规范收费行为。继续推进"大通关"建设，加快电子口岸建设。四是完善管理措施。清理进口环节的不合理限制与措施，降低进口环节交易成本。支持企业通过海关特殊监管区域和保税监管场所扩大相关商品进口。加强产业损害预警机制建设，完善进口商品质量安全风险预警与快速反应监管体系。

第九章　大力推动服务贸易发展

大力发展服务贸易，提高服务贸易的质量和水平是我国实现经济结构调整与产业升级的重要内容。目前，我国已经是第一大出口国，第二大货物贸易国，但相对于货物贸易来说，服务贸易发展水平仍然偏低，应大力发展服务贸易，向服务贸易大国迈进，"中国制造"＋"中国服务"才是中国走向贸易强国的必由之路。

第一节　"十二五"时期国际服务贸易发展趋势

进入 21 世纪以来，世界各国都在不遗余力地推动本国服务业和服务贸易的发展。在激烈的国际服务贸易竞争中，国际服务贸易也呈现出新的发展趋势。

（一）"十二五"时期国际服务贸易发展将呈现四大特征

金融危机使原有的世界经济格局、贸易格局都发生了较大的变化，"十二五"时期，世界经济虽呈复苏态势，但由于缺乏经济动能的支撑，复苏基础仍不稳固，复苏进程仍将面临多重矛盾。经济发展的疲弱必将导致外需市场的萎缩，全球货物贸易都将步入深度调整期，而服务贸易亦将寻求新的突破。总体看来，"十二五"时期，国际服务贸易将呈现四大特征：

1. 服务贸易领域将进一步拓宽

随着全球科技产业化浪潮的不断发展，一些新兴的服务行业迅速崛起并快速进入服务贸易领域，使得服务贸易领域不断扩大。目前，国际服务贸易涉及的范围包括：（1）国际运输（海运、空运和陆运）；（2）国际旅游；（3）国际金融服务（包括保险）；（4）国际信息处理和软件服务；（5）国际咨询服务（包括会计、律师等）；（6）建筑和工程承包等服务；（7）国际电讯服务；（8）广告、设计等商务服务；（9）国际租赁服务；（10）商品的维修、保养、技术指导等售后服务；（11）国际视听服务；（12）教育、卫生、文化艺术的国际交流服务；（13）商业批发与零售服务；（14）知识产权（工业产权和版权）服务；（15）其他官方国际服务等。未来世界服务贸易将进一步表现出结构优化的趋势，服务产品、服务种类、服务方式等都将大幅增加。

2. 发展中国家在国际服务贸易中的地位将不断提升

目前，发达国家在国际服务贸易中仍居主导地位。在全球近200个国家和地区中，在国际服务贸易中居前20名的国家和地区主要是发达国家，美国、英国、法国、意大利、比利时等国的服务贸易出口额已占各自国家国民生产总值的10％以上。20世纪90年代以来，发达国家向发展中国家转移服务贸易的趋势日渐明显，这一趋势使发展中国家在国际服务贸易中所占的比重不断上升，发展中国家和地区服务贸易出口增长明显加快，其出口年均增长12％，高于发达国家年均增速1倍以上，中国、中国香港和韩国都已经进入全球服务贸易出口的前20名。在服务贸易商品结构方面，发展中国家在普通劳动力输出、建筑工程承包、部分旅游服务业等领域占有较大的优势。与此同时，一些技术、经济实力较强的发展中国家也开始发展技术层次较高的服务贸易。随着越来越多的发展中国家正抢抓此新一轮国际产业转移的机遇，大力发展本国服务业和服务贸易，未来发展中国家的服务贸易竞争力将不断增强。

3. 各国对服务贸易的政策支持将继续加强

近年来，各国普遍加强了包括财税政策在内的各种政策作用力度，针对服务贸易的特性制定了特殊的财税政策，全力支持本国服务业的发展，以努力提升本国在世界服务贸易中的地位。服务贸易促进政策包括自由贸易政策和保护贸易政策两种，即对强势服务贸易部门实行自由化政策，对弱势服务贸易领域则实行保护政策。如政府通过制定不利于外国竞争者的标准制度对外国服务提供者的进入和在境内从事服务活动设置障碍；政府在安排服务支出时，优先考虑支持本国企业；政府对本国服务出口实行隐蔽性补贴、减免税等，通过采取各种隐蔽措施，使本国服务业在国内及国际服务市场竞争中处于有利的地位。随着服务贸易在经济发展中占据越来越重要的地位，各国通过服务贸易促进政策来推动服务贸易发展的趋势将不断加强。

4. 服务贸易出口退税将成为重要举措

服务行业的发展不仅依赖市场，也与其所处的宏观环境密不可分，因此，一个国家服务贸易的发展在很大程度上会受到该国服务贸易促进政策的影响。但在实施服务贸易促进政策时，也需要考虑WTO规则的约束以及贸易摩擦的可能性，由于WTO规则将出口退税排除在补贴之外，等于是承认了出口退税的合法性，因此，未来，服务贸易出口退税将成为各国采取的服务贸易促进政策的重要举措之一。但由于各国的经济发展水平、贸易政策及税制存在差异，致使各国出口退税政策也会有所不同。

表 9—1　典型国家主要服务贸易支持政策

国家	服务贸易发展特征	服务贸易促进政策
美国	最大的服务贸易出口国	1. 设立专门机构增强服务企业的国际竞争力 2. 确定重点支持的服务出口并保持竞争优势 3. 加强对外谈判，扩大市场准入

国家	服务贸易发展特征	服务贸易促进政策
日本	大力发展技术服务贸易	1. 大力扶持本国在高科技产业的研发活动 2. 从法律上对本国的高技术产业加以保障
英国	长期保持金融服务业优势	1. 引入外国竞争者发展金融业 2. 实施金融改革
新加坡	新兴的服务贸易大国	1. 依靠区位和制度环境优势发展金融服务业 2. 促进商贸物流服务贸易发展
印度	全球软件外包的高地	1. 对服务外包采取积极而开放的政策扶持 2. 对服务外包业务市场战略选择与定位

（二）"十二五"期间我国服务贸易挑战与机遇并存

面对国际国内形势深刻复杂的变化，我国服务贸易保持稳步发展，未来5年我国服务贸易发展既面临前所未有的挑战，更面临实现跨越式发展的难得机遇，机遇大于挑战。

1. 不利竞争环境的挑战

"十二五"期间，我国服务贸易发展面临的国际环境不容乐观。当前，国际金融危机影响依然存在较大不确定性，全球经济复苏步伐放缓，对服务需求增长缓慢，需求不振进一步加剧服务贸易国际竞争。发达国家在高端服务贸易领域占据主导地位局面短期内难以改观，新兴经济体和发展中国家也在加快推进发展服务贸易。同时，我国服务贸易整体水平不高，服务贸易占对外贸易总额的比重偏低，服务贸易地区和部门之间发展不均衡。服务贸易企业国际竞争力不强、国际市场开拓能力不足、国际营销渠道不畅，在品牌、专利技术等自主知识产权方面缺乏核心竞争力均是制约我国服务贸易发展的瓶颈。

2. 实现跨越式发展的机遇

从国际上看，国际金融危机引发国际经济体系加速改革和全球治理结构深度调整，促使世界各国加快经济结构调整和发展方式转变，推动区域经济金融合作进程深入发展，以服务业跨国转移和要素重组为主的新一轮国际产业转移不断加速，为我国服务贸易实现跨越式发展提供了难得历史机遇。从国内看，当前和今后一个时期，我国仍处于经济社会发展的重要战略机遇期，物质技术基础日益雄厚，社会大局和谐稳定，制度环境不断完善，为我国经济保持长期平稳较快发展创造了有利条件。"十二五"期间，我国将实行更加主动的开放战略，金融、物流、教育、医疗、体育等领域将不断开放，服务业的国际化水平将进一步提高。运输、旅游、建筑等具有比较优势的行业在国际市场所占份额位居前列，将获得更多的市场准入机会。同时，经济发展方式转变和经济结构调整的加速推进，为服务贸易尤其是生产性服务贸易大发展创造了巨大的国内市场需求。这些均为服务贸易实现跨越式发展提供了广阔空间。

(三) 服务理论的修正

服务贸易的发展落后于货物贸易，有很大一部分原因来自传统经济学理论对服务的"歧视"，古典经济学体系的建立和发展是建立在劳动价值学说和交换价值学说的概念之上的。由于生产性劳动和非生产性劳动的区分，古典经济学认为商品具有相对独立的价值，而服务则没有这种价值，或者只是诞生于商品生产过程的附属价值。因此，传统经济学理论认为，服务是非交易对象，或只从属与商品的交易对象，因此不具有独立交换的价值。

现代经济学理论则对服务的概念进行了修正，一是承认服务在经济中的自主交易性质，修正服务是非交易对象，或只从属于商品交易的传统观念；二是承认服务具有使用价值或客观效用价值，修正了传统经济学中只用交换价值直接解释服务的思想方法；三是承认服务的生产者服务、消费者服务和政府服务的基本分类，修正所有服务都只与收入交换而不与资本交换的观点。

西方理论界自 20 世纪 70 年代中期开始关注服务贸易领域的研究。20 世纪 80 年代中期以前，西方学者主要是定义服务贸易的内涵与外延，从经验实证分析方面评价服务贸易与增长的关系，之后，西方学者逐渐转向商品贸易理论在服务贸易领域的适用性研究，认为科学技术革命已改变或正在改变传统服务商品的特性，国际贸易原理的合理内核适用于服务贸易，但由于服务自身客观存在的特性确实使得商品贸易理论的解释力不足，存在一定的局限性，因此不能完全套用，需要进行扩展和修正。

服务理论的修正促进了服务贸易的发展，而服务贸易的发展又呼唤着服务理论的完善，未来，国际服务贸易理论的内涵还会不断丰富，理论框架也会经历一个发展、创新、完善的过程，因此，国际服务贸易也将随之面临更多变数、获得更大的发展空间。

第二节　入世十年中国服务贸易
取得巨大成就

自 2001 年加入世界贸易组织（WTO）以来，中国服务贸易进入快速发展期，贸易规模稳步扩大，贸易结构渐趋优化，国际竞争力不断增强，国际地位显著提升。服务贸易的对外开放是中国加入 WTO 的重要内容，截至 2011 年，中国已全部履行加入 WTO 的所有承诺，服务贸易进口及出口皆已上升至世界第三位和第四位，已成为世界服务贸易的重要国家之一。

（一）入世十年中国服务贸易开放稳步推进

在《中国加入 WTO 议定书》中，中国政府承诺全方位、有步骤地开放服务业市场。在列入服务贸易开放减让表的 33 项内容中，包括一般商品的批发、零售、进出口贸易和物流配送在内的商业分销服务，会计、审计、法律服务等专业服务，以及教育服务等领域的开放度较大；电信、售后服务、视听服务中的电影院建设和经营，燃气、热力、供排水等城市管网首次列为开放的领域；银行、保险、证券等领域行业也进一步放宽了限制。在分地域开放的领域，如金融、保险、电信增值等，经济比较发达的东南沿海地区和内陆中心城市都列入了开放名单，广州和上海成为第一批开放的城市；在不分地域开放的领域，如运输、文教等领域，对外资的市场准入程度也大大提高。根据中国政府在议定书中的承诺，中国在加入世贸组织后 1～6 年内逐步开放服务业市场。

总体看来，中国对服务贸易的开放承诺水平较高，在服务贸易 12 个领域中，针对 9 个领域做了具体承诺。在 160 个细分领域中，针对 102 个做了具体承诺，明显高于一般发展中国家的承诺水平。2005 年以来，中国服务贸易领域的开放进一步加快，对一些敏感行业，包括商业、通讯、建筑、分销、教育、环境、金融、旅游和运输等 9 个领域，约 90 多个分部门做出了开放承诺。过渡期结束后，中国全部的市场准入承诺的平均数为 57.4％，平均比例为 38％；在国民待遇方面的承诺的平均数和平均比例分别为 57.4％和 45％，皆高于其他国家。

加入 WTO 后，中国促进服务贸易开放的步伐逐渐加大，进入服务业的民间资本和外资迅速增加，为服务贸易的发展提供了巨大的潜力和发展空间。为了使中国的服务贸易融入世界服务贸易之中，也为了使中国的服务贸易得到更好的发展，依据 WTO 的《服务贸易总协定》成为中国构建服务贸易制度的基础。国务院办公厅于 2001 年 11 月转发了国家计委关于《"十五"期间加快发展服务贸易若干政策措施的意见》，提出了加快服务贸易发展的政策措施，这无疑对服务贸易的开放是一个有力的推动。其后，中国政府在关于服务贸易的 12 大领域中，先后颁布实施了一些相对性政策法规，开放中国服务贸易市场。

2006 年，服务贸易首次被纳入"十一五"规划范畴。商务部制定的《服务贸易发展"十一五"规划纲要》提出在"十一五"末期服务贸易总额实现 4 000 亿美元的目标。2007 年，国务院发布《关于加快发展服务业的若干意见》，确认了到 2010 年服务贸易进出口总额达到 4 000 亿美元的目标，并要求"把大力发展服务贸易作为转变外贸增长方式、提升对外开放水平的重要内容；扶持出口导向型服务企业发展，发展壮大国际运输，继续大力发展旅游、对外承包工程和劳务输出等具有比较优势的服务贸易，积极参与国际竞争，扩大互利合作和共同发展。"

中国服务贸易开放部门达到 100 个，接近发达国家的水平。包括银行、保险、证券、电信服务、分销等在内的服务贸易部门已全部向外资开放，远高于发展中国家平均水平，为外国服务提供者提供了广阔的市场准入机会。此外，中国在自贸区框架下的服务贸易开放也不断增多，先后与东盟、智利签署了服务贸易协议，与香港特区、澳门特区签署了《关于建立更紧密经贸关系的安排》（CE-PA）和五个补充协议、与台湾地区签署了《海峡两岸经济合作框架协定》（ECFA）等，全都包含了服务贸易开放的内容。

（二）入世十年中国服务贸易发展成效显著

加入 WTO 以来，随着中国服务贸易对外开放的稳步扩大，运输、通信、金融、保险等服务进出口迅速增长，深化了与贸易伙伴的经贸关系，也引进了国外先进的技术、管理方法与经验，对中国的经济发展起到一定的推动作用。服务贸易在中国对外贸易中的地位逐步提高，对国民经济增长的贡献和拉动呈现不断增长的趋势。近三年来服务贸易逆差明显减少，国际竞争力逐步增强。

1. 服务贸易国际地位不断上升

加入 WTO 以来，中国明确提出扩大服务业对外开放，大力发展服务贸易，致使中国服务贸易规模迅速扩大。2001 年中国服务贸易进出口总额 726.1 亿美元，其中，出口额 333.4 亿美元，进口额 392.7 亿美元；2011 年，中国服务贸易进出口额已经达到 4 190 亿美元，其中，出口1 824亿美元，进口2 365亿美元，年均增长率分别达到19.2％、18.5％及19.7％。中国服务贸易在世界服务贸易中的排位不断提高。2001年，中国服务出口及进口在世界的排位分别为第12位及第9位，2011年，中国服务贸易出口在世界的排位升至第4位，进口升至第3位。虽然与欧美等服务贸易大国还有一定的差距，但国际服务贸易地位已不容忽视。

表9—2　中国历年服务进出口额世界排名

年　份	中国服务进出口额世界排名	中国服务出口额世界排名	中国服务进口额世界排名
1997	13	15	11
1998	12	14	12
1999	13	14	10
2000	12	12	10
2001	13	12	10
2002	9	11	9
2003	9	9	8
2004	9	9	8
2005	9	9	7
2006	8	8	7
2007	6	7	5
2008	5	5	5
2009	4	5	4
2010	4	4	3
2011	4	4	3

2.服务贸易结构持续优化

随着服务贸易开放程度的加深，中国传统服务贸易额比重下降，建筑服务以及计算机和信息服务、咨询、通讯服务等新型服务增速提高，而部分高附加值行业则出现了持续、较快增长，基本形成了旅游、运输等传统服务与计算机和信息服务、咨询、广告等现代服务全面发展的格局。2001 年，运输、旅游，以及其他商业服务的出口及进口占中国服务贸易出口及进口的比重分别为 88.6％及 82.4％，2011 年则分别降至 58.8％及 70.3％，2011 年，旅游、运输和建筑服务出口额占服务出口总额的比重为 57％。尤其是高附加值服务贸易出口增势强劲。2011 年计算机和信息服务、专有权利使用费和特许费、咨询和广告宣传出口占服务出口总额的比重为 27％，比 2001 年上升 21 个百分点。

3. 服务贸易逆差有所收窄

加入 WTO 以来，由于运输、旅游、金融、专利使用和特许等行业一直呈现逆差状况，中国服务贸易整体仍处于逆差格局。但随着商业服务、建筑服务、计算机和信息服务及咨询等领域出口的强劲增长，逆差状况明显收窄。"十一五"期间，中国建筑服务出口增长了 4.6 倍；顺差增长 8.7 倍；计算机和信息服务、咨询出口分别增长了 4 倍和 3.3 倍，年均分别增长 38％和 34％。2010 年，商业服务、建筑服务、计算机和信息服务及咨询四个项目顺差分别为 184 亿、94 亿、63 亿和 77 亿美元，分别增长 2.1 倍、1.6 倍、92％和 47％。此外，文化、广播影视、教育、中医药服务等具有中国特色的服务出口迅速增加也是造成逆差收窄的主要原因。

4. 主要服务贸易伙伴相对集中

截至 2010 年，我国前五大服务贸易伙伴依次为中国香港地区、美国、欧盟、日本和东盟，与该五大伙伴之间的服务贸易额占服务贸易总额的 68％。其中，中国香港地区、美国、欧盟、日本、东盟为我国前五大服务贸易出口伙伴，中国香港地区、欧盟、美国、日本和东盟为我国服务贸易前五大进口伙伴。从主要领域的进出口情况来看，中国香港地区及美国分别为我国运输第一及第二大出口市场，所占比重约为 50％，旅游出口市场集中于中国香港、中国台湾、韩国、日本等亚洲国家和地区，上述四地占有近六成的份额；美国为中国计算机和信息服务最大的出口市场，其次是东盟，2010

年中国对该两大市场计算机和信息服务出口额合计占该行业出口总额的一半；中国香港地区是我国咨询第一大出口市场，其次是欧盟和美国，占比均超过 20%。

表 9—3　中国主要服务贸易领域前两大进出口市场

服务贸易领域	出口		进口	
	第　一	第　二	第　一	第　二
运输	中国香港	美国	美国	中国香港
旅游	中国香港	中国台湾	中国香港	中国台湾
建筑	中国香港	欧盟	东盟	中国香港
计算机信息	美国	东盟	欧盟	美国
咨询	中国香港	欧盟	欧盟	中国香港

5. 服务外包成为新增长点

加入 WTO 以来，中国服务贸易的一个重要亮点就是服务外包的迅猛发展。尤其是近 5 年来，随着服务外包成为全球经济的新增长点和新引擎，中国的服务外包也在世界经济的版图中逐渐崛起。近 5 年来，中国服务外包产业年复合增长率超过 25%，截至 2010 年年底，全国服务外包企业超过 1 万家，国际外包合同执行金额 403.3 亿美元，离岸服务外包合同执行金额 156.8 亿美元，经认定的技术先进型服务企业近 800 家，服务外包从业人员达到 232.8 万人。已涌现出中软、东软、文思、软通等一批营业额超亿美元、人数超万人的服务外包领军企业，"中国服务"正逐渐迈向世界。

第三节　我国服务贸易发展存在的问题

我国的服务业占国民经济的比重处于较低水平，发展比较落后。因此大力发展服务贸易是中国经济和对外贸易发展的重要任务。近年来，我国的服务贸易有了较快的发展。尽管面临着国际金融危机的严峻形势，我国服务贸易增长仍高于世界平均水平。当然，同货物贸易发展一样，当前我国服务贸易也存在着一些影响和制约发展的潜在问题，具体表现为：

1. 在对外贸易中的地位不高

我国服务贸易的规模和实力相对来说较低，在对外贸易中的地位远远落后于货物贸易。截至 2010 年年底，货物贸易与服务贸易的进出口总额之比约为 8.5：1，同期，世界货物贸易与服务贸易的进出口总额之比为 2.2：1，这说明我国服务贸易与我国货物贸易的匹配程度大大低于世界水平。出口方面，我国服务贸易出口处于劣势，服务贸易出口的比较优势不如货物贸易出口；在进口方面，我国为服务贸易净进口国，且服务贸易逆差仍呈扩大趋势。这种状态一方面说明我国服务贸易发展还较落后，另一方面也表明我国服务贸易发展空间巨大。

2. 服务进出口对象过于集中

我国服务贸易的贸易伙伴主要集中于发达国家和地区，对中国香港地区、美国、欧盟、日本和东盟 5 大贸易伙伴的服务贸易进出口总额即占我国服务贸易进出口总额的近 70%。此外，主要行业也集中于发达国家和地区，中国香港地区是内地运输业第一大出口市场，约占 35% 左右的份额，其次为美国，约占 20% 左右；旅游出口市场主要集中于中国香港、中国台湾、韩国、日本等亚洲国家和地区，约占市场份额的 60%；美国和欧盟是我国计算机和信息服务的最大出口市场，我国对欧美地区的出口额约占我国该行业出口总额的 50% 以上。这种进出口对象过于集中的现象，使得我国服务贸易的发展存在较大风险，一旦这些主要贸易伙伴的经济出现问题，我国服务贸易的发展将受到极大影响。

3. 传统服务业仍占主导

目前，我国的服务贸易仍主要集中于运输、旅游、建筑等传统服务业上，而在全球贸易量最大的金融、保险、通讯服务等技术密集和知识密集的服务行业，仍比较落后。从 2010 年我国服务贸易的发展状况来看，出口方面，占比最大的分别为旅游、运输、咨询、建筑服务，分别占出口总额的 27.9％、26.2％、12.4％及 7.1％；进口方面，占比最大的为运输、旅游、咨询、保险，分别占进口总额的 31.9％、22.9％、8.6％及 8.1％。当前，世界服务贸易结构正朝着技术、知识密集型的现代服务业方向发展，与科技有关的服务业和以高科技为手段的服务贸易在世界服务贸易中所占的比重呈上升趋势，我国这种以传统行业为主的服务贸易结构显然已经落后于大趋势。因此，应采取多种措施，实现服务贸易的跨越式发展。

4. 服务贸易管理滞后

服务贸易管理滞后主要表现在管理制度不够完善、相关法律法规不够健全、服务贸易统计不够规范三个方面。管理制度方面，目前，我国服务贸易的管理和协调主要由商务部负责，但商务部管理服务贸易的部门及人员都有限，许多问题难以顾及，同时，中央和地方在服务贸易的管理方面也存在职责不明确以及多头、交叉管理等现象；法律法规方面，近年来我国先后颁布了《商业银行法》、《保险法》、《海商法》和《律师法》等法律，但尚没有一个关于服务业的一般性法律，现有的规定主要表现为各职能部门的规章和内部文件，不仅法律层次低且缺乏可操作性；统计方面，当前我国对服务贸易的统计还相当滞后，有关服务贸易的统计指标、口径、数据库及信息平台都亟待建立及完善。

5. 服务业整体开放程度较低

我国服务贸易的开放程度远远落后于制造业，许多服务业的对外开放都是在 20 世纪 90 年代才开始试点的，目前仍然存在一定的垄断现象，一些服务部门尚未完全打破政企合一、政府垄断经营的管理体制，市场开放度则更低。银行、保险、电信、民航、铁路、教育卫生、新闻出版、广播电视等，至今仍保持着十分严格的市场准入限制，其他一些行业对外资也没有完全开放。从整体上看，中国的服务业在跨境交付、境外消费和自然人流动方面开放程度较高，然而许多领域如商业性存在等，在外资准入资格、进入形式、股权比例和业务范围等方面还存在较多的限制。尽管运输业中的海运运输和快递业务、会计服务业和分销业中的零售业已有很高的开放程度，但大部分重要的服务业对外开放程度相对较低。

6. 服务贸易人才缺乏

服务贸易是属于人力资源密集型行业，随着我国服务贸易的快速发展，对服务贸易领域的人才需求也急剧增加。由于我国服务贸易的发展还比较落后，对服务贸易的人才培养还不是很重视，导致服务贸易方面的人才储备严重不足，尤其是新兴服务业和知识型服务业所需的新型高级人才更是缺乏。当前，我国发展服务贸易不仅需要一批金融、保险、运输、旅游等方面的人才，更需要一批精通国际金融、国际商法、国际物流等相关专业知识和技能的专才。人才的缺乏已成为当前制约我国服务贸易发展的重要因素。

第四节　促进服务贸易全面发展的思路与对策

加快发展服务贸易是中国从贸易大国走向贸易强国的必由之路。入世十年，中国服务贸易发展取得了辉煌的成就，未来一段时间，应更加积极主动地参与 WTO，加大力度促进服务贸易的全面发展。要营造更加开放透明的法律环境及稳定有序的经营环境，进一步提升服务业对外开放的质量和水平；要进一步加强服务贸易的交流与合作，消除服务贸易壁垒，争取更好的市场准入条件；要进一步推进服务贸易便利化，构建中国服务贸易的竞争新优势。

（一）确立服务贸易发展的指导思想、目标和原则

1. 指导思想

高举中国特色社会主义伟大旗帜，以邓小平理论和"三个代

表"重要思想为指导，深入贯彻落实科学发展观，加快转变对外贸易发展方式，大力发展服务贸易，扩大服务贸易规模，优化服务贸易结构，提升服务贸易的质量和效益。坚定不移地推进服务贸易领域对外开放，提高服务贸易国际竞争力。重点扩大服务贸易出口，确立中国服务国际地位，实现对外贸易可持续发展，在国民经济发展中发挥更大作用。

2. 基本原则

——坚持市场调节与政府引导相结合。遵循服务贸易发展规律，充分发挥市场在服务贸易领域资源配置中的基础性作用。加强政府对服务贸易发展的宏观指导和支持，完善管理体制，促进区域、行业协调发展，调动服务贸易企业积极性。

——坚持深化改革与对外开放相结合。通过推进服务业开放，强化市场竞争，以扩大开放推动服务业体制机制和管理创新，以开放促发展、促改革、促创新。

——坚持服务贸易发展与服务业发展相结合。以国内产业特别是服务业发展为依托，大力发展服务贸易；努力扩大服务出口，实现服务贸易与服务业有机融合、互动发展。

——坚持服务贸易发展与货物贸易发展相结合。坚持服务贸易和货物贸易协同发展的战略思想，发挥服务贸易高附加值优势，提高货物贸易技术含量和附加值，延长货物贸易价值链。发挥货物贸易总量优势，带动服务贸易协调发展。提高服务贸易在对外贸易中的比重。

——坚持总量增长与结构优化相结合。正确处理环境保护与经济发展和社会进步的关系，发挥服务贸易在建设资源节约型和环境友好型社会、促进经济发展方式转变中的积极作用，推进服务贸易各行业全面发展，实现服务贸易总量稳步增长，进出口基本平衡。重点发展现代服务贸易，规范提升传统服务贸易，实现服务贸易结构优化。

3. 发展目标

——规模稳步扩大。2015 年，服务贸易进出口总额达到 6 000 亿美元，年均增速超过 11％；服务贸易占我国对外贸易总额和全球服务贸易总额的比重稳步提高，进出口平衡增长；服务贸易与货物贸易协调发展，对国民经济的带动作用明显增强。

——结构不断优化。提高通信、计算机和信息服务、金融、文化、咨询等智力密集、技术密集和高附加值现代服务贸易占我国服务出口总额的比重，2015 年占比超过 45％。进一步扩大对外工程承包、劳务合作、运输、旅游、分销等服务出口规模。

——对外开放水平日益提升。逐步提高服务贸易领域开放度，扩大通信、金融、计算机和信息服务、商业服务等行业的商业存在规模，提升经营服务水平，带动、培育和壮大国内产业。

——国际竞争力不断增强。对外承包工程、劳务合作、运输、旅游、通信、计算机和信息服务、金融、文化、咨询、分销、研发等行业服务出口规模显著扩大，与货物贸易和境外投资协调发展，培育一批拥有自主知识产权和知名品牌的重点企业，打造"中国服务"。境外商业存在数量明显增加，加快培育一批具备国际资质和品牌的服务外包企业，国际市场开拓能力逐步提升。

——区域协调发展。科学合理规划，实施差异化发展战略，充分发挥各地发展服务贸易的比较优势，服务贸易发展较快的地区充分发挥辐射带动作用，实现良性互动、优势互补，构建充满活力、各具特色、区域协调的服务贸易发展格局。

（二）构建服务贸易发展新优势

1. 稳步推进服务贸易开放

在发展中开放，在开放中发展应是未来我国服务贸易发展的大趋势与总方向。目前，我国要根据自身的发展水平和承受能力，要通过不断扩大开放、放宽市场准入，消除市场壁垒，强化市场竞争；要不断完善符合市场经济要求的服务贸易促进体系，加大国际市场开拓力度，推动重点行业服务贸易出口；要积极扩大服务进口，着重引进国外先进的经营方式、管理理念和成功经验，推动服务贸易实现跨越式发展。要加强对 GATS 及 WTO 有关条款原则的研究，建立健全既符合本国经济发展目标又顺应国际准则要求的服务贸易开放措施。要对服务市场准入、服务贸易的税收、投资、优惠条件等制定具体的法律法规，增加服务贸易的市场透明度，做到自由化和规范化有机结合。

2. 促进货物贸易与服务贸易协调发展

2011 年 1 月商务部颁发《2011 年服务贸易工作要点》指出：要将加快转变经济发展方式的主线贯穿于服务贸易发展的全过程和各领域，充分发挥服务贸易对货物贸易的促进作用，促进货物贸易和服务贸易协调发展，加快推进对外经济发展方式转变，增创外贸竞争新优势。将中国货物贸易已有的优势和服务贸易存在的巨大潜力相结合，实现货物贸易与服务贸易的协调发展、协同增长，应把握三个思路：一是大力发展生产性服务业；二是设立研发中心、物流企业和营销网络，提升中国企业和商品的附加值；三是加快服务行业协会的建立步伐，充分发挥货物贸易行业协会的经验和优势，加强两协会的合作，互通信息，共同开拓。

3. 提高服务贸易国际竞争力

服务业是服务贸易发展的基础，要进一步推进服务业市场化进程，营造公平、公正的经商环境，提升服务企业的竞争力。在巩固传统服务贸易优势的同时，优化服务贸易结构，大力发展现代服务业，逐渐提高金融、信息、专利、咨询等服务贸易的比重，使中国的服务贸易逐渐向知识、技术、资本密集型转变，由资源优势向竞争优势转变。当前可重点发展四类服务业，使之成为中国服务贸易跨越式发展的支柱。具体为：与人民生活息息相关的商贸、运输、保险、旅游、房地产业；与科技创新有关的咨询、信息、中介等专业服务业；为农业发展提供服务的农村服务业；对国民经济发展具有支持作用的教育培训、公共服务业等。通过构建服务业发展新优势，提高中国服务贸易的国际竞争力。

4. 大力发展服务外包

早在"十一五"期间，商务部就提出在全国建设 10 个具有一定国际竞争力的服务外包基地城市，推动 100 家世界著名跨国公司将其服务外包业务转移到中国，培育 1 000 家取得国际资质的大中型服务外包企业，实现 2010 年服务外包出口额在 2005 年基础上翻两番。目前，这一目标基本实现。当前，要积极抓住国际服务业加快转移的机遇，大力承接国际服务外包，提高中国服务业发展水平，扩大服务贸易规模。推动中国服务外包企业承接在华跨国公司服务外包业务，逐步扩大中国服务外包市场份额，提高国际竞争力。支持服务外包企业取得国际认证和开拓国际市场，创建服务外包信息公共服务平台，完善服务外包知识产权保护体系。

（三）构建服务贸易发展保障体系

1. 完善服务贸易法律法规体系

修订《对外贸易法》，推动出台《服务贸易促进条例》。在符合世界贸易组织规则的前提下，立足国情，研究制定促进服务贸易发展的法律法规，依法规范市场主体行为，明确激励措施，加强服务贸易管理、促进、统计等工作。同时，进一步完善服务贸易相关行业的法律制度。遵循和借鉴国际规则，研究我国服务贸易领域亟待规范的内容，对服务提供者的服务质量、服务贸易企业的经营活动制订技术标准，并进行规范。

2. 完善服务贸易管理和促进机制

不断完善各部门密切配合、中央和地方互动、政府和企业紧密联系的全国服务贸易协调管理机制，统筹宏观规划、调查统计、贸易促进、政策协调、对外谈判等工作。充分发挥服务贸易跨部门协调机制的统筹及引导作用，建立服务贸易重点企业联系机制，构建由政府部门、商会、协会、促进机构以及服务贸易企业组成的服务贸易促进体系，集成政策资源，形成跨部门、跨行业、跨地区、集政府行为与市场行为于一体的服务贸易促进机制，建立服务贸易支持网络。各地要加强对服务贸易工作的领导，参照服务贸易跨部门联系机制建立相应的联系机制，加强相关部门间的协调配合。充分利用中央与地方、国内与国外各方面资源，为企业进入国际市场提供信息咨询等全方位服务。

3. 建立健全服务贸易促进体系

研究推动建立专门的服务贸易促进机构，为服务贸易企业提供信息咨询、贸易展览、专业培训、技术辅导、海外推广等服务，通过发展海外分支机构逐步构建境外服务贸易促进网络。中央和地方政府有关部门要加强对重点行业的引导支持，密切与行业内重点企业的联系，依据不同行业特点有针对性地开展服务贸易促进工作。根据服务贸易特点，为境内外企业搭建国际交易平台，开展多种形式的服务贸易促进活动。加强与境外贸易促进机构特别是专业服务贸易促进机构的联系沟通，建立长期合作机制。通过办好"中国服务贸易指南网"，运用现代信息技术手段，为企业提供信息服务，创造商业机会。加强服务贸易研究和人才队伍建设，加快建立服务贸易研究机构，加强服务贸易理论、政策、行业和支持体系研究，落实和完善各项培养服务贸易人才政策。贯彻落实《国家中长期人才发展规划纲要（2010—2020)》，着力培养金融、会计、评估、保险、信息、商务中介等行业急需人才，加快推动高校服务贸易实务学科建设。

4. 加大财税金融支持力度

制定和完善支持服务贸易发展的财政税收政策，重点支持企业扩大服务出口，扶持公共服务平台建设，完善对服务外包的资金支持政策。引导和鼓励金融机构在风险可控的情况下，优化贷款审批程序，加大对服务贸易人民币结算和融资的支持力度，积极推动金融创新，开发适合服务贸易企业需求的金融产品。推动中小企业信用担保体系建设，积极搭建中小企业融资平台。完善出口信用保险机制，简化理赔手续，加快理赔速度。

5. 积极推进服务贸易便利化

中央和地方政府有关部门要密切配合，综合运用驻外机构、公共信息平台、多双边合作机制等渠道，为服务贸易企业海外投资和服务出口创造良好环境，争取更好的市场准入条件，降低服务贸易壁垒。建立和完善与服务贸易特点相适应的口岸通关管理模式，开辟通关、结算"绿色通道"，在保证有效监管的情况下，对以实物载体形式出口的服务提供通关便利，为服务贸易商务签证、进出境审批提供便利。鼓励和帮助企业获得进入国际市场所必需的资质认证。积极商签双边劳务合作协议，推动学位、培训、执业资格认证等国家间互认，为专业人才和专业服务"走出去"提供便利。

第十章 外贸可持续发展重大举措

第一节 坚持优化外贸结构

一、优化贸易结构的背景和意义

不断优化对外贸易结构是从贸易大国走向贸易强国的一个不可逾越的重要环节。从出口贸易结构上看，优化贸易结构主要是基于以下背景：

第一，随着中国成为当今世界上的贸易大国，中国进一步拓展国际市场的现实成长空间被越来越多地利用起来。作为贸易大国，保持适度的对外贸易增长速度是十分必要的，但是，如果在对外贸易发展过程中片面强调多多益善，客观上必然会面对边际交易成本上升的挑战。从贸易的可持续发展来看，有必要通过优化贸易结构，进一步强化对国际市场的深度开发。多年来，中国的出口贸易在国际市场上的竞争优势更多体现在劳动密集型产品方面，在国际市场上薄利多销。为此，在后危机时代，有必要转变粗放型的对外贸易增长方式，实现对外贸易的集约化增长。

第二，自从国际金融危机爆发以来，贸易保护主义在全世界日益抬头。相对来说，中国的出口产品以劳动密集型产品居多，而劳动密集型产品贸易恰恰是贸易争端的多发领域。从后危机时代来看，如果在对外贸易发展过程中继续进行低水平的重复性扩张，无疑会加剧国际市场竞争的激烈程度，容易招致更多的贸易争端，对外贸易的发展过程所面临的不确定性因素将会进一步增多。在这种情况下，在拓展国际市场过程中也需要进一步校正主攻方向。

第三，相对于资本存量而言，随着劳动力成本提高，在未来国际市场竞争中，中国的要素禀赋将发生变化。在最近 10 余年间，中国劳动力要素与资本要素在报酬变化上差异明显，前者呈现出单调上升轨迹，而后者则呈现出周期性走低轨迹。相对于资本要素回报预期，现阶段的劳动要素回报预期要远远高于 10 余年前。总的来看，后危机时代的国内资本存量规模将不断扩大，虽然后危机时代的劳动力资源依然充裕，但劳动力与资本之间的配比关系将逐渐变化，一些现在看来不能够出口的商品将在国际市场上立足，而另外一些现在看来能够出口的商品竞争力将在国际市场上弱化。

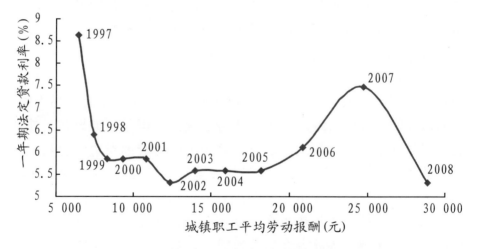

图 10—1　中国劳动力要素与资本要素的报酬对比

第四，国际金融危机使国际市场竞争格局发生变化，除了中国之外，印度、越南等新兴国家的后发优势进一步显现。从后危机时代来看，如果中国的对外贸易发展过程仅仅满足于在现有领域故步自封，无疑会面临更加激烈的竞争。

第五，从可持续发展角度出发，随着碳关税的日益临近，中国的对外贸易发展必然要走上绿色化道路。在这种情况下，如果不主动去调整对外贸易结构，中国的对外贸易发展道路只能够是越来越窄。

第六，随着人民币升值进程的持续，技术含量低、附加值低的劳动密集型产品出口受到抑制，只有强化技术密集型产品出口，才能够使出口贸易克服人民币升值带来的约束，最终走出薄利怪圈。

与此同时，从进口贸易结构上看，随着对外开放力度的加大，中国参与世界各国之间的资源优化配置的空间也被进一步拓宽，而只有最大限度体现出这种资源优化配置，中国的进口贸易结构才有可能进一步改善。

中国已成为当今世界上的贸易大国，不仅仅是成为世界上最大的出口国，在大宗初级产品进口贸易上，中国也堪称贸易大国。迄今为止，中国已经成为全球最主要的铁矿石、铜、大豆的进口国。从进口结构上看，初级产品在中国进口总额中的比重由 1985 年的 12.5％上升至 2008 年的 32％，而同期工业制成品的进口份额则由 87.5％降至 68％。然而，随着进口依存度的加大，目前国际市场上的"中国溢价"愈加显现，中国在石油、铁矿石、有色金属等大宗资源性商品的进口成本进一步加大。因而在后危机时代，中国进口结构优化过程要有利于强化自身在国际市场定价过程中的话语权。

除此之外，通过优化进口结构，还要最大限度发挥对技术进步的助推作用，最大限度发挥对国内市场供求关系的平衡作用，最大限度发挥贸易关系的调节作用，最大限度发挥对比较利益的挖掘作用，最大限度发挥对消费升级的满足作用。

不难看出，后危机时代中国对外贸易的发展不仅要看规模，更要注重质量。从这个角度来看，在后危机时代进一步优化贸易结构是中国走向贸易强国的必由之路。

二、优化贸易结构工作的目的和主要任务

在后危机时代，进一步优化对外贸易结构的目的是充分发挥我国的综合优势，其中，劳动力资源优势在相当长时间内应当是参与国际分工的核心优势。基于非竞争型投入产出模型的测算结果也表明，在1987—2007年期间，外贸所带动的就业人数年平均为8 376万人，其中，出口与进口的贡献分别为5 451万人与2 925万人。然而，在后危机世代，仅仅依靠劳动力资源优势并不足以确保中国能够成为贸易强国，必须以拥有自主知识产权、自主品牌、自主营销渠道网络、高技术含量、高附加值、高效益的出口产品为重点，提升我国出口产品的国际竞争力；与此同时，进一步开放国内市场，增加各类产品的进口，促进国内产业结构的调整与升级、提高消费者福利；通过进出口各自结构的优化，明显改善贸易价格和收益条件，提高我国源自对外贸易的综合利益。为此，不仅要通过优化对外贸易结构去寻找贸易成长空间，而且还要通过优化对外贸易结构去提高对外贸易的有效性，在现有市场规模约束下不断强化对市场需求的利用效率，通过加大产品的技术含量进一步提升产品档次，以此来增加出口产品的附加值。

优化出口商品结构并非轻而易举，而是任重道远，当务之急就是要完成以下三方面的任务：

首先，要进一步提升我国劳动密集型产品的出口优势，在劳动力供给趋紧、成本提高的总体形势下，加快从单纯的价格竞争向质量、标准、品牌等综合竞争转变。为此，在后危机时代，对于劳动密集型产品的出口，要进一步从提升产品档次入手强化贸易的增值能力。长期以来，初级产品和轻纺产品一直被认为是低附加值产品。现在看来，在后危机时代，要对出口结构加以优化，就不应当再将初级产品和轻纺产品边缘化。实际上，通过对现有产品的后续研发，增加绿色元素和强化品牌效应，无论是初级产品，还是轻纺

产品，都有可能实现附加值的提高。反之，即使是工业制成品和高新技术产品，如果不能够解决好高污染、高耗能、资源浪费问题，也同样需要边缘化。

其次，要进一步增强我国资本技术密集型产品的出口优势，在资本品市场上不断提高国际市场占有率，从中低端向中高端延伸。为此，有必要加大出口贸易的技术含量。改革开放以来，中国一直在致力于通过提高出口产品质量、效益和附加值来优化对外贸易结构。目前，中国的出口贸易发展已经减少了对初级产品的依赖，工业制成品占据了出口贸易的绝大部分比重；机电产品出口规模持续扩大，也已经达到了全部出口贸易的一半左右；在科技兴贸战略的推动下，高新技术产品出口也得到了强有力的推动。然而，工业制成品、机电产品以及高新技术的出口比重虽然上升，但并不等同于出口贸易结构的优化。中国的出口产品大多为简单加工产品，技术含量并不高，平均单价也长期处于相对低位。在这种情况下，即使出口贸易能够取得增长，在很大程度上也属于低效增长，缺乏可示范性。

再次，要进一步加大高新技术产品出口，形成新的竞争优势，不断提高市场份额。从具体任务来看，为了在后危机时代实现贸易结构的优化，必须把从产业环节入手与从贸易环节入手结合起来，从全过程塑造中国商品的国际市场竞争力，为优化出口贸易结构打下坚实的基础。为此，在努力增加"三自三高"产品出口比重的过程中，应突出体现出对贸易环节与产业环节的并重，不仅要通过贸易环节加大对高技术、高附加值产品出口的政策倾斜，而且还要通过产业环节为中国出口产品从整体上提升国际市场竞争力创造条件。

在优化进口商品结构上，一要通过进一步降低关税等措施，扩大高新技术产品及技术装备进口，促进国内产业竞争，加快产业结构调整和升级。二要扩大能源、资源产品进口，加强进口协调，力争取得与我国在世界进口市场份额相匹配的议价权或定价权。三要适当扩大消费品特别是高档消费品进口，增加国民福利。四要建立和完善重要进口资源储备体系。

三、优化贸易结构的支撑与保障措施

优化贸易结构是一项庞大且复杂的系统工程，需要在统筹规划的基础上，进一步强化必要的支撑与保障措施。

一是要加大品牌建设力度。在当今国际产业分工格局下，中国之所以成为世界贸易大国，在很大程度上依靠的是利润较低的贴牌生产。在后危机时代，为了实现从贸易大国向贸易强国的转变，政府要对出口企业打造国际知名品牌予以支持，拉开贴牌生产与自主品牌之间的政策落差，为出口企业提升品牌形象创造有利的外部环境。同时，也要积极推动风险投资机构参与出口企业的知名品牌建设，最大限度分散品牌风险。据不完全统计，作为全国外贸大省，目前浙江省的品牌企业已经在境外设立了 400 个营销机构。国际知名品牌形成过程历史悠久，从国际市场现有格局来看，中国的出口企业不可能简单复制国际知名品牌形成过程。事实上，国内一些商品的质量与性能已经完全达到了国际知名品牌的水平。短时间内，在无法靠自身实力"陈酿"出国际知名品牌的情况下，不妨让中国的出口企业利用类似海宁皮革城那样的"升降梯"，借助海宁皮革城等"升降梯"的知名度来提升自主品牌在国际市场上的知名度。

二是要加大标准化建设力度。近 10 年以来，我国出口产品合格率一直保持在 99% 以上。从转变对外贸易增长方式的要求出发，在后危机时代，对外贸易发展目标更需要在提升发展质量上做文章，在国际分工中加快从低端环节向中高端环节拓展，使全球资源配置能力、企业参与国际竞争能力进一步强化，在巩固贸易大国地位的基础上加快向贸易强国转变。为此，以质取胜战略也需要与时俱进，一定要体现出从适应国际市场向主导国际市场的地位转变，在后危机时代须更突出体现为从以质取胜战略向标准化战略的深化与升级。当前国际贸易的竞争实质是产品品质的竞争，说到底是标准的竞争。谁占据了标准的制高点，谁就掌握了主动，获得了竞争优势。为此，一方面要大力加强标准化建设，加强国内立法和体制建设，大力推动采用国际标准和国外先进标准，加强实质性参与国际标准的制定，积极参与 WTO 相关评议，主动应对国外技术性贸易壁垒。另一方面，进一步推动落实标准的认证认可制度，加快认证认可工作的国际化步伐，努力提高国内质量标准的国际采标率，为中国产品走向国际市场提供通道。值得注意的是，随着低碳经济的发展，碳税将在未来国际贸易发展过程中发挥举足轻重的作用，低碳商品将成为中国对外贸易的发展重心。在这种情况下，中国应当在后危机时代加大对低碳商品的研发力度，在制定国际化标准方面争取捷足先登。

三是提升产品档次在很大程度上又离不开科技投入。近 10 年来，实施科技兴贸战略有力促进了我国高新技术产品出口，使我国传统出口产品的附加价值得到很大程度提高。然而，由于缺乏自主知识产权与自主创新能力的支撑，迄今为止，我国高新技术产品出口仍然是一种为人打工的模式。为了从根本上转变高技术产品、低附加价值和低效益同时存在的被动局面，现阶段我国必须从科技兴贸转向科技强贸，不仅要靠科技来争取到更多贸易机会，而且更要依靠科技来培育、扶持具有自主知识产权的高新技术产品出口，利用科技的力量促进我国从贸易大国迈向贸易强国。就发展高技术、高附加值产品出口而言，现阶段的技术量变经过不断累积很可能在后危机时代发生质变，科学技术因素在要素禀赋中的分量会进一步加重。在这种情况下，有必要将政策支持的重心逐渐转移至技术创新前沿，除了贸易环节之外，一定要立足于夯实产业基础。为此，有必要结合国务院出台的汽车、钢铁、装备制造、纺织、船舶、电子信息、轻工、石化、有色金属、物流十大行业振兴规划，加强结构调整，增强竞争力，形成外贸发展的重点支柱产业。同时，加快服务业、新能源和低碳产业发展。

四是在进一步拓展国际市场空间的过程中，不仅要看高技术、高附加值产品占出口贸易的多大比例，而且还要看出口的高技术、高附加值产品之中，究竟有多大比例的技术含量是由中国自身所"贡献"的。从这个意义上说，在后危机时代，科技强贸战略的实施重点应当放置到其中的知识产权战略方面，强化具有自主知识产权的商品在国际市场上的竞争力。从雅戈尔的成功经验来看，产品设计起到至关重要的作用，如除了从北京798工作室聘请设计师外，还举办国际面料大赛和职业设计师创意大赛，在迪拜、东京、伦敦、巴黎、纽约等地进行新产品推介活动。除了必须重视对知识产权的保护之外，还要致力于加大研发支持力度，提高科研成果转化能力，促进我国向创新型国家转化。

五是对外贸易的发展方式也有一个进一步优化的问题。从这个意义上讲，要有意识扩大跨国经营主体阵容，做强大企业，培育一批具有国际竞争力的大跨国公司；扶持中小企业发展，发挥其体制与机制优势。结合"走出去"的战略性要求，应当是培育一批具有较强国际竞争力、熟悉经贸规则的大型承包工程公司。拓展对外承包工程方式和领域，鼓励企业承揽附加值高、影响力大的交通、能源、电力、通信等基础设施项目。

六是要从优化产业结构入手，强化产业升级对优化贸易结构的支撑作用。研究结果表明，我国产业结构调整政策与对外贸易的可持续发展目标之间基本上是相互兼容的：首先，在钢铁业和轻工业中实行的扩大消费方面的政策可以促进对外贸易规模的不断扩大；其次，与对外贸易结构升级政策相匹配的装备制造业产业结构调整政策有利于动态比较优势的产生，从而优化对外贸易结构；再次，船舶业、轻工业、石化业在融资便利上与当前对外贸易政策相兼容，并对对外贸易的可持续发展起到明显作用。总之，要发挥转变贸易增长方式对产业升级的先导作用，形成贸易发展与产业发展的良性互动。

七是要加快国家经济安全体系建设，增强进口大宗资源性商品的可替代性，从根本上扭转中国在国际市场竞买过程中的被动状态，确保重要进口资源的供应稳定。

第二节　拓展边境贸易功能

党的十七大报告提出，深化沿海开放，加快内地开放，提升沿边开放，实现对内对外开放相互促进。沿边地区的开放与发展，事关全国区域经济协调发展大局。边境贸易是沿边地区开放的主要形式，也是我国深化实施"沿边开放"战略的主要内容。2008 年边境贸易政策出现重大调整，恰逢百年一遇的国际金融危机和全球经济衰退，出现诸多不利于我国边境贸易发展的因素。后危机时代，必须深刻认识边境贸易对于沿边地区和我国总体发展的重大意义，从战略高度谋划新时期我国边境贸易的长远发展。

一、拓展边境贸易功能的背景与意义

自 20 世纪 80 年代初我国恢复边境贸易以来，边境贸易政策经过调整与完善，边境贸易政策内涵已经大为扩展，包括边民互市贸易、边境小额贸易、边境地区经济合作（工程承包与劳务输出以及投资）和边境经济合作区。目前边境贸易的发展主要以边境小额贸易为主，而边民互市规模有限，边境经济合作区升格为国家级，其发展进入到了一个新阶段。

2008 年 10 月 18 日国务院关于促进边境地区经济贸易发展问题的批复（国函〔2008〕92 号），即针对《财政部关于进一步促进边境地区经济贸易发展有关政策问题的请示》（财关税〔2008〕58 号）进行的批复文件，在加大对边境贸易发展的财

政支持力度，提高边境地区边民互市进口免税额度，扩大以人民币结算办理出口退税的试点，促进边境特殊经济区健康发展，清理涉及边境贸易企业的收费，支持边境口岸建设等方面提出了六项具体的措施。从整体上看，后五项措施应当说是扩大了支持力度，或采取了新的支持措施。但是第一项也是最为重要的措施，用财政转移支付替代了作为边境贸易政策的边境小额贸易进口税收按法定税率减半征收的政策。这给我国边境贸易发展造成了不利影响。加之，2008年年底到2009年受国际金融危机和全球经济衰退的影响，我国边境贸易发展受到一定程度的抑制。然而，边境地区扩大开放，实现发展与稳定的任务仍然十分艰巨，迫切需要国家制定一系列扶持优惠政策促进边疆地区发展。通过发展边境贸易，不仅有利于抵消2008年边贸政策调整和国际金融危机带来的负面影响，从长期来看，也有利于实现国家在政治、外交、经济、社会等方面的发展目标。

第一，对提升沿边开放水平，促进边疆地区发展与稳定具有重要意义。边境贸易政策是我国对外贸易政策的重要组成部分，目前所占比重虽然较小，但意义重大，特别是对边境省区发展开放型经济而言，更是具有至关重要的意义。2008年边境贸易虽然仅占我国对外贸易总额的1.2%，但对于边境7省区（海南省也享有对越边境贸易权）而言，边贸占其对外贸易的比重为16.57%。其中，新疆维吾尔自治区占79.55%，黑龙江省占24.33%，内蒙古自治区占39.18%，广西壮族自治区占15.14%，可见，边境贸易对其开放型经济发展具有不可替代的作用。提升边境贸易发展水平将会营造更加有利的边境贸易发展环境，进一步提升边境贸易在边境地区，乃至全国对外贸易中的地位，这将对扩大沿边开放，促进边疆地区发展与稳定产生积极作用。

第二，有助于改变边境贸易总量小、产品档次低、本地企业参与不足的现状，有利于对边疆地区经济社会发展产生更大的带动作用。近年来，我国边境贸易虽然实现了快速增长，但与其他贸易方式相比，边境贸易发展相对滞后。边境贸易总量小。虽然西藏、新疆、黑龙江等边境省份的边贸占其贸易总额的比例较高，但从全国来看，边境贸易的总量仍然偏小。2008 年，边境小额贸易为 308.8 亿美元，占全国外贸总额仅 1.2%。边贸商品档次低。受产业结构制约，沿边地区多数企业从事初级产品加工，出口商品结构单一，以纺织、小机电、百货、农副等劳动密集和资源密集型产品为主，批量小、品种杂、经营分散，难以形成大批量出口。贸易产品附加值较低，易受自然条件、交通运输条件等因素影响，交易成本过高。沿边地区企业参与能力不足。沿边地区许多贸易产品主要依靠外省供应，进口货物的相当一部分也主要供给外省市场和加工出口需要，企业在边境贸易中多起中转作用，缺乏本地有特色、有竞争力的经营主体，发展后劲严重不足，因此对当地经济社会发展的带动作用也不足。大力发展边境贸易将会有效促进边境贸易发展，提升边境贸易质量与档次，促进本地经营主体的发展，从而在更高层次和更大程度上促进边疆地区经济社会的发展。

　　第三，提升沿边开放水平是实现睦邻、安邻、富邻的周边外交政策和互利共赢的经济外交战略的客观要求。边境贸易政策不单是贸易政策，它既是我国兴边富民战略的主要内容之一，同时也是我国奉行睦邻、安邻、富邻周边外交政策的有机组成部分。我国有 22 800 公里的内陆边界线，自东北鸭绿江口至北部湾北仑河河口分别与朝鲜、俄罗斯、蒙古等 15 个国家接壤。周边市场占我国市场份额的 1/3，是我国吸引外资的重要来源地和"走出去"的重点地区。我国毗邻国家大多为能源资源富集区，是各大国竞相争夺的未来新兴能源市场和重要战略地区。依照我国外交总体布局，"大国是关键，周边是首要，发展中国家是基础，多边是重要舞台"，和谐周边是我国实现和平发展的首要阵地和舞台。目前，周边国家有与我国进一步加强经贸合作的迫切愿望。同时，市场、资本和技术的竞争不断扩大，打破了周边地区的传统利益平衡，发展遭遇阻力。我国与周边国家区域经济合作面临被美、日、欧、澳、印度等国家和地区赶超的危险。因此，大力发展边境贸易是实现我国周边外交政策和互利共赢的经济外交战略的客观需要。

二、拓展边境贸易功能的目的与任务

（一）拓展边境贸易功能的目的

拓展边境贸易功能的目的是：通过进一步发展边境贸易，实现兴边富民、稳定边疆、提升沿边开放水平的目标，推动区域经济协调发展，促进我国"睦邻、安邻、富邻"周边外交政策目标的实现。

（二）拓展边境贸易功能的主要任务

一是研究制定新的边境贸易政策。恢复边境贸易进口关税和进口环节税减半征收优惠政策或加大对边境贸易的财政转移支付力度，财政转移支付应主要用于支持从事边境贸易经营主体的发展上；扩大边民互市贸易进口商品范围，将边民互市进口商品扩大到生活用品及部分生产资料；增加边贸企业进出口商品配额，特别是进口毗邻国家资源性产品配额；对在边境指定地区进行增值加工的边贸进口商品，在运出加工区进入国内市场时，给予税收优惠；设立沿边开放区域性贸易发展基金，以缓解制约边境外经贸发展的资金难题。

二是扩大边境经济合作区规模，提升合作水平。通过扩区、置换等方式扩大国家级边境经济合作区面积；增加合作区基础设施贷款贴息规模，提高贴补率；区内企业使用境外的自用设备、零配件、管理设备和办公用品免征关税及增值税；每年给予专项基金，扶持合作区外向型企业用于出口信贷担保及企业发展；鼓励区内企业收购边民互市贸易带进商品作为生产加工原料等；在条件成熟的重点口岸建设一批跨境经济合作区。

三、拓展边境贸易功能的支撑条件和保障措施

(一) 大力发展沿边开放产业带

要使沿边省区开放型经济发展迈上新台阶，必须改变目前"有贸易、无产业"的现状，建设若干个进口资源加工基地和外向型产业集群。可考虑在国务院批准设立的 14 个国家级边境经济合作区基础上，承接国际国内产业转移，拉动国内产业配套，促进当地人员创业、就业，形成沿边开放产业带。建议：一是通过扩区、置换等方式扩大国家级边境经济合作区面积；二是增加合作区基础设施贷款贴息规模，提高贴补率；三是继续实行国函〔1992〕62 号文有关"边境经济合作区的新增财政收入留在当地，用于基础设施建设"的政策；四是区内企业使用境外的自用设备、零配件、管理设备和办公用品免征关税及增值税；五是每年给予专项基金，扶持合作区外向型企业用于出口信贷担保及企业发展；六是鼓励区内企业收购边民互市贸易带进商品作为生产加工原料等。

(二) 推动建立多种形式的特殊经济功能区

改革开放之初，经济特区是以开放促体制创新的最早试验田。目前，基于沿边省区独特的区位优势、资源优势和市场优势，建议视与周边国家经贸往来具体情况，因地制宜，在条件成熟的重点口岸建设一批跨境经济合作区，采用国际通行自由贸易园区（FTZ）做法，使之成为集加工制造、境外资源合作开发、生产服务、区域性国际物流采购、旅游项目等多功能为一体的开放型经济平台，深化与周边国家间的产业合作，把我国同周边国家在特定领域的竞争转化为互利共赢，一方面实现进口资源在所属国的加工增值，带动当地就业，加工后产品准予在我国国内市场销售或纳入国家战略储备；另一方面实现我国优势产业的出口加工，借助各种区域次区域合作机制，增加对周边国家出口。

（三）以境外资源开发与农业合作为重点"走出去"

应将周边国家作为我国实施全球能源资源战略的一个重要支点。建议：一是充分利用周边区域次区域合作机制，不断加强多边和双边综合协调，将资源开发和农业合作列为经贸合作重要议题予以推动；二是研究制定关税和配额方面的优惠政策，支持境外开发的能源资源类产品和境外种植的粮食、经济作物运回；三是对境外农业合作项目和农业基础设施建设给予贴息贷款和资金扶持，在周边国家建设一批稳定、可靠的农业生产基地；四是把我国对周边国家援助项目与开发当地资源结合起来，提高境外资源开发的效益和可持续发展能力；五是在周边国家的援外项目和农业合作开发项目招标中，对沿边省区企业倾斜。

（四）以口岸为枢纽打造陆路开放大通道

从战略高度重视口岸对毗邻各国的影响和辐射力，重点支持口岸城市的发展。建议：一是推进体制创新，可考虑在具有一定经济规模的口岸建立相应行政区；二是对陆路边境口岸实行口岸征收的关税全额或按比例返还政策，专项用于支持边境地区口岸基础设施建设；三是完善现有口岸建设，积极论证开放新口岸的可行性，完善口岸铁路网、公路网建设，扩大国际航运功能，提升现有口岸服务功能，援助对方口岸的通关能力和运输能力建设，促进双边人员和物资往来；四是在基础设施逐步实现互联互通后，通过与周边国家开展运输与贸易便利化安排，将交通走廊打造成经济走廊，使边境省区从国内地理边缘变成开拓周边的中心，使口岸成为促进睦邻互信合作、辐射周边的枢纽和桥头堡。

（五）建立国务院主管部门牵头的工作协调机制

当前，应将加快提升沿边开放水平作为我国以开放促改革、促发展的新突破口，作为拓展对外开放广度和深度，提高开放型经济水平的重要抓手。建议：一是建立国务院主管部门牵头的"沿边开放中央部委联络协调机制"，相关部委共同参与，通过定期召开会议，协调解决沿边开放相关政策问题。二是建立"沿边省区协作沟通机制"、现有八省区"边贸交流机制"，设立"沿边开放论坛"，由国务院相关部委与沿边省区合作，每年召开一次沿边开放研讨会，通报沿边开放进展情况，交流经验，分析问题，探讨对策。三是建立推动沿边开放的多双边工作机制，充分利用双边领导人高层互访、双边经贸联（混）委会和政府部门间定期磋商、交流等机制，尽快启动跨境经济合作区国家层面的磋商与谈判，并就贸易秩序、边境贸易发展、资源开发和农业合作、签证、旅游、动植物检验检疫、跨国货物联运等问题，加大沟通和磋商力度，促使取消不公正的贸易限制措施，为沿边开放创造平等宽松的环境。四是进一步发挥周边国家驻外经商机构的作用，加强对驻在国（地区）法律法规、国别贸易和税收政策、市场状况和企业资信等方面信息的搜集，为企业提供信息咨询服务和指导，积极推动企业加快"走出去"步伐。

第三节　"走出去"带动贸易发展

"走出去"带动贸易发展是对"走出去"战略的深化与发展，它将"走出去"与"对外贸易"有机结合起来，实现两者的互动发展，这将为我国加快推进对外经济发展方式转变、全面提升国际地位做出应有贡献。

一、"走出去"带动贸易发展工作的背景与意义

（一）提出"走出去"带动贸易发展的背景

第一，国际金融危机下对国际市场的争夺更加激烈。金融危机导致全球消费减少、贸易萎缩、失业增加、贸易保护升级，我国短期内"稳外需、保市场、保份额"的任务十分艰巨。从中长期看，也面临进一步巩固贸易大国地位的任务，这要求我国必须"走出

去"，深度拓展国际市场空间，以更加主动积极的姿态参与国际市场的争夺。

第二，进一步巩固贸易大国地位，是实现由大到强的转变的必然要求。在国际市场空间有限，竞争更加剧烈的条件下，通过"走出去"带动出口是必然选择。世界贸易强国发展经验表明，"走出去"开展跨国经营，是实现对外贸易竞争优势升级的必经阶段，是进一步巩固贸易大国地位，推进贸易大国向贸易强国转变的必然要求。

第三，在世界大变革、大调整中提高国际地位，扩大国际影响力的重要途径。国际金融危机导致大国力量对比发生新变化，全球经济贸易格局也将相应调整，这为我国商品、资本、技术、人才、思念观念等综合性输出，从被动参与全球化进程，到主动参与全球经济治理，争取话语权和规则制定权创造了条件。

另外，国内经济过程中的内外需不协调、进出口贸易不平衡问题也更加突出，资源环境压力仍然很大，这都要求在新的历史条件下，着力推动"走出去"带动对外贸易发展，实现在更广阔空间内进行经济结构调整和资源的优化配置，加速推进我国经济贸易战略转型。

（二）"走出去"带动贸易发展的内涵

"走出去"带动贸易，就是国内企业在海外参与"不同规模、领域广泛、形式多样的互利合作"，带动货物贸易进出口和服务贸易进出口的发展，扩大我国对外贸易空间，提高参与国际分工的深度和广度，提升在全球范围内进行要素整合、配置资源的能力和水平，促进贸易大国地位进一步巩固，加快推进贸易大国向贸易强国的转变。

一是"走出去"带动货物出口。指通过制造业对外投资、工程承包、对外援助等形式，带动国内原材料、零部件、中间产品以及机器设备出口，也包括通过转移过剩产能，实现中国出口产品的原产地多元化，"迂回出口"，以避免或减少可能的贸易壁垒和贸易摩擦。

二是"走出去"带动货物进口。指不仅要通过海外资源开发，稳定国内稀缺矿产资源的进口来源，还要通过投资、援助等形式，促进从发展中国家的进口，实现我国与广大发展中国家进出口贸易的平衡发展。

三是"走出去"带动服务出口。指通过服务业对外投资、工程承包、劳务输出、国际经济技术合作等形式，扩大我国商业存在的海外布局，带动国内建筑、运输、技术、劳务、商务等服务出口，促进我国服务贸易快速发展。

四是"走出去"带动服务进口。指通过海外并购、设立境外研发机构等形式，促进国外先进技术、专利、品牌和国际市场渠道的引进和掌控，将"走出去"与"引进来"有机结合起来，使我国在更高层次上参与国际分工，最终实现对外贸易由大到强的转变。

（三）"走出去"带动贸易发展的意义

第一，"走出去"带动贸易发展有利于我国在全球范围内获取能源资源，在国际能源资源分配中争取一个更加有利的战略态势。

第二，"走出去"带动贸易发展有利于开拓新兴市场，实现贸易多元化，进一步扩大国际市场份额，拓展我国经济贸易发展新空间。

第三，"走出去"带动贸易发展有利于培育我国本土跨国公司，增强对外贸易主体的综合竞争能力。

第四，"走出去"带动贸易发展有利于我国更好地吸收外国先进技术和专利，收购并建立全球知名品牌、营销网络、后勤配送网络、研发设计中心和加工组装体系，主动地在更广阔的空间进行产业结构调整，提升我国在国际产业分工中的地位。

第五，"走出去"带动贸易发展有利于构建和谐经贸伙伴关系，扩大国际影响力，争取国际话语权和规则制定权，全面提高我国

"硬实力"和"软实力"。

二、"走出去"带动贸易发展的目的与主要任务

"走出去"带动贸易发展的目的：一是获取资源与开拓市场并举；二是带动周边国际大通道建设与发展。获取资源与开拓市场并举，这就要求我国在继续加大在资源开发领域投资的同时，还要加快制造业领域的投资，以此带动我国中间产品出口、扩大当地销售和第三国出口，事实上，获取资源的目的最终也在于保障国内生产与出口，因此，应更加重视制造业投资带动出口。带动周边国际大通道建设与发展，这就要求我国积极参与周边国家和路网、管网、通讯网的建设，促进对周边国家投资和国际工程承包业务的开拓，带动国内机器设备和相关服务的出口。

此外，"走出去"带动贸易发展的目的还在于转移过剩产能、实现出口原产地多元化、避免贸易摩擦、促进贸易平衡发展，推动贸易大国向贸易强国转变，实现互利共赢开放战略的目标。

(一) 对外直接投资

对外直接投资是我国"走出去"带动贸易发展的重点内容，它在获取资源、开拓市场、提升贸易发展水平方面起主要作用。"走出去"带动贸易发展在对外投资领域的主要任务包括：

一是确定一批对外直接投资带动贸易发展的重点行业。依据国内经济发展受到的能源、资源、土地等制约，可考虑石油、矿产资源、农业等领域作为投资的重点行业，以此带动能源资源进口。争取到2020年，中国跨国公司在全球初级产品的生产和贸易中占据主动，大幅提高在铁矿石、有色金属（铜、铝、铅、锌、锡、镍）及稀土等重要资源产品和大宗农产品的议价能力，逐步由"价格追随者"变为"价格制定者"。

依据国内产能过剩状况、产业国际竞争能力、贸易摩擦等因素，可初步确定轻工、纺织、家电、建材、电子信息等作为未来重

点进行产业跨国转移的行业，以此带动中间产品出口、当地销售和对第三国出口。依据国内制约转变经济贸易发展方式的人才、技术、品牌、营销渠道等瓶颈，可确定高新技术领域的研发投资或跨国并购型投资的重点行业和领域，以此带动专利、技术等进口，促进贸易效益的提升。通过我国有特色、有竞争优势的服务业对外投资，扩大海外商务存在形式的服务出口，如在海外建立中医医院、孔子学院、武馆、餐饮饭店、金融机构、零售批发等企业。

二是确定并培育一批有潜力成为全球 100 强的跨国投资企业和中小型的跨国企业。结合现有企业海外投资的现状以及未来进行跨国经营的实力，在重点行业确定重点培育有潜力成为全球 100 强的跨国公司。争取到 2020 年，培育 10 家中国企业进入全球跨国公司 100 强，30 家中国企业进入发展中国家 100 强，中小型跨国公司从目前的 3 429 家增加到 4 500 家，相应带动我国货物和服务出口，使我国零部件和中间产品出口增长 1 倍，同时中国公司在当地的销售和对第三国的出口大大增加，以商业存在形式的服务出口增长 1 倍。

三是研究制定对外直接投资带动贸易的国别战略。依据国家经济规模、人口总量、消费能力、市场环境、国别经营障碍等指标，研究制定不同投资行业（资源开发、制造业投资、农业投资、研发投资等）、不同投资方式（新建、并购）的国别投资战略。

四是规划、建设和壮大境外经贸合作园区。境外经贸合作园区是我国在海外投资的集聚区，是中国"走出去"的重要战略平台，现在已规划建设 19 个境外经贸合作园区，其中 10 个已经启动。为此，要待条件成熟时，适时启动其他境外经贸合作园区的建设工作。对于已经投入运营的经贸合作园区，要完善运营模式，加大招商引资力度，把境外经贸合作园区发展好，使其真正成为我国对外经济贸易合作的桥头堡和战略前进基地。

（二）对外工程承包和劳务合作

对外工程承包是我国具有较强优势的跨国经营方式之一，它直接与劳务输出、对外设计咨询相联系，尤其是与周边国家的"国际大通道"建设关系紧密，这对于扩大我国货物和服务出口具有较强的带动作用。"走出去"带动贸易发展在对外工程承包和劳务合作领域的主要任务包括：

一是加快推进与周边国家的"国际大通道"建设。争取我国企业在跨境公路、铁路、水路交通网、油气管道网、跨境输电网和通信网的建设工程中，取得主导地位和相应的份额，扩大我国对周边国家对外工程承包业务量，以此带动国内机器设备、建筑服务、劳务服务、咨询设计服务的出口。

二是确定并重点支持一批工程承包领域和项目。如确定并重点支持附加值高、影响力大、带动出口作用明显的交通、能源、电力、通信等领域和项目。

三是培育一批具有较强国际竞争力的大型承包工程公司和咨询设计公司。依据现有对外工程承包、设计咨询等国际业务开展情况，以及未来发展潜力，可初步确定一批具有国际竞争力的工程技术企业作为支持重点（如中国交通建设集团、中国电力建设公司、中国建筑工程总公司等），将其打造成全球工程承包公司 100 强企业。争取到 2020 年，有 25 家工程技术公司进入全球 100 强，工程承包营业额从 2009 年的 777 亿美元上升到 2020 年的 2 000 亿美元，以此带动国内出口 700 亿美元（带动比率为 35%）；劳务输出从 2009 年的 39.5 万人增加到 2020 年的 70 万人。

四是建立一批国际劳务培训与输出基地、打造中国劳务的国际品牌。我国劳动力资源丰富，各层次人才资源相对完备，但在国际劳务市场所占份额并不大。为此，可以在国内建设一批国际劳务培训与输出基地，培育具有专业技能好、语言交流能力强的建筑技术工、海员、厨师、家政服务人员、中医医生、中文教师、武术教练等国际劳务品牌。

另外，在研究制定我国对外援助新战略过程中，应将发展援助与对外贸易、对外投资、对外工程承包、劳务输出更加紧密地结合起来。积极参与WTO"促贸援助"计划，通过对外援助实现我国资本、技术、人员"走出去"，更有效带动我国货物和服务出口。

最终通过"走出去"培育一批具有国际竞争能力的中国跨国公司和工程技术公司，初步建立起全球营销网络、加工组装体系、农业和矿业生产基地、研发设计中心、工程承包和后勤配送网络，为进一步扩大出口，避免贸易摩擦，巩固贸易大国地位，迈向贸易强国，提升国际地位做出贡献。

三、"走出去"带动贸易发展工作的支撑条件和保障措施

(一)完善"走出去"法律体系

目前我国已经制定了《境外投资管理办法》、《对外承包工程管理条例》，未来在执行过程中应进一步修订完善，并进一步制定《对外劳务合作管理条例》，着手研究起草《对外经济合作法》，使其成为总揽我国"走出去"全局的基本法，对我国对外经济合作实践做出宏观的导向性规定，使"走出去"各项业务发展从法规上得到支持和保障。

(二)完善"走出去"国内管理体制

一是完善部际间协调管理体制。进一步理顺商务部与国家发改委在对外直接投资方面的管理权限，建立商务部和发改委双牵头，财政、税务、外汇、金融等部门参与的部际会议机制，加强各部门的横向协调沟通工作。二是完善中央与地方的协调管理体制。紧密与地方联系，加强地方政府在管理和促进"走出去"方面的职能。在实施"走出去"过程中，要进一步转变政府在对外投资管理中的职能，不断下放管理权限，工作重点侧重从审批管理转向服务、促进。三是建立"走出去"带动贸易发展的部内协调机制。按照对外

投资、国际工程承包、劳务合作、设计咨询、对外援助等业务类别，分别由国际经济合作司和对外援助司分别会同对外贸易司、服务贸易司、国际司等部门，共同推动"走出去"带动货物进出口、"走出去"带动服务进出口的工作。由国际合作司、援外司和外贸司、服务贸易司共同协商，确定重点行业、重点国别和重点企业，共同研究制订相应的促进计划。

（三）建立和完善"走出去"的协调、促进、服务与保障体系

一是建立和完善"走出去"的国内行业协调、促进体系。发挥商务部与工业和信息化部成立的促进制造业对外直接投资的部际协调机制，借鉴这一模式，还可考虑与其他部门和大型企业（如农业部、矿产资源部门、银行部门、文化教育部门、医药部门等）建立相应的合作机制，促进和服务于农业、矿产资源、金融服务、文化教育服务、医药卫生服务业的对外直接投资和境外商业存在形式的对外投资。进一步发挥对外工程承包合作机制的作用，研究完善国际劳务输出的部际协作机制。

二是建立和完善"走出去"的国别协调、促进体系。积极探索与有资源和市场特色的国家地区建立双边协调与促进机制。如可借鉴我国与俄罗斯建立关于森林资源开发与合作的双边工作组，探索并推动与产油国、矿产资源丰富的发展中国家建立类似的合作机制。还可对国际劳务需求较大的国家建立双边劳务输出合作机制，如与东南亚、中东地区、俄罗斯等可建立相关机制。

三是健全国内推动"走出去"的服务体系。继续更新、发布《对外投资合作国别（地区）指南》，建设和完善"对外投资合作信息服务系统"，为企业提供海外经营环境信息。探讨成立非盈利性对外投资合作咨询服务中心、对外投资合作安全顾问公司、中国对外劳务合作援助中心，重点培育一批有国际竞争力的中国本土对外投资中介服务机构，加强相关培训工作。

四是构筑和完善"走出去"的安全保障体系。会同有关部门研究建立维护我国企业境外经商的利益保障机制。充分发挥双边经贸混委会机制和双边投资保护协定的作用，为企业的海外合法权益提供保障，为企业"走出去"保驾护航。

（四）进一步完善支持"走出去"的政策体系

一是外汇管理政策。根据企业提出的资金需求和"走出去"业务的增长情况，重新核定各家银行"内保外贷"指标，适度增加"内保外贷"的规模；推动有关部门，研究制定相关办法，解决商业银行中长期外汇资金来源问题；研究由国家外汇储备和其他机构投资者共同出资设立"对外投资合作发展基金"；扩大人民币结算范围，拓展海外人民币贷款业务。

二是财政税收政策。由于中央外贸发展基金来源面临枯竭，作为基金子项目，对外经济技术合作专项资金来源面临不确定，为此建议国家由公共预算设立"走出去"战略专项资金，支持非企业项目，如研究规划、国外勘探、公共服务平台建设等方面；研究由境外企业纳税的一定比例建立支持境外经贸合作园区的建设与发展；保持对外承包工程保函风险专项资金稳步增长，完善相关管理办法；对企业海外投资实行税收优惠政策；对境外资源回运给予税收优惠，鼓励资源开发型投资对进口的带动作用。

三是信贷和保险政策。研究建立中小企业对外投资担保资金；扩大优惠贷款规模，完善相关管理办法；推动对外工程承包企业项目融资给予期限和利率优惠；推动境外投资并购项目股本权益贷款；协调解决企业境外资产抵押融资难问题；以多种方式规避、分散企业境外投资风险。

（五）进一步完善"走出去"的其他支撑和保障措施

一是搭建"走出去"促进贸易发展的战略平台。加大投资促进力度，组织企业参加贸易投资促进团赴欧洲、北美、东盟、非洲、拉美等主要经贸合作地区开展研讨、洽谈和项目对接活动，为企业开展对外投资搭建平台。

二是编制"走出去"带动贸易发展的中长期规划。谋划中长期"走出去"的布局、任务、体制机制和战略举措。制定重点国别和市场、重点产业与领域的对外投资合作规划，明确近期、中远期"走出去"带动贸易的方向和重点。

三是研究制定"走出去"带动贸易发展的具体实施方案。确定对外直接投资、对外工程承包等"走出去"方式的重点产业、重点国别及重点企业，研究制定扶持企业"走出去"带动贸易的实施细则。

四是充分发挥双边经贸联（混）委会促进"走出去"的作用。对外经济合作都涉及双边合作，良好的双边合作框架有利于我国企业在当地的投资合作。为此，应充分发挥我国与众多国家的双边经贸联（混）委会的作用，充分借助这一平台在贸易和投资壁垒、市场准入等问题上进行沟通与磋商。

第四节　全球气候变化下的低碳贸易

一、应对环境与气候变化的国际形势

自 20 世纪 90 年代以来，基于保护环境及人类、动植物生命或健康的原因，限制或禁止使用某些对环境和健康有危害的产品已成为许多国家常见的国家政策。比如利用强制性法规和自愿性标准推广使用更节能的设备和电器产品；对产品和生产加工方法（PPMs）设置强制性的技术法规或标准，以保护生态环境，或促进减排、提高能效。国际贸易中出现了更多的绿色壁垒，环保标准进一步提高。2009 年以来，全球气候变化问题更受到空前关注。联合国政府间气候变化专门委员会（IPCC）评估报告进一步从科学角度确认了人类活动引起全球气候变暖的事实，2009 年年底在哥本哈根联合国气候变化大会上，将 2℃的温升控制目标写入《哥本哈根协议》中。

同时国际社会各种多边或双边活动日益频繁，达沃斯论坛、中外领导人会晤，都把气候变化作为重要议题。

全球，主要是发达国家对环境问题，尤其是气候问题的骤然关注，既有保护环境及人类、动植物生命或健康的原因，更与其当前的经济形势有关。百年一遇的金融危机深刻的改变了世界经济格局和进程，曾绝对主导世界经济发展方向的发达国家饱受危机重创，经济下滑，贸易萎缩，投资减少，失业人数剧增。为应对金融危机、防止经济严重衰退，发达国家政府密集采取了大规模注入流动性、降低利率、对金融机构和重要企业直接提供资金支持和积极的财政政策等一系列措施，如此尽管起到了使经济止跌回升的作用，但发达国家越发有"强弩之末"的疲惫和无奈。在传统产业优势渐失的背景下，发达国家为尽快走出危机、复苏经济，并期望继续领跑世界新一轮经济和科技发展，纷纷进行战略部署，提出"低碳"概念，推出节能环保、新能源等新兴产业。美国强调发展包括高效电池、智能电网、碳捕获和碳储存等的新能源产业及航空航天技术；日本把重点放在环保能源、信息家电等的信息技术应用、医疗、健康及纳米技术等；与美国新能源产业有相似之处，欧盟着力提高"绿色技术"，以绿色经济和环保经济促进发展。从政治角度讲，发达国家在面临以中国、印度、巴西等为代表的发展中国家日益崛起的威胁下（在此次危机发生及经济复苏期间，发展中国家的上好表现更让发达国家切实地体会到了这种威胁），在自身已完成工业化、碳排放处于下降通道的情况下，提出"低碳发展"、"低碳产业"等理念，也有压缩发展中国家的活动范围和利益空间的企图。欧洲实施减排政策时间较长，最先提出航空与航海业的边境碳调整，即"碳关税"的概念。美国也先后出台《美国清洁能源与安全法案》《清洁能源工作与美国电力法案》《碳限制与美国复兴能源法案》等有关碳关税的法案，倒逼之势已经直面而来。

案例：欧盟是近忧，美国是远虑

根据欧盟法案，自2012年1月1日起欧盟开始对所有在欧盟境内起落的国际航班征收超额碳排放的"航空碳税"，但"航空碳税"因遭到多国联合抵制而陷入搁置。2012年3月，包括中国、美国和俄国在内的26国联合签署《莫斯科会议宣言》抵制航空碳税后，欧盟承诺将"有条件暂停"部分法规，并愿意通过谈判就征收航空碳税修改此前推出的一揽子规定。然而欧盟征收碳关税的决心显然没有动摇，就在"航空碳税"僵局还未打破之时，"航海碳税"的苗头便已显现：欧盟计划在2012年6月再增加"航海碳税"，制定出全球航空和航海运输行业碳排放税的征收价格单。

《美国清洁能源和安全法案》，通常指的是《瓦克斯曼—马凯气候变化议案》，众议院已通过。这项议案的目的主要是建立美国的CAT/ETS系统，但同时要求对来自排放要求宽松国家的进口商品征收碳关税。[①] 按照这一议案要求，如果美国总统没有就减少全球碳排放达成国际协定，碳关税将于2018年开始实施。另一部类似法规是《清洁能源工作和美国电力法案》，即所说的《Kerry-Boxer Bill》。其中再次提到碳关税，规定"边境调节"自2025年生效。两部议案，其中都包含保持美国和外国生产商之间的"公平竞争"的条款，这可以看做是实施边境调节措施的一个毫无掩饰的说法。

而广大发展中国家，在应对环境与气候变化问题上尽管自身也有积极性，但更多是被动卷入。首先，这关乎社会责任。发展低碳

---

① Yu，V New Climate Protectionism：Analysis of the trade measures in the US climate bill，South Bulletin，Issue 40，10 September 2009

产业，降低温室气体排放，减少对气候变化的影响，保护环境，是一个国家对世界、对后代负责任应有的素质。其次，这关乎破解自身资源、能源困境的方法之一。多数发展中国家经济经过多年的快速发展，尽管国家实力、生活水平有了很大提高，但也日益面临资源、能源短缺的瓶颈限制，缺水、限电时有发生，土地沙化、风暴潮增加、极端气象灾害事件增加等，对经济的未来发展构成越来越大的制约。由此客观上要求发展中国家转变原有增长方式，节约能源资源，保护环境，实现可持续发展。再次，关注环境、注重低碳环保等产业多数是新兴产业模式，发展中国家与发达国家在此之间的差距不像在传统产业上的那么大，对摆脱"代工者"身份、产业结构升级、加快经济追赶步伐更有裨益。

气候变化问题影响经济贸易发展的形式可以体现在宏观层面、行业层面和企业以及产品层面。

气候变化问题在宏观层面对经济及贸易影响的主要表现形式为全球长期减排目标。全球长期减排目标的实质是为全球排放设立上限，进而为每个国家的排放设立上限。较紧的全球长期减排目标使得二氧化碳的排放空间成为一种紧缺的资源，由于资源的稀缺性将使得二氧化碳及化石能源消费成为同劳动、资本一样的稀缺生产要素，并将对各国竞争力的变化产生重大影响。1 吨二氧化碳排放所能产生的 GDP 即为碳生产率。发达国家由于其较高的能源效率和已经完成以高排放为特征的工业化、城市化进程，其在碳生产率方面将遥遥领先于发展中国家。全球长期目标的设定无疑将为发展中国家的国际竞争力带来不利影响。

气候变化问题同经济贸易问题交叉的另外一个层面是在行业层面，其对经济及贸易影响主要通过行业减排，具体表现形式为国际性的行业标准、行业减排交易机制或行业减排信用交易机制。行业减排的目的是将发展中国家的主要行业纳入量化减排的体系，进而通过逐步扩大覆盖的行业实现将发展中国家纳入量化减排的最终目的。目前航空和航运领域成为发达国家突破行业减排的主要突破口。

气候变化问题在企业和产品层面的影响则主要通过相关贸易措施。全球长期目标和行业减排的推动都需要发展中国家的认可与参与。目前，发展中大国对全球长期目标和行业减排都有较清醒的认识，发达国家在短期内难以通过量化的全球长期目标和行业减排为发展中国家设置有法律约束力的减排义务。单边的贸易措施成为发达国家迫使发展中国家在某些问题上做出让步的砝码之一。发达国家可能以关税壁垒或者非关税的技术壁垒作为手段为发展中国家的企业和产品设立贸易壁垒，以此推动发展中大国在减排问题上做出让步。

一是国内碳税。通过碳税的调节，所有的商品，其成本构成中将新增碳排放成本。如果商品在生产过程中涉及大量温室气体排放，则其成本将因为"碳税"的征收较高。如果商品以低碳的方式生产，则成本相对较低。不同的商品制造工艺、路线，因为碳成本不同，而具备不同的成本。

二是配额与排放交易。排放源企业为获取排放权需要额外支付成本，本质上这是政府向社会企业征收的"碳税"。而国际碳排放权交易市场的本质，是通过市场的手段调配资源，通过价格引导社会以最低的成本减少碳减排。

三是全球碳税。哈佛大学教授库珀提出，在"20国领导人会议"框架下，开征全球碳税。他认为，如果发展中国家不参与减排行动，一是对发达国家不公平，二是不能有效控制温室气体排放。全球碳税的收益由碳排放国政府征收使用。"20国领导人会议"需要一个国际协定，确定征税的碳排放源和碳税。但全球税制应该是单一的。单一碳税可以防止因避税而产生的工业生产的转移。

四是产品标识和国家标准。有一些学者虽然没有提出明确的减排方案，但是给出了一系列具体的自下向上的方法，包括技术和性能标准；技术、研究和开发协定；部门目标（全国/跨国）；可持续发展政策和措施（SDPAMs）等方法。其中，产品标识和国家标准为基础的行业减排方法最多。西方许多研究者认为在行业范围寻求基于市场的减排方式在可行性、解决竞争问题以及实施推广、扩大参与等方面可能更具有合理性，因此以产品标识和国家标准为基础的行业减排成为国际应对气候变化、减少温室气体排放的新突破点。

五是边境碳调整。即是通常所说的"碳关税"，由欧盟、美国及其他发达国家最先提出的一项单边贸易措施，目的在于一方面解决某些经济体由于实施较为严格的温室气体减排政策致使产业竞争力减弱的担心，试图通过对来自无强制减排义务或减排力度较小的经济体的产业或服务征收边境碳税，以校正市场竞争的扭曲。另一方面解决某些经济体内的能源密集型企业在减排政策压力下外迁、由此引发"碳泄漏"的担心。同时，欧盟、美国等经济体也意图通过征收碳关税迫使中国等主要发展中国家在全球气候体制中采取强有力的减排行动。目前提出的关于碳关税的征收措施主要有两种形式：一种是对来自没有承担量化减排义务国家的进口产品加征碳税，使税收标准达到与对本国产品同样的水平。同时，允许实施减排措施的出口国对国内生产的出口产品进行相应的税收返回，以保证该产品在国际市场的竞争力。另一种是要求产品的进口商或国外出口商基于产品在生产过程中产生的温室气体排放量，从国际碳市场购买相应的碳排放额度或信用，使其等量于本国的生产商。

二、我国应对气候变化的政策建议

全球气候变暖是全人类共同面临的巨大挑战，保护气候安全是国际社会的共同目标。为了减缓气候变化，保护气候安全，国际社会需要密切合作，及早减少温室气体排放。但目前，由于发达国家与发展中国家在减缓、适应、资金和技术等主要问题均没有达成一致，在《京都议定书》的去留问题上也存在很大分歧。如果不能就气候变化达成全球协议，必将使得国际贸易关系更加错综复杂，当前主要发达国家和利益集团就其承担的量化减排义务纷纷主动出击，提出各种方案，无非就是为其自身谋利益，我国未来在减排问题上必将面临巨大压力，对于今后如何参与全球应对气候变化行动，要及早部署，积极应对。

(一) 统一认识，统筹国内和国际两个大局

1. 正确认识应对气候变化对我国经贸所带来的挑战与机遇，使得我国可以在贸易和气候变化的全球治理中发挥积极作用

美日等伞形国家及欧盟等发达国家要求达成新的全球协议以替代《京都议定书》，并将发展中国家尤其是发展中大国纳入全球减排。但在多边机制尚无法满足发达国家这些诉求的情况下，发达国家将会越来越多的利用单边的贸易措施迫使发展中国家进一步减排，并将诱发国际贸易关系的紧张态势。欧盟单方推行航空"碳税"就是一例。我国强调的"发展权"、"历史责任"、"发展排放"和"转移排放"的理念，"应当遵守共同而有区别的责任"原则，是适当和合理的，但是由于我国规模庞大的外贸出口量和温室气体的潜在增长规模，在今后较长的一段时间内，我国将不可避免地成为贸易和气候变化讨论中的一个焦点，因此，这是对我国未来经济贸易又快又好发展的一个挑战。

另一方面如果考虑来自未承担减排义务国家的内涵能源/排放的贸易进行限制，则必须在未来气候制度中进行重新的界定，这需要在全球范围内达成共识，但是当前的谈判并未将其列为议题，一旦单边贸易壁垒/措施实行，则使得发展中国家的利益遭受损失，相当于间接地参加了量化的减排，而且与其被量化减排义务的国家征收调节税，不如发展中国家自行主动征税。我国作为最大的发展中国家和贸易大国，需要在新的理念和原则上不断提出切实可行的

战略，为寻求公正的全球解决方案发挥积极的作用。此外，内涵排放问题对发展中国家而言也是一把"双刃剑"，虽然以消费作为核算排放责任的基础对发展中国家有利，但也为发达国家采用单边贸易措施制造了口实。

2. 将应对气候变化纳入我国经贸工作的中长期规划，制定低碳经济下中国经贸工作的发展战略、指导意见

把科学应对气候变化纳入我国经贸工作的中长期发展规划，把低碳发展的理念和可持续经贸体系的具体目标体现在"十二五"规划中。把实现低碳发展、科学应对气候变化作为贯彻落实科学发展观的重要内容，构建可持续经贸体系，促进低碳经济发展，以协调国际应对气候变化行动和国内可持续发展两个大局。

建立健全出口贸易温室气体减排的应对机制，确立、完善中长期可持续经贸体系工作的指导思路、目标任务及相应政策措施，建立相应的长效机制，从而将国内发展目标和全球气候保护目标统一起来。

3. 积极参与国际多边对话与合作，发挥"气候外交"的正向作用

建立既符合国际规范又符合本国国情的气候与贸易政策是政府"气候外交"的重要任务。"气候外交"已成为一些国家，特别是发达国家进行国际绿色营销的手段，发达国家的外交力量纷纷充当本国商品的"首席推销员"，以促进本国环保产业的发展和绿色产品的出口，对于我国来讲，要研究"气候外交"营销途径。

日本高度重视"气候外交"，已将"气候外交"置于战略高度，并将其设为优先议题，2006 年 9 月发布了"发展中国家适应气候变化的国际合作建议"，希望通过此举显示日本政府积极致力于解决全球环境问题的姿态，以期在 2012 年以后的新国际框架制定过程中发挥引导作用，并希望通过一系列政策措施实现其在应对气候变化行动中的主导地位。

因此，我国要积极参与国际气候变化框架公约和国际多边协定中"气候友好型"条款的谈判。由于经济发展水平的差异，在经贸会谈多边协定中的"气候友好型"条款的谈判中，发达国家往往提出某些过高的或超越发展中国家的发展水平的标准和措施，为了维护本国经济利益，发展中国家要团结起来，积极参与谈判。

4. 坚持"共同但有区别责任"原则，坚决反对借气候变化推行贸易保护

在目前的全球气候变化进程中，值得我们警惕的是一些西方人士在鼓吹将环保和减排问题与贸易挂钩。"减排挂钩贸易论"表明，气候变化问题正在成为某些国家，尤其是发达国家变相实施贸易保护、设置贸易壁垒或单独敛钱的一个工具。而在这方面，典型的例子就是 2012 年 1 月 1 日起欧盟开始实施的国际航空业"碳关税"。欧盟不顾及他国利益（包括发展中国家和部分发达国家），一意孤行强制推出航空碳关税。根据其法案，只要在欧盟境内机场起降的国际航班，无论是否中转，都需要为超过欧盟规定配额标准的碳排放付钱，否则将会面临巨额罚款甚至被停航。尽管欧盟声称采取此项措施是为对抗全球气候变暖，但此举遭到了全球 20 多个国家的一致反对，其中美国也罕见地与中国、俄罗斯等站在同一阵列。《莫斯科会议宣言》提出反对欧盟单方面向他国航空公司征收碳税的具体措施，包括利用法律禁止本国航空公司参与碳排放交易体系；修改与欧盟国家的"开放天空"协议；暂停或改变有关扩大商业飞行权利的谈判等。从而使欧盟航空碳关税计划陷入暂停的尴尬境地。

气候变化是一个复杂、充满挑战的国际性议题。在这方面，发达国家在气候变化问题上有更多历史责任，理应展开行动，以实现中期减排目标，在 2020 年应将温室气体排放量在 1990 年基础上至少减少 40%。我国经贸工作应当坚持"共同但有区别责任"原则，对于部分国家借气候变化之名，推行贸易保护主义之实，我们应当旗帜鲜明地表示反对。

（二）科学应对，统筹考虑经济发展和生态建设

1. 大力推进节能减排，继续强化基于技术标准和管制政策的减缓行动

大多数主张全球减排的发达国家认为，由于自身征收碳税、资源税等导致其生产成本的增加，从而削弱了其产品的国际竞争力。尽管我国目前虽然没有量化的减排限制，但是需要指出的是，我国目前推进节能减排的主要手段是行政手段多，而法律、经济手段少，这是我国与发达国家现行的管理手段相比的最大不同。

由于我国政府在经济运行中具有主导型作用，而且行政手段具有政策出台快、产生效果快的特点，因此在近几年主要是以行政手段包括技术标准和一些相关的管制政策推广节能减排。这样就使得行政手段的节能减排效果不容易进行量化度量，很难与国外量化的经济节能手段进行比较，因此若我国行政性节能减排政策行动不做考虑，而与发达国家进行行业/部门竞争力的评价与判断，对于我国行业/部门真实的减缓行动和效果的评价是不公平的。

2. 统筹考虑国内的环境与经贸发展，从根本上对冲发达国家设立贸易限制措施的借口

对内继续重视提高能源效率并在环境与贸易的利益方面做出权衡与取舍。在我国"十二五"规划建议中从五个方面全面部署加快建设资源节约型、环境友好型社会。包括积极应对全球气候变化、大力发展循环经济、加强资源节约和管理、加大环境保护力度、加强生态保护和防灾减灾体系建设。同时把大幅降低能源消耗强度和二氧化碳排放强度作为约束性指标。完成这一目标重要手段之一就是提高国内的能源利用效率。同时高度重视内涵能源出口问题，避免成为国际"污染天堂"，减少高耗能、高碳密集型的产品的出口，取而代之进口相应的替代产品，在减少我国贸易顺差的同时相应的减少我国的环境污染。我国必须不断提高工业制造部门的能源利用效率，发展高科技、高附加值产品，并大力促进低碳密集型的服务

业的出口。进一步权衡和协调贸易和环境之间的关系，寻求贸易和环境积极互动的政策，不仅服务于中国的发展利益，同时兼顾发展中国家的利益和全球可持续发展的利益。

3. 积极探索碳交易机制，努力推进技术进步

2008 年至 2012 年是《京都议定书》的第一个承诺期。在这个期限内，中国作为发展中国家不需要承担减排义务，但应抓住这一机会，储备新能源替代技术，积极探索碳交易机制，并从中获得技术进步、结构升级、经济可持续发展的机遇。一是推广清洁发展机制，推动清洁发展机制的深层次改革，培养碳交易市场体系，以充分利用现阶段的有利条件，使我国可持续发展的目标落到实处。在欧盟出台的航空碳税法案中规定，如果航空公司国内也出台类似的旨在削减航空碳排放的具体措施，即"替代方案"，则其进出欧盟的航空公司可以不用向欧盟交纳"航空碳税"。因此积极建设和启动国内碳交易市场，可以作为欧盟允许的"替代方案"，进而变被动为主动，规避欧盟"航空碳税"。二是在实践过程中要加强碳交易知识普及和相应培训，学术界要深化对碳交易活动的理论研究，为我国可持续发展奠定理论基础。三是借鉴发达国家自愿交易机制的经验，积极参与实践与探索，在国内开展出口企业碳排放许可证交易工作试点。

4. 探索国内主要出口部门相关技术和政策标准的研究，建立与国际接轨的技术法规和标准体系

以产品标识和国家标准为基础的技术性贸易壁垒已被发达国家作为强制发展中国家减排温室气体的新手段，意图遏制发展中国家的发展，研究表明，技术性贸易壁垒给国际贸易造成的障碍占关税等壁垒总和的比重已经由原来的 20% 上升到目前的 80% 左右，给中国这个外贸依存度高达 70% 的发展中大国带来的伤害尤其深重。为此，中国政府应从维护国家经济安全的角度出发考虑跨越技术性贸易壁垒，从对外和对内两方面入手，提高自身的应对能力。

对外，中国一方面应在全球应对气候变化的时代背景下，在《公约》和《京都议定书》的框架下，遵循《巴厘路线图》，积极倡导尽早确定适合的技术转让机制，建立负责技术开发和技术转让的专门组织机构及其资金机制，创建既保护知识产权又促进技术转让的机制体制，推动气候友好型技术向我国转让；另一方面，我国应对发达国家目前的技术标识和国家标准进行深入系统的研究，在此基础上，利用WTO有关条款和国际组织协议，联合众多发展中国家抵制发达国家利用技术性贸易壁垒设置歧视性贸易政策，为我国对外贸易的发展争取良好的外部条件。

对内，我国应从提高自身能力的角度出发，加强对技术标准的研究、制定和实施体系。目前，德国应用的工业标准约有15 800种，大多数等同于国际标准，而我国70%～80%的技术标准低于国际和国外先进标准；而且我国标准体系混乱，有国家标准、地方标准、专业标准及企业标准，数目繁多但水平低下，难以与国际接轨，易受影响。因此，我国必须加强对标准的研究，在短期内提高重点行业的标准水平，尽快扭转被动局面；中期，我国应积极打造适合经济一体化和贸易自由化的中国标准体系，实现战略应对；长期努力应落实在加强技术创新，提升我国产品的质量和档次，打造民族品牌，从而突破技术性贸易壁垒。

5. 建立气候变化绿色贸易壁垒的预警机制，提前预知国际经贸规则调整

建立绿色贸易壁垒的预警机制对我国对外贸易健康发展意义重大，因为国际标准化机构和各国政府及其标准化机构经常对其技术法规和标准进行修订。如果企业信息不畅，不能按照已经变化了的法规或标准要求生产产品，在出口时就会遭遇壁垒。因此，我国应尽快建立国外气候变化绿色贸易壁垒的预警机制，以负责壁垒信息中心和数据库。同时，认真研究气候变化绿色贸易壁垒对我国主要出口产品的影响，采取积极措施应对，创造良好的出口环境。在获

取国外气候变化绿色贸易壁垒信息方面，我们应充分利用世贸组织各成员方在《贸易技术壁垒协议》等提供的有关技术标准、法规的国家级咨询点。另外，可利用驻外经商参赞处等机构及时收集国外环境技术壁垒信息。国家通过建立相关的信息数据库和网站，方便企业查询，为企业提供相关咨询服务。

6. 建立跨国行业减排的研究体系，提高自身的应对能力

尽管欧盟强制推行航空碳税未能成功，但可以看出欧盟等发达国家极力推动以行业为基础进行温室气体减排，强压发展中国家承担强制温室气体减限排义务、推动建立符合发达国家利益的 2012 年后应对气候变化国际制度安排的动向。因此，我国的经贸工作应当尽快建立专项应对体系，该体系应当在今后主要关注以下事项：深入进行跨国行业分析，排列出可能的行业突破口；针对重点的跨国行业协会，加强应对气候变化的能力建设；对已经有减排行动的航空、航运业给予跟踪分析、谈判支持和政策引导。

第五节　推进贸易便利化

贸易便利化措施对我国对外贸易发展具有非常重要的作用，尤其是在后危机时代，在我国外部需求放缓的情况下，深入推进贸易便利化可有效支撑、促进我国对外贸易发展，具有更重要的现实意义。

一、推进贸易便利化的背景与意义

当前，受国际金融危机影响，我国外贸形势十分严峻。尽管我国包括"大通关"在内的各种贸易便利化措施取得了很好的成效，但仍有较大的改进空间。进一步推动实施各种贸易便利化措施，对我国外贸发展具有十分重要的意义。

贸易便利化是国际贸易发展的大趋势，国际贸易发展的理论和

实践都充分证明，贸易便利化对国际贸易、经济发展具有非常重要的作用。世界银行认为贸易便利化是经济增长和发展的必要因素[①]。联合国估计贸易便利化所带来的收益约达 490 亿美元[②]。而且，贸易便利化提供的潜在好处可能超过贸易自由化提供的好处，经济合作与发展组织所作的一项调查显示，乌拉圭回合削减的平均关税提供的收益大约为贸易总额的 2%，而贸易便利化提供的收益则估计为 2%～3%[③]。很显然，贸易便利化可以减少阻碍国际贸易的不必要的障碍，降低国际贸易活动的复杂性，简化进出口程序，减少交易成本，缩短交易时间，改善贸易环境，可以为企业带来巨大的经济利益。

基于我国当前的外贸发展形势以及贸易便利化措施对外贸乃至经济发展的重大作用，在后危机时代，我国必须推进贸易便利化，以应对外部需求增长放缓的新形势，保持我国外贸的持续健康发展。

二、推进贸易便利化的目的和主要任务

深入推进贸易便利化的主要目的是提升贸易便利化水平，提高行政执法部门的效能和服务水平，减少企业交易成本，从而提高进出口贸易竞争力。推进贸易便利化的主要任务包括以下四个方面：

(一) 创新通关模式

在"大通关"取得巨大成效的基础上，进一步创新通关模式、简化通关程序、提高通关速度。加强海关、检验检疫、边检、海事、港区、货代、船公司等协同配合，推行提前报关报检报验、口

---

① 世界银行 2001 报告："Trade and Transport Facilitation-a Toolkit of Audit，Analysis，and Remedial Action."第 5 页。

② Mike Doran 在日内瓦 UN/CEFACT BPAWG 会议上的发言，2001 年 12 月 3 日。

③ 经合发组织："贸易便利化对企业的好处"（TD/TC/P2001/21）。

岸各管理部门联检制度等，提高通关效率。口岸所在地的各级人民政府在加强协调工作的同时，要加大口岸基础设施建设投入，加快口岸设备更新改造，提高口岸货物通过及作业能力。口岸各管理部门要结合本系统（行业）的实际情况，特别是针对高新技术产品通关的特点，清理、修订不适应新形势的部门规章和行业规定，指导、督促本系统（行业）简化管理手续和业务流程，规范收费标准和办法，提高服务质量。例如，商务部要牵头研究解决通关过程中进出口管理政策层面的问题；海关总署要进一步规范报关行为，提高签发出口退税证明的工作效率；交通运输部门要研究解决提高运输单证准确性和规范运输代理行为等方面的问题；质检总局要研究解决加快查验、出证速度等方面问题。

（二）积极推动标准一致化

一是积极采用国际标准。主要包括：在重点领域逐步使国内标准与国际标准保持一致；以国际标准为基础，协调影响货物相互认可的规章制度、编码和标准；执行 WTO 技术性贸易壁垒委员会关于开发国际标准、指南和建议原则的决定，在涉及国际标准的贸易协定、国内法律和规章的术语使用上也要与该委员会的决定保持一致；实施信息技术产品贸易便利化工作计划；将国内关于医疗设施的规章与全球协调工作组（GHTF）的原则保持一致，并积极采纳实施其指导文件；将国内关于化学品的危险品分类及标签制度与联合国全球化学品统一分类及标记协调制度（GHS）保持一致。

二是促进和推动国家间或区域性的质检合作。由于技术性贸易壁垒措施、卫生与植物卫生措施法律上的刚性、技术上的弹性、形式上的隐蔽性，使得多国协调达成一致性、具有约束力的共同措施具有很大的操作难度。因此，具体的措施协定往往是在贸易国双边或区域基础上实施的。从建立双边性、区域性的质检领域合作入手，在实际操作中具有更高的可行性，可以更快地实现贸易便利化成果，也可以为多边质检领域合作积累经验、奠定基础。

三是积极加入国际互认体系，例如积极签署或加入电子、电器设备相互承认协议（EEMRA）、食品行业相互承认协议、电话产品相互承认协议、亚太实验室认证合作（APLAC）多边相互承认协议等。

（三）推进"电子口岸"建设，营造快捷、便利、安全的电子商务环境

广泛应用信息和网络技术，加快实施海关、检验检疫、外汇管理、税务、边检、港口（空港）、海事、银行、保险等部门联网，逐步实现口岸各有关部门通关信息的互联互通。加快"电子口岸"的组织建设和"口岸电子执法系统"在口岸各部门之间的推广工作，尽快使口岸各部门在一个电子平台上运作，实现口岸管理信息化、网络化。

在推进"电子口岸"建设的基础上，推行网上报关、报检、报验；推行出口收汇网上核销；推行网上申报出口退税、网上核查有关数据，简化出口退税纸质单证，全面推行通过电子信息办理退税，加快出口退税办理速度。

争取用5～10年时间把全国各口岸建设成为具有"一个门户"入网、一种认证登录和"一站式"办事等功能、集口岸通关执法管理及相关物流商务服务为一体的"大通关"统一信息平台。

（四）完善港航服务体系，降低企业成本

中国企业出口时，口岸拖箱费、码头操作费相对较高，尤其是相对于价值不高、劳动密集型产品而言，这些费用在总成本中所占的比例相对更高。因此，应规范进出口环节各种费用的收费标准，降低港航服务环节综合费用和物流成本，减轻企业负担。

（五）提高工作效率，方便商务人员流动

通过缩短旅客等候办理边防检查手续时间、加快行李验放速度、推行进出境旅游团组"网上预录报检"等措施，实施快速、简便的通关方式，提高边检、海关、检验检疫等进出境人员查验单位的工作效率。具体来看,可依据 APEC 贸易便利化行动计划 Ⅱ 中关于商务流动的内容加以推动,主要集中在两个方面:一是简化并规范程序,包括:旅行证件检查、专业服务、旅行证件安全性以及移民立法等方面标准的实施;根据 APEC 已达成的 30 天标准简化公司内部人员的跨境流动程序简化安排;继续实施和促进 APEC 商务旅行卡计划等 3 项内容。二是提高信息通用技术的使用,包括对短期居住申请创建网上居住安排、创建机读旅行证件(MRTDs)、实现生物特征识别功能、创建先进乘客信息系统、确保已通关乘客在到达时快速通关等 5 项内容。

三、贸易便利化的支撑保障

(一)完善贸易便利化协调机制

贸易便利化是一项涉及多部门的系统工程,必须加强整体协调,形成各部门之间、各层级之间密切配合的协调机制。一是要完善贸易便利化的跨部门联系机制,由商务部牵头相关部门联合成立"贸易便利化"部际工作小组。工作小组负责研究贸易便利化推进中的重大问题,就重要事项提出解决方案,协调落实跨部门工作。各有关部门要认真履行职责,着力解决宏观和政策层面上影响贸易便利化的问题,并要求所属单位在当地政府的领导下统一行动,密切配合。二是完善贸易便利化部省协调机制。为了更好地推进贸易便利化,应在部省合作框架协议下,加强贸易便利化领域的沟通、协调力度。各级地方人民政府要主动出面研究解决贸易便利化工作中的各种问题,推动提高整体工作水平和效率。

(二)加强相关部门服务型政府部门的建设

涉及贸易便利化的政府部门很多,相关机构应以建设服务型政府部门为宗旨,加强与企业的沟通交流,及时了解企业的需求,以利于政府更切合实际地向企业提供政策和管理服务。同时,政府应发挥引导作用,加强贸易便利化问题研究。支持研究机构开展贸易便利化领域的相关研究，探索实施贸易便利化措施中的各个环节的有效途径。这样，既能更切实地解决企业在贸易过程中面临的各种问题，又能为更好的制定国家宏观政策服务，其研究成果将成为政府制定贸易便利化措施和政策的重要依据和支持，有助于政府制定出符合中国国情的政策和措施。

（三）积极参与国际交流与合作

一是积极参与有关贸易便利化的国际论坛，以更好地了解其他国家在该领域的先进经验和做法，促进我国更好地在贸易便利化措施中采用国际标准和国际惯例。二是以海关贸易便利化为突破口，通过国际性的合作和交流，加快该环节的贸易便利化进程。海关是贸易便利化链条的重要环节，如何加快该环节的贸易便利化进程是我国海关面临的主要问题。建议海关加强与贸易便利化比较发达的国家的海关进行交流与合作，尽快开发出具有中国特色并与国际标准接轨的海关通关系统，并充分利用互联网服务帮助国内外企业解决海关通关过程中遇到的各种问题。

（四）发挥商协会和产业协会的桥梁作用

各类商协会、产业协会应充分发挥其在政府与企业间的桥梁作用，提升为企业服务的功能。各类商协会、产业协会要把贸易便利化作为其主要工作之一，充分利用互联网技术，倾听企业的声音，提供企业急需的信息，帮助国内企业逐步开拓国外市场，增加企业参与国际市场的竞争力。

第十一章　加快实施外贸发展重点工程

　　"十二五"时期，外贸工作的重点是优化外贸"两个布局"，推进外贸"三项建设"，即"2＋3"工程。优化外贸"两个布局"是指优化国际国内两个市场布局，推动"三项建设"是指推进外贸生产基地建设、外贸平台建设和境外营销网络建设。

第一节　优化国际国内两个市场布局

一、优化外贸国内区域布局

　　优化外贸国内市场布局是落实国家区域经济协调平衡发展的重要举措，是国家区域政策与贸易政策协调一致的重要体现。2011年，中西部地区进出口占比约 11.1％，虽然较上年提升 1.4 个百分点，但所占比例仍大大落后于沿海地区外贸占全国 88.9％的份额。中西部地区外贸发展相对滞后，是制约地区经济发展不协调不平衡的重要因素。为此，党的十七大报告提出，"要继续实施区域发展总体战略，深入推进西部大开发，全面振兴东北地区等老工业基地，大力促进中部地区崛起，积极支持东部地区率先发展"，发挥各地区比较优势，实现区域政策与贸易政策有机融合，探索各具特色的区域贸易发展路径，促进区域经济贸易的协调发展。

　　未来一段时期，要在稳定东部沿海地区外贸规模、支持东部地区加快外贸转型升级的同时，加快中西部地区外贸发展，通过加大贸易促进力度和区域外贸协作力度等途径，力争到 2015 年，中西部地区外贸占全国外贸比重提高 5 个百分点左右。

东部地区：一是加速提升对外贸易发展水平。沿海地区是中国贸易强国目标的主要承担者，为此要加速转变外贸发展方式，提升对外贸易质量和效益，将低附加价值、部分劳动密集型产品和加工贸易转移到中部内陆地区，腾出空间和资源发展高技术、高附加价值和高效益的外向型产业。二是要更好发挥上海、广东、天津等地在长三角、珠三角和环渤海区域经济发展中的国际贸易中心以及各大中心城市的国际贸易平台和商品市场的作用，带动国内其他区域的外贸发展；三是探索加工贸易转型升级的新路径。在加工贸易集聚程度较高的地区，给予先行先试政策，为全国范围的加工贸易转型升级积累经验。四是探索支持外贸发展的新的体制机制。沿海地区要积极探索财政、税收、海关、商检等部门支持和服务外贸发展的新的体制机制，以及应对贸易摩擦的新机制。五是配合国家沿海各省市、各区域经济社会发展规划，制定相应的对外贸易发展规划。

中部地区：一是扩大贸易规模。中部地区工业基础好，要素资源丰富，地理区域相对优越，未来 10 年对外贸易发展潜力很大，中部地区将成为我国外贸增量的重要来源，也承担着巩固贸易大国地位的重要任务。二是积极承接国际和沿海地区的产业转移。抓住新一轮国际产业转移和沿海地区"万商西进"和"加工贸易向内陆转移"的机遇，进一步扩大中部地区经济和产业外向度，大力发展面向出口的产业。三是配合国家对中部地区的经济社会发展规划（如武汉城市圈和长株潭城市群两型社会综合配套改革试验区），制定符合地方特色的对外贸易发展规划。

西部地区：一是探索西部内陆地区外贸发展新道路。西部内陆地区具有"不靠边、不靠海"的特点，适宜发展高科技、高附加价值、重量轻等对运输费用不太敏感的出口产业和产品，在内陆中心城市形成若干个外贸集聚发展区，如重庆、成都、西安等地。二是提升边境开放水平，扩大边境贸易发展。边境地区对外贸易规模不大，但对于稳定边疆，实现兴边富民的目标意义重大。为此，应进一步发展边境贸易，赋予边境经济合作区新内涵，建立新的边境国际经济合作区，提升边境开放水平。

另外，进一步完善海关特殊监管区在沿海、中部、西部和东北老工业基地等不同区域的合理布局；推动有条件的地区建立自由贸易（园）区等方式，推动对外贸易的区域协调发展。

二、优化外贸国际市场布局

在现有的国际分工格局下，作为后发国家，中国对发达国家市场过分依赖。随着中国成为贸易大国，在传统的发达国家市场上可供进一步拓展的剩余空间相应减少。长此以往，不利于中国对外贸易的可持续发展。从 20 世纪 90 年代初至今，市场多元化一直是我国对外经济贸易发展的重要战略目标之一。要推进市场多元化战略向新兴市场战略深化升级，不断开拓和培育新兴市场。首先，从我国开放经济发展的内在要求来看，如果进一步拓展新兴市场，有利于增加中国对外贸易的可持续发展空间。其次，经过多年来的不断拓展，中国在发达国家市场上的低成本拓展空间已经得到充分利用，一方面给发达国家的国内相关企业带来竞争压力，另一方面也挤出了竞争国（大部分是发展中国家）在发达国家的市场份额。再次，拓展新兴市场也有利于进一步扩大贸易机会的选择范围，优化资源的全球配置，增强风险控制能力。2011 年，欧盟、美国、日本、中国香港、韩国等传统市场进出口占比 51.8%，下降两个百分点，发展中市场进出口占比上升约两个百分点，我国外贸国际市场布局有所优化。

未来一段时期，我国将加大实施市场多元化战略，进一步优化国际市场布局。将在稳定传统市场规模、着力提高出口质量和效益的同时，深度拓展新兴市场，通过加大市场开拓力度和加强双边经贸合作等途径，力争到 2015 年，我国与除欧美日、中国香港以外的市场份额提高五个百分点左右。因此，优化国际市场布局不是以牺牲发达国家市场份额为代价，而是在巩固发达市场的同时，深度开展新兴市场。对于新兴市场来说，虽然存在着较大的市场空间有待进一步拓展，但拓展难度也很大，除了其他国家具有占先优势外，金融体系不健全、商业信用低、贸易壁垒程度高、单一市场规模狭小等要素也构成了拓展新兴市场的无形屏障。从后危机时代来看，要实施新兴市场开拓构成，就必须寻找到适当的突破口。

第一，新兴市场拓展不能采取"广种薄收"的策略，而是要突出有限目标，集中力量，重点突破的原则。为此，有必要重点选择一部分新兴市场国家，逐一与之制定双边中长期经贸合作发展纲要，共同推动贸易投资进一步发展。现阶段，可考虑以金砖四国中的俄罗斯、印度、巴西以及钻石 11 国为开拓重点，在 2020 年，将上述市场的出口贸易结合度全部提升至 1 以上的临界水平。

第二，新兴市场拓展要以自由贸易区战略为重要突破口，从广度上为新兴市场拓展奠定基础。加快自由贸易区建设在很大程度上有利于从制度层面为实施新兴市场拓展战略创造宽松的贸易环境。多哈回合长时间陷入困境表明，世界各国特别是发达经济体与发展中经济体之间在 WTO 框架下寻找各方利益均衡点难度越来越大，比较容易找到利益均衡点的区域贸易合作则更具可操作性，应当优先考虑。截至 2012 年 6 月，中国已经建立或对外商谈的自由贸易区有 15 个，其中已经签署十个自由贸易区协议。特别应当指出的是，在国际金融危机大环境十分不利的情况下，中国—东盟自由贸易区的建立有利于为我国出口贸易的发展营造适宜的小环境。随着后危机时代的来临，中国还要通过多双边及区域经济合作，形成涵盖多个国家和地区，多种合作层次的贸易安排。具体来看，除了要积极推进与海合会、南部非洲关税同盟等区域组织建立自贸区，加快东亚共同体的建设，尽可能扩大贸易自由化的块状覆盖范围，还要探索建立中韩、中俄、中印等双边自贸区，扩大双边贸易自由化的点状覆盖范围。

第三，在拓展新兴市场过程中，除了要通过强化经济外交力度为拓展新兴市场营造良好环境之外，有关部门还要强化资金保障力度与风险控制力度，加快针对拓展新兴市场的制度建设，设立负责拓展新兴市场的常设机构，为出口企业拓展新兴市场提供人员培训、信息咨询、调查研究等方面的便利条件与相应的公共服务。

第四，对亚非拉其他发展中国家也应给予充分的重视。迄今为止，中国已经对某些最不发达国家的部分对华出口商品实施了特惠关税待遇。在适当时机，可考虑以上述特惠关税待遇为基础，给予这些国家普惠制待遇。同时，对其中与我国贸易盈余较大的国家可采用类似于"黑字还流"的方式，扩大从其进口。

第五，中国也可以尝试日本在上世纪50年代采取的"促进为了出口的进口"做法，优先从发展中国家进口某些商品，对来自最不发达国家的进口产品全部免除进口关税，通过扩大对外投资和对外援助力度，增强其贸易能力建设，促进其经济发展，增强这些发展中国家从中国进口贸易的实际支付能力。

第六，通过设立新兴市场拓展基金、信用保险、积极推进局部范围内的人民币国际化等办法，进一步强化针对拓展新兴市场的金融支持力度。

第二节　加快外贸转型升级示范基地建设

一、加快对外贸易转型升级示范基地建设的背景和意义

改革开放以来，我国的对外贸易发展在很大程度上受益于一大批与对外贸易有关的基地建设，特别是在货源组织方面，这些基地

对我国在国际市场上占有一席之地功不可没。溯本求源，加快对外贸易转型升级示范基地建设更多体现了与时俱进，在很大程度上也是长期以来对外贸易基地建设的延续与发展。迄今为止，我国的对外贸易基地建设基本上体现出以下几个方面的特点：

一方面，对外贸易基地建设体现为结合行业的发展，将一大批企业打造为主要出口货源供应地。据海关统计，机电产品出口占货物贸易出口额的比重由 1985 年的 6.1% 提高到 2010 年的 59.2%。事实上，机电产品出口的发展在很大程度上离不开出口基地的"贡献"。1991 年原国务院机电产品出口办公室发出通知，要培育"机电产品出口的骨干企业"。在此基础上，有关部门给予这些企业以一定的政策支持，其中包括简化企业维修业务人员出入境手续、机电产品出口生产企业工资总额与出口创汇挂钩、赋予有条件的生产企业进出口经营权等政策，同时积极协助企业解决资金、材料、外汇、退税、商检、海关、运输等方面的问题。

另一方面，对外贸易基地建设也体现为结合区域发展，打造诸多面向国际市场的园区。迄今为止，各类经济技术开发区、高新区等园区在政策空间、产业聚集、资源配置、招商引资、技术研发、吸纳就业等诸多方面显示出优于区外的高地效应。据统计，2010 年 90 个国家级经济技术开发区的总产出占全国的 6.69%，而 90 个国家级经济技术开发区的出口额则占全国的 16.08%。打造高水平的出口基地意义重大，不仅有利于充分依托块状经济形成的产业集聚、依托贸易平台形成的市场集聚、依托特殊经济区形成的政策集聚，而且也有助于广泛借鉴其他国家在发展特殊经济区域方面的成功模式和经验。

从上述两条主线来看，基地建设对于打造贸易大国起到关键性的作用。从打造贸易强国的需要来看，依然离不开对外贸易基地的支撑，但客观来看，这种支撑不能够仅仅依托于上述两种基地，而是更要开拓思路，围绕着转型升级的重要任务来打造更高水平的对外贸易基地。事实上,从 2011 年下半年开始,随着欧债危机影响范围的进一步扩大,我国外贸下行态势较为明显,外贸面临的不稳定、不确定因素增加,对这一趋势要高度重视。未来要保持外贸政策稳定,继续推进外贸结构调整和转型升级,从另一个侧面也说明加快对外贸易转型升级示范基地建设具有很大的现实意义。

外贸转型升级示范基地是指产业优势明显、区域特色鲜明、公共服务体系完善、龙头企业作用突出和出口带动效应强的产业集聚区和行业龙头企业。按照上述标准,2011 年 12 月 13 日,商务部对第一批 59 个国家外贸转型升级示范基地正式授牌。此次授牌的为专业型示范基地,是指在国内同类产品中,出口规模、出口潜力和技术水平位居全国前列,对全国相关类别产品出口具有较强示范带动效应的某一特定产业集聚区。

作为当今世界上的贸易大国,要在尽可能短的时间内成为名副其实的贸易强国,不能够寄希望于盲目的广种薄收,而是要突出重点,精耕细作,依靠打造适当的载体,加快对外贸易的转型升级,扭转对外贸易规模扩张过程过于粗放的状态。从这个意义上讲,在经历了国际金融危机、欧债危机等一系列外部环境的变化之后,未来要提升中国在国际分工中的定位,推进从贸易大国向贸易强国的转变,除了需要在贸易环节搭建商务平台之外,更要充分发挥产业先导作用,加快对外贸易的转型升级基地建设无疑是不可或缺的抓手。

二、加快对外贸易转型升级示范基地建设的目的和主要任务

作为我国对外贸易发展的必由之路,通过加快对外贸易转型升级示范基地建设来实现对外贸易增长方式的转变也必须要有的放矢。在经历了国际金融危机和欧债危机等一系列外部环境的动荡之后,加快对外贸易转型升级示范基地建设的目标也进一步明确,这

就是要进一步优化进出口结构，在特定载体内实现资源的最广泛与最优化配置，引领拥有自主知识产权、自主品牌、自营出口特征，同时具有高效益、高附加值、高技术含量优势的"三自三高"产品出口贸易发展，而最为有效的载体正是对外贸易转型升级的示范基地。

为夯实对外贸易转型升级的产业基础，培育外贸竞争新优势，我国将在5~10年内建立一大批出口效应带动强、产业优势明显的示范基地。然而，加快对外贸易转型升级示范基地建设任重道远。从现阶段来看，加快对外贸易转型升级示范基地的建设必须解决好两个方面的问题。

一方面要解决好基地的方向定位问题，也就是基地要从哪个方面体现出在对外贸易转型升级方面的支持。现阶段应从支持企业创新和提供共性技术支持、引导企业创品牌、加强外向型人才培训服务、提供出口融资便利和避险工具、鼓励引进先进技术和关键设备等方面，继续加大工作力度。要控制高耗能、高污染和资源性产品出口，增加能源、原材料以及先进技术设备、关键零部件进口。

另一方面要解决好基地功能定位问题，也就是依靠什么才能够发挥好基地对于促进对外贸易转型升级的引领作用。基地建设将围绕加快培育自主品牌、促进产业转型升级、建设公共服务平台和建立多层次培育机制等方面开展工作；采取专项资金支持、提供贸易便利和强化宣传推广等措施加大培育力度；按照产业规模和技术水平、出口规模和水平、发展规划和配套扶持政策、专门工作机构和配套服务平台、基础设施和周边配套环境建设、出口转型升级主要进展等指标进行分类命名并授牌。

三、加快对外贸易转型升级示范基地建设的支撑与保障措施

为了加快转变对外贸易发展方式，促进优势出口产业集聚发

展，培育外贸竞争新优势，一定要加快对外贸易转型升级示范基地建设，但前提是必须要夯实基础。的确，全国各地的各类基地在近些年来已经初步成型，各类园区发展也有目共睹，为顺利推动外贸转型示范基地建设提供了一定的有利条件，但从铺垫贸易强国之路的高标准来看，还要尽快将一系列支撑与保障措施落实。

总的来看，加快对外贸易转型升级示范基地建设的一个重要标志就是正式授牌，而以此为标志，对外贸易转型升级示范基地建设所依托的支撑也分为两个方面，既要做好正式授牌前的工作，又要做好授牌后的工作。

一方面，加快对外贸易转型升级示范基地建设要立足于做好遴选工作。在对外贸易转型升级示范基地的认证过程中，妥善处理好行业排头与区域领先之间的矛盾。迄今为止，商务部通过"组织申报、专家初评、答辩、公示"等环节，认定我国首批外贸转型升级专业型示范基地59家。现在看来，企业要申请认证对外贸易转型升级示范基地资格，首先必须取得所在地对外贸易主管部门的推荐。在各地推荐参与对外贸易转型升级示范基地资格认证的企业中，虽然有些企业入选而有些企业并没有入选，但总体上推荐水平还是很高的。不过，如果按照打造贸易强国的要求来衡量，推荐质量还有待进一步提升。虽然，各地推荐上来的有些企业对于当地对外贸易的发展拉动较为明显，在对外贸易转型升级过程中也起到明显的示范作用，但也不可否认，由于各地经济发展水平不同，经济结构差异也很大，在当地的对外贸易转型升级过程中表现突出的企业，相对其所在行业而言，不一定处于排头兵的位置，因而一部分对外贸易转型升级示范基地的行业示范效应也受到局限。为了在确定对外贸易转型升级示范基地过程中有效协调行业排头与区域领先之间的关系，有必要在现有区域推荐的基础上，广泛征求相关行业主管部门或者行业协会的意见。在具体操作过程中，可考虑按照行业特点提出较大范围的候选企业名单，再由相关地区对外贸易主管部门决定是否对大名单中的企业进行推荐，形成小名单后提交商务部审查。

　　另一方面，加快对外贸易转型升级示范基地建设不仅要立足于选好基地，还要立足于管好基地。要防止某些地区、某些部门仅仅出于谋取特定政策优惠而对入选基地过度包装。有关部门要建立定向追踪机制，监督已入选的示范基地的经营行为，对某些示范基地的一些不规范做法及时予以劝导。要建立对外贸易转型升级示范基地的动态名单机制，实施入选与退出双向管理。一旦发现某些已入选的对外贸易转型升级示范基地在经营过程中名不副实，则应当果断予以除名，并取消其所享受的相关政策优惠。

　　事实上，无论是"选好"基地，还是"管好"基地，都离不开地方政府部门的重视。广东省是首批对外贸易转型升级示范基地的入选大户之一，广东省佛山市建筑陶瓷基地、潮州市陶瓷基地、湛江市水海产品基地、深圳市南山区医疗器械基地、深圳市光明新区钟表基地之所以能够成为首批入围的对外贸易转型升级示范基地，实际上，也离不开政府部门的悉心培育，特别是广东省政府成立了由分管副省长任组长的省外贸转型升级示范基地培育工作领导小组，制定下发了《关于开展外贸转型升级示范基地培育工作的指导意见》、《广东省外贸转型升级专业型示范基地管理暂行办法》和《专业型示范基地评价体系》等指导性文件，范围涉及培育、管理、评价等诸多环节。

　　同时也要看到，加快对外贸易转型升级示范基地建设固然要立足于"选好"与"做好"两大支撑，但从实际操作层面，还离不开必要的保障作为"抓手"。

　　第一，进一步推进加工贸易转型升级是加快整个对外贸易转型升级示范基地建设的最为关键的环节。众所周知，加工贸易在近些年我国对外贸易发展过程中占据着重要地位。从某种程度上讲，如果没有近些年来加工贸易的发展，中国就不可能成为当今世界首屈一指的贸易大国，特别是加工贸易方式在促进就业、扩大出口等方面发挥了重要作用。从国际产业分工趋势和我国发展水平来看，加工贸易在相当长的时期内仍有发展空间，但是也存在加工链条短、增值率低、获得利益少、容易加剧贸易摩擦等问题。因此，要进一步促进加工贸易转型升级，推动加工贸易向上下游延伸，尽快提高我国在国际分工价值链中的地位。也要看到，加工贸易转型升级涉及与国际产业链条对接的问题。迄今为止，国家出台了一系列有关加工贸易转型升级的政策措施，但这些政策措施本身也面临着与加工贸易发展不断适应的问题，特别是也面对着与不同地区、不同行业、不同性质企业相适应的问题。在这种情况下，如果能够及时抓住打造对外贸易转型升级示范基地的有利时机，在相关政策制定过程中有针对性地对从事加工贸易的企业量身定做，客观上会有助于提高加工贸易转型升级的效率。

第二，加快对外贸易转型升级基地建设固然重要，但其本身并不是最终目的，而是打造贸易强国的必要手段。从这个意义上讲，不仅要加快对外贸易转型升级示范基地建设，而且更要发挥好对外贸易转型升级示范基地的"示范"效应，以点带面，引导整个中国的出口产业在国际分工中占据更为有利的位置。在首批59个对外贸易转型升级示范基地中，山东省有5个基地入选，数量居全国首位。然而，山东省并不满足于入选数量位居榜首，而是更加注重发挥对外贸易转型升级示范基地的带动作用。据了解，"十二五"期间，山东省将重点培育100个优势产品出口基地，在市场开拓、准入标准、产品创新、品牌推广、人才培训、市场信息、质量提升等多方面加大政策和资金扶持力度。与此同时，广东省也不满足于成为国家级的对外贸易转型升级基地，还认定27个基地为广东省首批外贸转型升级专业型省级示范基地，而广东省财政在原有农轻纺出口基地建设资金的基础上，新增了专项资金支持示范基地培育工作。

　　第三，加快对外贸易转型升级示范基地建设离不开有关部门对入选基地提供优质服务。加快对外贸易转型升级示范基地建设不仅要立足于称号的授予，更要立足于外贸易转型升级示范基地称号下的内容更加充实。除了必要的政策支持与优惠手段之外，有关部门还要在做好公共服务过程中体现出对于示范基地发展的实际帮助，如对入选的对外贸易转型升级示范基地开通 VIP 服务通道，在信息提供优先次序、广交会摊位分配、组团出国进行商务拓展、专项资金支持等方面要予以导向型的倾斜。与此同时，有关部门要增强服务意识，通过强化与示范基地沟通，及时了解各示范基地的合理诉求，帮助示范基地排忧解难。

　　第四，加快对外贸易转型升级示范基地建设应当与当地外向型经济发展紧密结合。取得对外贸易转型升级示范基地的称号固然重要，但更要重视将对外贸易转型升级示范基地建设发展与当地打造特色产业结合在一起，形成"共振"效应。例如，深圳市南山区被商务部认定为医疗器械外贸转型升级专业型示范基地对于当地经济发展来说意义重大。一是从影响来看，受益面较宽。2010 年南山区拥有医疗器械生产企业 183 家，占深圳的近 40%；行业年产值 90多亿元，占深圳的 55%；全行业 48% 以上的产品出口外销，行业出口总额占深圳的近 30%。二是从过程来看，在很大程度上说明了当地外向型经济发展的整体性突破。南山区近年来通过实施"大孵化器"战略，建立了包括"南山医疗器械产业园"在内的各类孵化器28 家；推动产学研结合，创建医疗器械产业联盟等 12 家产学研联盟，搭建公共技术服务平台，提高企业自主创新能力。三是从发展来看，南山区委区政府和主管部门积极支持医疗器械行业发展，将其纳入区战略性产业，"十二五"规划将其作为重点发展细分产业，明确产业发展方向。

第三节　推进商务平台建设

一、商务平台建设的背景和意义

在我国近年来的对外贸易发展过程中，特别是加入世界贸易组织以后，越来越多的企业成为对外贸易的主体，其中，各类中小企业在对外贸易发展过程中发挥的作用尤为重要。由于这些企业主要从事劳动密集型加工制造，数量虽然多，但规模普遍比较小，对于国际市场生疏，再加上地域分散，仅靠各自的力量只能够在产业环节上体现出某种程度的劳动力资源禀赋优势，而在贸易环节则过多受到规模制约，很难在拓展国际市场过程中有大的作为，亟须通过搭建商务平台来克服自身的"短板"约束。

我国要实现向贸易强国的跨越当然离不开政府部门的推动，但在市场经济条件下，政府部门的推动作用更多要体现在为相关企业提供良好的公共服务方面，其中，搭建贸易平台则是有助于提高交易效率、节约交易成本的贸易促进手段。

作为当今市场经济的重要组成架构，商务平台的范围很广泛，功能也多种多样。从后危机时代走向贸易强国的现实需要来看，搭建商务平台的侧重点应当体现在会展平台、电子商务平台、商品市场和境内外贸易中心四个类别上。

在后危机时代，打造贸易强国需要有一个良好的内在商务环境，以便能够使各种各样的贸易促进手段有用武之地，而现有的商务环境难以担当如此重任。在这种情况下，如果能够加快上述四类平台的搭建速度，中国对外贸易的发展起点就会相应提高，发展过程也能够最大限度体现出规模效应与集聚效应，有利于企业节省交易成本、获得外部经济的收益、增加企业无形资产、巩固并扩大客户队伍，从贸易大国向贸易强国迈进就获得了坚实的台阶。从这个意义上讲，后危机时代打造高效率的商务平台是中国走向贸易强国的先决条件。

二、商务平台建设的目的和主要任务

商务平台建设的目的是服务于我国国内外流通和商务发展，促进对外贸易发展，同时也有利于促进外贸与内贸的协调发展。具体来看，建设会展平台、电子商务平台、商品市场和境内外贸易中心的目的与任务也各有侧重。

（一）会展平台

对于正在从贸易大国走向贸易强国的中国来说，建设会展平台并不是意味着要遍地开花，而是要在国内打造若干国家层级的贸易平台。为此，会展平台建设要立足于两高两有，亦即要体现出高起点、高效率，有影响、有特色的要求。

广交会是中国历史最悠久、规模最大、影响最广的会展平台，广交会的地位和作用足以说明会展平台对中国对外贸易的发展起到至关重要的作用。在后危机时代，为了进一步将广交会做大做强，要立足于实现两个延展，亦即从主要面向国内参展企业向面向全球优秀参展企业延展，从主要面向中国的出口贸易转向同时面向中国的出口贸易、中国的进口贸易、中国的国内贸易以及其他国家之间的进出口贸易延展。除了要将广交会打造成世界顶级展会之外，还需要构建面向国际市场的大会展体系，在突出特点的基础上，使广交会、投洽会、高交会、东博会、区域性展会、专业性展会、内贸展会、境内外国际性展会以及网展合理分工，适度竞争，相互促进，相互补充。

自从1997年中国展会数量突破1 000个之后，中国的会展规模扩张速度明显加快，2005年的展会数量已达到3 800个左右，中国成为仅次于美国的世界展览大国。但是，现阶段会展平台对外贸的促进作用还有待进一步完善，如展会对政府依赖过大，展会举办主体经营能力不强，行业协会协调与管理作用较弱，展会结构不能完全适应世界会展发展趋势，展会的展示、宣传功能相对欠缺等。加快会展平台建设固然离不开必要的展会数量做为保障，但更重要的是应当立足于提高会展质量，加强会展业对发展对外贸易的支撑作用。

首先，要形成展会的多元化主导格局，形成政府、商协会、国有企事业、民营企业、外资企业五大力量各自分工、共同参与的办展，公益性展会与商业性展会定位准确、相互补充模式。

其次，要主动挖掘国内现有会展资源，从形式和内容上进一步开放国内展会，促使更多国内展会转型为面向国内外市场的开放性展会。

再次，要努力提高展会效益，促使展会发展与贸易发展实现互动。尽管中国是当今世界会展大国，但会展效益不高，直接影响许多展会的生存状态。前些年，展览收入在发达国家国内生产总值中大约占 0.1%～0.2% 的比重，而我国展览收入在国内生产总值中却只占 0.08% 的比重。

此外，要充分拓宽会展经济领域，推进展前、展中、展后三位一体的会展模式，加大会展经济与对外贸易之间的对接范围，使会展模式在对外贸易领域延伸为展前创造机会，展中发掘机会，展后利用机会。

最后，要强化对展会的协调管理，尽可能减少展会主体重叠，避免不同展会相互争抢参展商，引导各类展会朝差异化、专业化方向发展。

(二) 电子商务平台

随着互联网革命的展开，全球范围内互联网用户正在加速扩张，打造"永不落幕的广交会"将有可能成为中国对外贸易的发展捷径。为此，除了政府部门牵头之外，更加需要出台鼓励政策，促使更多民间资本投资于电子商务平台建设，形成像阿里巴巴那样的中国特色的国际电子商务发展模式。然而，迄今为止，我国的电子商务平台建设仍受到某些制约，如缺乏完整明确的指导方针、发展规划和实施战略；相关政策法规不健全、标准不统一，造成实践的盲目性；企业信息化应用总体上仍处于初级发展阶段；适用电子商务的法律法规尚不明晰，等等。

因此应促进以中国国际电子商务中心为代表的政府公共服务平台与以阿里巴巴为代表的民间商务平台合理分工，彼此互补，相辅相成。一方面，政府部门应当主导信息网络平台建设过程，提供及时、准确的公共信息服务。另一方面，重视发挥民间电子商务平台的优势，为电子商务平台的发展创造良好环境。

可以预见，随着后危机时代的来临，网络经济在对外贸易发展过程中所发挥的作用将出现质的飞跃。在这种情况下，有必要建立高效率的信息网络平台。从后危机时代来看，需要做的更多是要考虑如何扩大和完善现有的商务平台功能，在更广泛范围内提供效率更高的商务网络信息。首先，政府部门应主导信息网络平台建设，从促进电子政务入手，通过提供及时、准确的公共信息服务，推动对外贸易的发展。为此，需要进一步丰富 G2B 模式。除了为出口企业提供必要的公共服务之外，还需要及时、准确地向出口企业发出风险预警，降低出口企业的经营风险。其次，行业协会应当成为信息网络平台的主要力量，通过有针对性地提供行业信息，减少相关企业在参与国际市场竞争过程中所面对的信息劣势。再次，商业性信息服务机构在构建信息网络平台过程中的地位也不容忽视，在向相关企业提供商业机会、商业纠纷调解、审计、法律咨询、征信等服务方面理应发挥更重要的作用。为此，有必要复制更多类似于阿里巴巴的信息服务模式，重点面向中小企业，鼓励发展 B2B 信息服务平台，形成面向中小企业的客户直接对接商务模式。

应当指出的是，现阶段国内对物联网的关注正在逐步升温。从后危机时代来看，国内外对物联网的应用很可能会在较大范围展开，鉴于贸易便利化的需要，今后信息网络平台建设也必然要更多包括物联网的内容。

同时，也应看到，现阶段我国电子商务平台的发展虽然比较迅速，但与其他类型商务平台相比，毕竟起步晚，暴露出的问题较多，特别是电子商务平台在交易安全上比较容易存在漏洞，利用电子商务平台进行商务诈骗的案件也屡有发生。从这个意义上看，今后一个时期的电子商务平台的发展必须要依托于法制化进程，最大程度发挥电子商务平台在后危机时代对外贸易发展过程中的支撑作用。

（三）商品市场

在后危机时代，推进市场建设要突出重点，充分发挥专业性中心市场对贸易的推进作用。然而，现阶段我国的专业化商品市场发展尚待进一步完善，如地区发展不平衡、市场平均规模有限、品牌建设相对滞后、市场综合功能存在缺陷等方面的问题有待进一步克服。为此，有必要对义乌小商品批发市场、柯桥轻纺城市场、海宁皮革城市场等贸易平台建设的成功经验加以推广。迄今为止，义乌小商品批发市场年出口标箱已达50多万个，出口到215个国家和地区。在后危机时代，应支持国内以义乌为代表的各类商品市场开展对外贸易业务，打造更多具有国际贸易功能的商品中心市场。初步设想是：第一步是到2015年，通过打造500个年出口成交额5亿美元以上的国际贸易商品中心市场，形成2 500亿美元的年出口能力；第二步是到2020年将上述500家市场平均出口成交额提高到10亿美元，从而形成至少5 000亿美元出口规模，夯实贸易强国的基础。

任何成功的商品市场都有其独特优势，都不宜盲目照搬。为此，各地在借鉴义乌模式的过程中都需要结合自身优势与特点，打造出专业性商品中心市场。

首先，建设更多的商品中心市场要体现在影响力扩大化方面。目前来看，义乌小商品批发市场的影响力不仅遍及国内，而且还在世界各地延伸。目前，常驻义乌采购商品的外商超过数万名，经批准在义乌设立的境外企业办事处 2 300 多家；境外客商在义乌当地的银行已开设 9 000 多个账户；联合国难民署、外交部礼品采购处、家乐福亚洲总部等有影响力的大买家也分别在义乌市场建立了采购中心，欧美等发达国家则成为义乌商品的重要出口市场，而从义乌小商品指数以及以义务小商品市场数据为基础编制的我国乃至全球第一个小商品分类标准来看，也在国内外产生越来越大的影响力，有利于强化中国小商品在国际市场定价过程中的话语权。

其次，建设更多的商品中心市场要体现在促进贸易便利化方面。除了海关、商检、工商等机构有必要针对商品中心市场设立"专用通道"以外，运输、银行、保险等行业的业务范围扩展也需要与商品中心市场相匹配。以义乌为例，迄今为止已经拥有设施齐全的国际物流中心及 5 个专业货运市场，有国内外货运经营单位600 多家，全球 20 强海运集团已有 15 家在这里设立办事处，开通250 多个大中城市货运业务，5 条铁路行包专列，20 余条航线。

再次，建设更多的商品中心市场要体现在经营集约化方面。义乌小商品批发市场具有很强的专业性，每年在义乌要举办 40 多场专业展会。联合国、世界银行、摩根士丹利等世界权威机构在 2005 年联合发布的一份中国发展报告中，称"义乌为全球最大的小商品批发市场"。

（四）境内外贸易中心

在当今对外贸易发展过程中，由于参与者不计其数，通过对外贸易的集约化经营的实现，来降低对外贸易的交易成本，提高交易效率，至关重要。其中，在国内外有选择地建立一系列贸易中心为现阶段最实际的抓手，不仅需要推动我国在经济发达地区建立国际贸易中心，建设境外中国商品贸易中心平台，而且也需要在一些国外区域中心市场上建立中国商品批发交易中心。

从后危机时代来看，在境内建立贸易中心与在境外建立贸易中心的共性虽然很多，出发点都是为了实现对外贸易的集约化经营，通过以点带面，提高出口的成功率，降低交易成本，但两者之间的侧重点应当有所差异。一方面，在境内设立的贸易中心要立足于挖掘内在集约化潜力，使现有的外部需求资源能够在国内为更多出口企业共享，侧重于在出口供货环节实现资源的优化配置。另一方面，在境外设立的贸易中心则要立足于挖掘外在集约化潜力，使现有的出口供货资源能够在国外为更多进口商所共享，侧重于在市场客户环节实现资源的优化配置。

应当看到，在境内建立贸易中心要立足于以点带面，在充分挖掘现有交通枢纽、会展平台、交易市场等优势资源的基础上，进一步凸显境内贸易中心对周边区域的辐射能力。现阶段，我国沿海地区的三大经济圈覆盖进出口贸易的绝大部分，在推进走向贸易强国的过程中，应以此为基础，打造若干有强要素集聚能力和强区域辐射能力的贸易中心，使其与金融中心、航运中心联为一体，相互支持，共同发展。如上海的国际货物贸易进出口总额已近全国1/3。服务贸易占全国1/5，均列全国之首，在世界上占有一席之地，上海国际贸易中心已初具规模。现阶段，可考虑与金融中心和航运中心建设相配套，与先进制造业和现代服务业相互支持，由商务部与上海市牵头，浙江省与江苏省等地方积极参与，建设以上海为龙头，辐射长三角，既有腹地延伸功能，也有转口功能的贸易中心。与此同时，也可考虑以深圳和天津为龙头，分别建设珠三角和环渤海地区的三大腹地延伸型南方贸易中心和北方贸易中心。除了腹地延伸功能外，还有必要从衔接国际产业链条的需要出发，同时也要将南方贸易中心和北方贸易中心打造成为主要面向东北亚和东南亚的转口贸易中心。

也应看到，在境外建立贸易中心要在立足于充分挖掘现有地理、人文、国际关系、贸易地位等优势资源的基础上，进一步凸显境外贸易中心对周边市场资源的利用能力。在后危机时代，在一些国际上的区域中心市场上建立中国商品批发交易中心，开展规模经营，形成中国商品的境外集散地，最终要做到中国商品走到哪里，中国商品贸易中心就将业务辐射到哪里。

首先，针对一些小商品来说，由于批量小，品种多，经营难度大，单批次经营成本高，可考虑采用先出后卖的模式，在境外设立类似于"桥头堡"的中国出口商品贸易中心，先是通过公司内贸易方式进行打包发运，然后再依靠设立中国出口商品集散中心将商品分别出售给当地不同客户，实现对外贸易形式在公司内部运转与对外贸易过程在目标市场延伸的有机结合。

其次，在建设境外中国商品贸易中心过程中，除了要加大投入外，一定要充分利用好唐人街等一切有可能利用的外部条件，加大针对国外零售网络的对接与渗透力度，同时，设立与境外中国商品贸易中心相配套的中国商品门店与中国商品柜台，在境外形成中国商品的直接营销网络。

再次，进一步强化针对境外中国经营者的疏导与劝诫，促使中国经营者在境外遵守当地法律，减少各种争端的发生机会，使更多中国出口商品在国外市场上不仅能够落地，而且还能生根。

现阶段，要在综合考虑地理辐射、人文、国家关系、经济贸易地位等因素基础上，将北美洲的旧金山、东南亚的新加坡、南亚的孟买、东非的内罗毕、南部非洲的约翰内斯堡、西非的拉各斯、拉丁美洲的圣保罗、南欧的罗马、北非的开罗、大洋洲的悉尼、中东的迪拜、东欧的莫斯科、西欧的汉堡和阿姆斯特丹等城市作为首批备选地址，初期选择不超过 10 个城市建设境外贸易中心，以后择机增加。

总之，商务平台建设要服从于整个国家的商务发展，促进对外贸易以及投资等一系列对外经济活动，同时也要服务于我国的国内流通，使二者协调发展。

三、商务平台建设的支撑与保障措施

从具体操作环节来看，打造与后危机时代相适应的贸易发展平台并不意味着要另起炉灶，而是针对目前的贸易促进手段加以进一步优化。

首先，从后危机时代对外贸易发展的大局出发，今后最需要解决的问题就是平台功能落差过大问题，也就是说，既要注重平台的管理功能，又要注重平台的服务功能。对出口企业，政府部门除了尽可能减少直接干预外，还应尽可能提供出口企业所需要的服务。

其次，针对出口货物退运、容易上报关黑名单等一系列出口企业反映强烈的问题，在后危机时代，有关部门要协调配合，尽快加以妥善解决，减少对外贸易发展的障碍。总体来看，有关部门在对外贸易管理过程中要强调差异化，不能用针对出口大户的管理办法对待借助于贸易平台出口的诸多中小企业。

再次，从现有的贸易发展平台来看，在扶持中小企业发展、协调出口企业之间的同业竞争行为等诸多方面，尚存覆盖范围上的盲点。为此，随着后危机时代的逐渐来临，贸易发展平台的覆盖范围应进一步扩张至全部贸易领域。当前，中小企业最缺乏的是对国际市场信息的了解，搭建中小企业公共信息服务平台，为其提供一条龙式贸易促进服务是必要的。

最后，有关部门要加大商务平台的建设投入，形成政府部门启动、行业协会组织、相关企业参与的有机结合、良性互动体系，促使商务平台产生聚合效应，弥补广大中小企业在拓展国际市场过程中的劣势。

第四节　加快境外营销网络建设

一、加快境外营销网络建设的背景和意义

在改革开放以来的对外贸易发展过程中，特别是加入世界贸易组织以后，越来越多的企业成为对外贸易的主体，其中，各类

中小企业在对外贸易发展过程中发挥的作用尤为重要。目前来看，由于许多企业主要从事劳动密集型加工制造，虽然数量多，但规模普遍比较小，对于国际市场生疏，经营水平参差不齐，抗风险能力差，再加上地域分散，仅靠各自的力量只能够在产业环节上体现出某种程度的劳动力资源禀赋优势，而在贸易环节则受到诸多制约，很难在拓展国际市场过程中有大的作为，亟须通过加快境外营销网络建设来克服这些企业自身的"短板"约束。从某种意义上讲，打造高效率的境外营销网络是中国今后走向贸易强国的重要步骤。

对于中国这个世界上的制造业大国来说，在经济全球化的大背景下，随着国内转变经济增长方式的加快，越来越多的企业开始关注境外营销网络所能够带来的发展机遇，而同时，在贸易大国的称号之下，货物贸易发展与服务贸易发展，也在着严重失衡，两者之间的相互促进作用仍有待进一步强化。事实上，近些年来的贸易自由化进程的加快以及网络经济、服务贸易的发展，也有助于中国打破其他国家在营销领域设置的藩篱，更多地在境外分享商业机会。

按照微笑曲线的描述，在国际产业链中，附加值更多体现在左端的设计环节和右端的销售环节，而处于中间环节的制造附加值较低。在未来相当长时间内，这种国际产业分工的不公平现象虽然仍会存在，但国际产业链条上的微笑曲线也在悄然变形，正在由过度差异化趋向逐渐扁平化。对许多发展中国家特别是一些新兴经济体来说，随着劳动力资源日渐稀缺，再加上这些国家不断强调要优化出口结构，在提高出口产品的技术含量与附加值的同时，也更多涉足到国际产业链条的研发环节与营销环节。相对来说，对研发环节的涉足基本上要立足于本土，至少可操作性强一些，而由于需要在境外运转，必须适应当地的法律法规、风土人情、商业习惯，在产业链条上对营销环节的涉足则并不完全自主。在这种情况下，由政府部门出面主导协调，加快境外营销网络建设有可能会更加顺利一些。

二、加快境外营销网络建设的目的和主要任务

在当今对外贸易发展过程中，由于参与者不计其数，通过对外贸易集约化经营的实现，来降低对外贸易的交易成本，提高交易效率至关重要。同样道理，对于正在从贸易大国走向贸易强国的中国来说，搭建境外营销网络并不是意味着要遍地开花，而是要立足于高起点、高效率、有影响、有特色四个方面。

由于都是为了促进出口贸易，搭建在境外的营销网络与在境内建立的贸易中心有很多共性方面。境外营销网络建设和境内贸易中心的设立出发点都是为了实现对外贸易的集约化经营，通过以点带面，提高出口的成功率，降低交易成本，但两者之间的侧重点应当有所差异。应当看到，在境内设立的贸易中心要立足于挖掘内在集约化潜力，使现有的外部需求资源能够在国内为更多出口企业共享，侧重于在出口供货环节实现资源的优化配置。相比之下，在境外设立的贸易中心则要立足于挖掘外在集约化潜力，使现有的出口供货资源能够在国外为更多进口商所共享，侧重于在市场客户环节实现资源的优化配置。

加快境外营销网络建设是一项十分复杂的系统工程，而且更能够体现出挑战性一面的是，这种系统工程的复杂性不仅仅体现在系统内部的资源有效配置，更加体现在系统的开放性一面。毕竟，我们要搭建的境外营销网络不仅要服从于中国从贸易大国走向贸易强国的需要，也不能够脱离实际外部环境，一定要与境外商务环境进行更有效对接。

第一，加快境外营销网络建设要立足于与当地现有的营销渠道对接。近些年来，沃尔玛、百盛等国外著名的大型零售企业不断增加在中国的商品采购数量，在很大程度上说明国外现有的营销渠道

正在将其采购环节向中国延伸。如果能够在建设境外营销网络过程中注重与当地的营销渠道衔接，客观上也能够起到"送货上门"的作用，只不过是境外营销渠道的采购环节不再向中国延伸，转而是中国的营销渠道向境外延伸。这样做，不仅能够提高商业效率，而且还能够通过与当地营销渠道实现优势互补，寻求更多机会，分享开展境外营销业务所带来的商业增值。

第二，**加快境外营销网络建设要立足于境外网络搭建。**除了在境外要利用好现有的营销渠道之外，中国的企业也需要建立自主的境外营销网络，在境外商业竞争中不仅能够做到"接地气"，而且也能够强化营销网络的自主性，在当地市场尽可能不受制于人，反而会为更多中国商品进入当地市场"打前站"。

第三，**加快境外营销网络建设要立足于国内知名品牌推广。**按照对外贸易转型升级的要求，中国要想从贸易大国加快转变为贸易强国，必须更加注重扩大具有自主品牌商品的出口。从这个意义上讲，加强在境外设立营销网络力度意义重大，不仅可以为中国企业寻找到更多商业机会，而且从战略层面来看，也可以充当宣传国内知名品牌的跳板，使中国的知名品牌商品在海外市场迅速从默默无闻向家喻户晓转化。

第四，**加快境外营销网络建设要立足于帮助国内企业实施国际化战略。**近年来，越来越多的国内企业尝试将经营地域扩大，从单一覆盖国内市场向同时涉足到国内外两个市场，力图最终发展为在国际上有影响的跨国公司。事实上，通过加快境外营销网络建设，许多国内企业可以借助中国的贸易大国地位，在打造贸易强国过程中，将对外贸易的发展空间不断在境外延伸。

第五，**加快境外营销网络建设要立足于国内企业拉近与境外客户的距离。**伴随着中国成为当今世界上的贸易大国，不仅需要相关的服务加以跟进，而且也在客观上为相关服务业发展创造出巨大的商业机会，迅速将国外客户的供求信息及时、准确、全面地反馈到国内，在帮助国内企业抓住市场机会的同时，也能够通过发挥预警作用，在经营对外贸易业务过程中有效规避风险。从这个意义上讲，通过加快境外营销网络建设，不仅有助于及时掌握国外客户的要求，而且也能够提高分拨、配送、仓储、维修、培训、配件供应等方面的商业效率，最大程度帮助中国的企业在境外得到公众的认可。

三、加快境外营销网络建设的支撑与保障措施

从具体操作环节来看，打造贸易发展平台并不意味着要另起炉灶，而是针对迄今为止的贸易促进手段进一步加以完善，使之对于加快境外营销网络建设起到支撑作用。

政策支撑。近年来，国家对于企业实施"走出去"战略给予了很多政策性支持，但迄今为止，这些政策较多侧重于境外投资办厂与进行矿产资源开发，而对于在境外进行商业营销网络的建设力度仍有待进一步强化。

业务支撑。伴随着进出口贸易、境外直接投资、境外承包工程与劳务输出、国际发展援助、服务外包等各种类型经贸活动的开展，国内外企业之间的商务往来进一步密切，在很大程度上有助于帮助中国企业在境外寻找到定价营销网络的商业机会。况且，在境外开展其他商务活动本身也能够积累下可供利用的境外资产与人脉资源，在搭建境外营销网络过程中也完全可以为我所用。

环境支撑。在建设境外营销网络过程中，除了要加大投入外，一定要强化与国外现有商业营销网络的对接，通过建立委托代理关系、收购兼并、吸引加盟连锁等手段，扩大境外营销网络的渗透范围，提高运营效率，

人文支撑。充分利用好唐人街、华人企业、华人社团等一切有可能利用的外部条件，同时也要利用好文化交流、科技交流、民间

交往、友好城市交流、会展等一系列国际交流机会，扩大境外营销网络的影响力，进一步强化与针对境外批发、零售网络的对接与渗透力度。

模式支撑。伴随着电子商务的发展，世界各国的有效模式也在发生着巨大变革，各种商业渠道的重组与商业资源的优化配置过程更进一步加快。如果能够抓住电子商务发展的有利时机，使国内发展很快的阿里巴巴 B2B 模式、京东商城 B2C 模式、淘宝网的 C2C 模式迅速延伸到中国的主要出口市场，特别是中国的主要消费品出口市场，境外营销网络的扩展在很大程度上也能够做到事半功倍。

从具体要求来看，在境外搭建营销网络要立足于充分挖掘现有地理、人文、国际关系、贸易地位等优势资源的基础上，进一步凸显境外贸易中心对周边市场资源的利用能力。

第一，在境外设立中国商品分拨集散中心。针对一些小商品来说，由于批量小，品种多，经营难度大，单批次经营成本高，因而，可考虑采用先出后卖的模式，在境外设立类似于"桥头堡"的中国出口商品贸易中心，先是通过公司内贸易方式进行打包发运，然后再依靠设立中国出口商品集散中心将商品分别出售给当地不同客户，实现对外贸易形式在公司内部运转与对外贸易过程在目标市场延伸的有机结合。

第二，要鼓励大型企业在海外建立营销终端与配送中心。要支持中小企业以"报团"方式走出去，并且要支持现有的海外营销网络扩张营业范围。为此，需要更加在政策上予以支持和鼓励，如对企业投资境外营销网络建设的过程，从先期考察、前期并购、中期建设与后期运营入手，在不违反世贸组织有关规则的前提下，适当予以资金支持。在适当时机，也应考虑通过政府间合作，在境外设立适合中国企业入住的园区，为中国企业搭建境外营销网络创造必要的"硬件"设施与"软件"环境支持。在此基础上，也要适当在境外多介入一些网络购物、电话购物、电视购物等项目。

第三，在加快境外营销网络建设过程中，要立足于规避化解风险，求得利益共赢。需要采取有效措施，充分保障国内企业与中国公民在境外的合法权益，妥善处理在劳资纠纷、经营纠纷、安全保障等方面的一系列矛盾。在此基础上，进一步强化针对境外中国经营者的疏导与劝诫，促使中国经营者在境外遵守当地法律，减少各种争端的发生机会，使更多中国出口商品在国外市场上不仅能够落地，而且还能生根。

第四，要在综合考虑地理辐射、人文、国家关系、经济贸易地位等因素基础上，在境外合理布局中国贸易中心。将北美洲的旧金山、东南亚的新加坡、南亚的孟买、东非的内罗毕、南部非洲的约翰内斯堡、西非的拉各斯、拉丁美洲的圣保罗、南欧的罗马、北非的开罗、大洋洲的悉尼、中东的迪拜、东欧的莫斯科、西欧的汉堡和阿姆斯特丹等城市作为首批备选地址，初期选择不超过 10 个城市建设境外贸易中心，以后择机增加。在此基础上，设立与境外中国商品贸易中心相配套的中国商品门店与中国商品柜台，在境外形成中国商品的直接营销网络。

第五，加快境外营销网络建设离不开发挥好政策的引导与支持作用。对于中国企业在海外进行批发零售方面的投资项目，树立中国品牌形象，不仅能够减少中国出口商品的商业流转环节，优化供货服务质量，提高交易效率，节约交易成本，为用户带来实实在在利益，为中国商品寻找到更多客户，而且也可以带动服务业出口，减少服务贸易逆差。为此，国家应该通过信用担保、税收返还等方式适当加以支持。

总之，加快境外营销网络建设要服从于整个国家的商务发展战略，促进对外贸易以及投资等一系列对外经济活动的开展，同时也要力求通过境外营销网络建设打开新的商业空间，使二者协调发展。

第五节　实施"人才强商"战略

"人才强商"战略是商务系统为贯彻落实党中央提出的"人才强国"战略，在深入分析当前商务工作面临的形势和任务的基础上，为加强商务领域人才队伍建设而提出的。"人才强商"工程实施以来，商务部在加强学习型机关建设，完善驻外人员培训，启动特办和事业社团人员培训，推进商务领域大规模培训，加强实践锻炼，推动与地方干部双向交流等方面取得了显著成效。后危机时代，应适应国内外新形势发展需要，进一步深化实施人才强商战略，着力提高商务人才应对外部经济风险的能力，尤其是加快培育高级商务人才，以适应我国进一步巩固贸易大国，迈向贸易强国，推进外贸可持续发展的需要。

一、"人才强商"战略的背景与意义

新形势下，商务领域人才还存在较明显差距。相对于快速发展的商务事业，从业人员总量不足，整体素质偏低；中高端商务专门人才和高层次复合型人才的总量明显不足，人才的国际竞争力不够，尤其缺乏具有世界眼光和战略性思维的国际化人才；人才结构性矛盾突出，市场配置人才的机制还未充分发挥作用；东中西部人才分配明显不均，人才主要集中在东部发达地区，中西部和东北老工业基地的人才有继续向东部转移趋势。从人才主体方面看，党政管理人才尤其是公务员队伍的宏观意识、依法行政意识、服务意识和创新意识不够强，执政能力有待提高；企业经营管理人才的竞争意识、改革意识、全球化意识仍比较欠缺，决策能力、开拓能力和经营管理能力亟待加强；专业技术人才的创新能力、科研转化为产业和现实生产力的能力有待提高等。一是我国商务人才，特别是商务人才的供求矛盾已经成为制约我国外贸可持续发展的重要因素。

预计到 2020 年，国内能满足使用需求的国际商务人才将不足 2.5 万人，届时我国对国际商务人才的需求总量将达到 10 万人以上，缺口达到 75%。在此背景下，深化实施"商务人才"战略具有重要意义。

"人才强商"战略是适应全球化趋势日益加快发展的战略要求。在全球化趋势日益加快的背景下，企业从事跨国经营的管理人员不仅需要具备专业知识和较高的文化修养，而且应具备全球化战略思维和适应全球化竞争的能力。目前，我国企业从事跨国经营管理和国际商务营销的人员普遍缺乏国际视野，对国际惯例、WTO 规则和投资国文化、法律等缺乏系统了解，在处理跨文化融合、管理融合等方面的能力较为欠缺，不善于运用国际法律和通行规则维护自身权益，不善于解决突发事件和应对新问题，防范和应对各种跨国经营风险的能力较弱，缺乏与当地工会、媒体、社区及非政府组织沟通协调的能力。通过"人才强商"战略的实施，有助于企业管理人才的培育和成长，为中国跨国公司成长提供高级跨国经营人才支撑。

"人才强商"战略是外贸可持续发展的知识保障和智力支撑。人才缺乏，尤其是高级商务人才的短缺，已经成为制约我国开放型经济发展和外贸可持续发展的重要因素。党的十七大提出要"拓展对外开放广度和深度，提高开放型经济水平"，在坚持对外开放基本国策，加快转变外贸发展方式，提高利用外资质量，在更大范围、更广领域、更高层次上参与国际经济合作与竞争中，人才是关键性力量，是第一资源。深化实施"人才强商"战略，可以为我国开放型经济发展和外贸可持续发展提供强大的知识保障和智力支撑，有利于我国在巩固贸易大国过程中推进贸易强国进程。

"人才强商"战略是改善商务人力资源及其管理体制现状的客观要求。由于受国内传统经营观念的影响，我国企业特别是国有企业从事跨国经营管理的人员容易安于现状，缺乏开拓创新精神和竞争意识，运用创新性思维灵活处理国际市场出现的新问题、新情况的能力较弱，不能对国际市场动态和跨国经营过程中可能出现的政治、经济、文化争端等作出正确判断，不善于做出风险决策，难以较好适应国际竞争环境的变化。同时，随着我国商务管理体制的改革与创新，如内贸与外贸、外资、外经、外援等业务日益融合，商务主管部门的管理人员也要求适应这种变化。因而，"人才强商"战略不仅有利于改善商务发展的人力资源供给，也有利于培育适应现代商务发展要求和适应现代商务管理体制要求的管理人才。

二、"人才强商"战略的目的与任务

(一)"人才强商"战略的目的

以市场为导向，以培养和吸引高级国际商务人才为重点，推进国际商务人才队伍建设，不断提高我国国际商务人才竞争力，为我国对外经贸的可持续发展和实现全面建设小康社会的宏伟目标，提供坚实的人才保证和智力支持。到2020年，我国国际商务人才队伍建设发展要力争实现"扩大规模，提高素质，优化结构，均衡发展"的总体目标。具体体现在以下几个方面：

人才总量：整合地方、企业、中介组织的国际商务人才信息资源，扩大国际商务人才总量，盘活现有国际商务人才存量，力争到2020年我国高级国际商务人才总量达到10万，基本满足我国对高级国际商务人才的需求。

人才素质结构：力争到2020年实现我国商务人才的国际化和国际化的人才结构，形成一批具有国际水平的首席跨国经营管理专家、首席国际商务营销专家、首席国际投资管理专家、首席国际经济法律专家、首席国际商务谈判专家，使我国国际商务人才队伍建设走上良性发展的轨道，整体竞争力水平基本与发达国家的水平相当。

人才市场体系建设：规范国际商务人才市场运行，推进国际商务人才服务机构的专业化水平，不断创新服务手段。力争到2020年建成完善的全国性的国际商务人才资源信息库，形成一个资源共享、内容齐全、指导有力、服务周到的国际商务人才信息网络，充当国际商务人才交流的桥梁和纽带，为人才流动搭建平台。

人才教育培训体系建设：深入推进教育综合改革试验，积极引导和鼓励高校培养国际商务发展所需要的各类人才，使高校培养模式主动适应产业结构调整和人才结构优化的需要。推动建立由点到网、到面、到立体型的全国商务人才培训工作体制，使国际商务人才的知识结构不断得到更新，使人才素质跟上国际发展要求。力争到2020年，基本完成高校对国际商务人才培养模式的更新；每年有不少于5 000人次的国际商务人才接受培训或参加交流。

人才发展环境建设：通过政府提供的各类支持和优惠政策，最大限度地满足国际商务人才在教育、就业、医疗、培训等方面的需求，创造良好的生活、学习和工作条件，拉动人才资源聚集。形成科学的、社会化的人才评价机制，建立以民主、公平、竞争、择优为基础，有利于高层次人才快速成长的选人用人机制。加快政府国际商务人才管理职能建设，积极推进国际商务人才管理制度与国际接轨，破除人才成长的体制性障碍，为人才发展提供一个广阔的社会平台。

（二）"人才强商"战略的主要任务

一是完善国际商务人才制度体系，理顺国际商务人才管理运行机制，创建国际商务人才资源服务体系，营造良好的国际商务人才发展环境。

二是以跨国经营管理人才、国际商务营销人才、国际经贸法律人才、国际商务谈判人才、国际经贸分析和研究人才等五类高级国际商务人才队伍建设为重点，从人才管理、人才配置、人才培养、人才引进和人才使用五个环节整体推进我国国际商务人才队伍建设。

三是加快以商务部研究院为基础的中国商务智库建设进程，在国际经贸研究、决策咨询、信息咨询等方面培养造就一批高端专家型人才，加强与国内外一流研究机构的交流与合作，发挥其对商务发展的重要智囊及其舆论宣传的重要作用。

四是建立配套的国际商务人才服务管理机构，创建完善的国际商务人才市场体系，实施"多点链接"的人才培养交流战略，探索集聚国际商务人才的途径。

三、"人才强商"战略的支撑条件和保障措施

（一）建立科学适用的高级国际商务人才认证评价体系

一是积极引进和推广高级国际商务人才认证制度。适应人才国际化的需要，加快引进和推广国际市场营销资格认证和注册国际商务谈判专家认证（CIBNE）等国际商务领域的从业资格认证，努力培养全球通用的高级国际商务人才。

二是建立高级国际商务人才评价体系。坚持评价标准重在企业和业内认可，建立社会化技能鉴定、行业企业考评、中介机构评价和政府认定等多种评价方式。对跨国经营管理人才和国际商务营销人才的评价，应根据国际市场需求和企业发展战略，突出国际化视野、跨文化管理能力、国际市场开拓能力、应对能力和创新能力的要求；对国际投资管理人才、国际经济法律人才和国际商务谈判人才的评价，应注重跨文化沟通协调能力、贸易谈判和协商能力和社会公关能力的考核。

三是改革国际商务师资格认证制度。鉴于当前国际商务师素质和能力一般、达不到高级国际商务人才要求的状况，建议改革国际商务师资格考试制度，考试科目设置除国际商务理论与实务和国际商务专业知识外，应重点增加跨国经营管理、国际商务营销、国际投资管理、国际经济法律和国际商务谈判知识和能力的考评，以多渠道地培养高级国际商务人才。

（二）设立高级国际商务人才发展专项资金

人才资源投资是培养和开发人才的必要保障，要加快建立多元化的高级国际商务人才资源开发经费保障机制，加大高校教育、在职培训和人才引进相关经费投入。建立以用人单位为主，中央、省、市、县（市、区）各级财政共同分担，社会力量广泛支持的多渠道、多层次经费投入机制，实行投入滚动机制，逐渐增加国际商务人才教育和培训专项经费投入。

建议每年由中央财政和各省市地方财政拨出专款，设立"引进和培养高级国际商务人才专项资金"，专项用于跨国经营管理人才、国际商务营销人才、国际投资管理人才、国际经济法律人才和国际商务谈判人才五类高级国际商务人才的重点基地建设、重点培训工程、人才学术交流和重大引才活动等支出。

（三）实施 IMBA 教育计划

为改变目前我国高级国际商务人才十分匮乏的状况，一方面，要积极鼓励和组织企业中高层跨国经营管理人才和国际商务营销人才到国外读 MBA 和 EMBA；另一方面，借鉴 EMBA 模式，建议教育部将高级国际管理人员工商管理硕士（IMBA，即 International Master of Business Administration）列入教育计划，鼓励开设 MBA 和 EMBA 学位班的清华大学、北京大学、复旦大学等高校与欧美国家的国际商学院合作开设 IMBA 学位班，培养 IMBA 人才。IMBA 专业学位教育必须满足三个条件：一是学员由企业选派；二是课程内容主要是跨国经营、国际市场营销、国际经济、涉外法律、国际投资和国际商务谈判等领域；三是学员主要在国外学习。

（四）实施高级国际商务人才"53211"培训工程

以领军人物培养为重点，以提高国际商务人才能力为目标，根据各类高级国际商务专业人才市场需求，实施"53211"高级国际商务人才培训工程，培养一批具有国际视野、跨文化管理和沟通能力较强、适应国际经贸形势的专业人才。每年有计划、有重点地选送 5 000 名高层次跨国经营管理人员、3 000 名高层次国际商务营销人员、2 000 名高层次国际投资管理人员、1 000 名高层次国际经济法律人员和 100 名优秀国际商务谈判人员，到国内外著名高校、培训基地和跨国公司进修学习和培训。

（五）实施跨国经营管理和国际商务营销人才"123"后备人选培养工程

以人才可持续发展为目标，以高校人才培养为支撑，分三个层次实施"123"后备人选培养工程。每年在企业中重点选拔 100 名高层次管理、营销人才（第一层次），2 000 名中高层次专业人才（第二层次），30 000 名优秀专业骨干（第三层次），列入跨国经营管理和国际商务营销人才储备计划。建立高级国际商务后备人才库，对优秀人才和后备人才建立业绩跟踪档案。

（六）实施高级国际商务人才引进计划

通过打造跨国总部经济基地、世界性营销服务中心和中央商务区，加快提升从事对外经贸的大型企业集团的国际竞争力，吸引一大批国外跨国经营、市场营销、国际投资和法律等方面的顶尖和高层次人才到中国发展，逐步形成具有全球影响力高级国际商务人才队伍。在税收上采取优惠条件，包括对部分顶尖人才给予免税或退税（所得税）等政策，加快高级国际商务人才引进力度。争取每年重点引进一定数量的国际高级跨国经营管理人才、国际商务营销人才。

（七）鼓励有条件的企业创办"国际商务人才开发学院"

积极借鉴三星公司等跨国集团培养人才的经验，鼓励有条件的企业筹建"国际商务人才开发学院"，充分利用国内国外两方面资源，有组织、有目的地聘请国内外高校的跨国经营管理、国际商务营销、国际经济法律和国际投资管理专家到企业办不同的培训班，组织企业中经营管理经验丰富的经理和高层经理对跨国经营管理人才及其候选者进行分层分级培训。

（八）大力培养高级国际商务外交人才

每年评选出 10 名在国际商务外交战线做出突出贡献的商务外交人才，由国家给予重奖，以调动国际商务外交人才的积极性和创造性。

附表

附表 1 中国货物贸易进出口总额

单位：亿美元，%

年　份	进出口总额		出　口		进　口	
	金额	增速	金额	增速	金额	增速
2001	5 097	7.5	2 661	6.8	2 436	8.2
2002	6 208	21.8	3 256	22.4	2 952	21.2
2003	8 510	37.1	4 382	34.6	4 128	39.8
2004	11 546	35.7	5 933	35.4	5 612	36.0
2005	14 219	23.2	7 620	28.4	6 600	17.6
2006	17 604	23.8	9 689	27.2	7 915	19.9
2007	21 737	23.5	12 178	25.7	9 560	20.8
2008	25 633	17.9	14 307	17.5	11 326	18.5
2009	22 073	−13.9	12 016	−16.0	10 059	−11.2
2010	29 728	34.7	15 778	31.3	13 953	38.7
2011	36 421	22.5	18 986	20.3	17 435	25.0

资料来源：中国海关统计

附表 2 我国货物进出口额占世界的比重变化趋势

单位：亿美元，%

年份	出口总额	世界贸易出口总额	占比	进口总额	世界贸易进口总额	占比
1978	100	13 070	0.8	111	13 580	0.8
1981	220	20 100	1.1	220	20 660	1.1
1982	223	18 830	1.2	193	19 410	1.0
1983	222	18 460	1.2	214	18 900	1.1
1984	261	19 560	1.3	274	20 140	1.4
1985	274	19 540	1.4	423	20 150	2.1
1986	309	21 380	1.4	429	22 060	1.9
1987	394	25 160	1.6	432	25 820	1.7
1988	475	28 690	1.7	553	19 640	1.9

续　表

年份	出口总额	世界贸易出口总额	占比	进口总额	世界贸易进口总额	占比
1989	525	30 980	1.7	591	32 010	1.8
1990	621	34 490	1.8	534	35 500	1.5
1991	719	35 150	2.0	638	36 320	1.8
1992	849	37 660	2.3	806	38 810	2.1
1993	917	37 820	2.4	1 040	38 750	2.7
1994	1 210	43 260	2.8	1 156	44 280	2.6
1995	1 488	51 640	2.9	1 321	52 830	2.5
1996	1 510	54 030	2.8	1 388	55 440	2.5
1997	1 828	55 910	3.3	1 424	57 370	2.5
1998	1 837	55 010	3.3	1 402	56 810	2.5
1999	1 949	57 120	3.4	1 657	59 210	2.8
2000	2 492	64 560	3.9	2 251	67 240	3.3
2001	2 661	61 910	4.3	2 436	64 830	3.8
2002	3 256	64 920	5.0	2 952	67 420	4.4
2003	4 382	75 860	5.8	4 128	78 670	5.2
2004	5 933	92 180	6.4	5 612	95 680	5.9
2005	7 620	104 890	7.3	6 600	108 550	6.1
2006	9 689	121 130	8.0	7 915	124 370	6.4
2007	12 178	140 000	8.7	9 560	143 000	6.7
2008	14 307	161 160	8.9	11 326	165 200	6.9
2009	12 016	125 220	9.6	10 059	127 180	7.9
2010	15 778	152 380	10.4	13 953	153 760	9.1
2011	18 986	182 170	10.4	17 435	183 810	9.5

资料来源：中国外贸数据来源于中国海关统计，世界贸易数据来源于 WTO

附表 3　中国外贸依存度和出口依存度变化趋势

单位：亿美元，%

年份	GDP	外贸总额	外贸依存度	出口额	出口依存度
1980	2 025	380	18.8	181	8.9
1981	1 684	440	26.1	220	13.1
1982	2 813	416	14.8	223	7.9
1983	3 018	436	14.5	222	7.4
1984	3 107	535	17.2	261	8.4
1985	3 070	696	22.7	274	8.9
1986	2 976	738	24.8	309	10.4
1987	3 240	827	25.5	394	12.2
1988	4 041	1 028	25.4	475	11.8
1989	4 513	1 117	24.7	525	11.6
1990	3 903	1 154	29.6	621	15.9
1991	4 092	1 357	33.2	719	17.6
1992	4 882	1 655	33.9	849	17.4
1993	6 132	1 957	31.9	917	15.0
1994	5 592	2 366	42.3	1 210	21.6
1995	7 279	2 809	38.6	1 488	20.4
1996	8 561	2 899	33.9	1 510	17.6
1997	9 526	3 252	34.1	1 828	19.2
1998	10 195	3 239	31.8	1 837	18.0
1999	10 833	3 606	33.3	1 949	18.0
2000	11 985	4 743	39.6	2 492	20.8
2001	13 248	5 097	38.5	2 661	20.1
2002	14 538	6 208	42.7	3 256	22.4
2003	16 410	8 510	51.9	4 382	26.7
2004	19 316	11 546	59.8	5 933	30.7
2005	22 569	14 219	63.0	7 620	33.8
2006	27 129	17 604	64.9	9 689	35.7
2007	34 942	21 766	62.3	12 178	34.9

续　表

年份	GDP	外贸总额	外贸依存度	出口额	出口依存度
2008	45 200	25 633	56.7	14 307	31.7
2009	49 905	22 075	44.2	12 016	24.1
2010	59 304	29 729	50.1	15 778	26.6
2011	72 981	36 419	49.9	18 986	26.0

　　资料来源：GDP 数据来源于 IMF，贸易数据来源于 WTO，由此计算而得

附表 4　G20 成员国外贸依存度对比

单位：%

成员国＼年份	1980	1985	1990	1995	2000	2005	2010	2011
阿根廷	8.9	13.8	11.6	15.9	18.1	37.7	33.7	35.3
澳大利亚	27.2	27.7	25.2	30.2	33.9	31.6	33.3	34.5
巴西	30.3	17.2	11.6	13.1	17.7	22.2	18.4	19.8
加拿大	46.3	47.4	42.5	58.8	68.5	56.5	45.5	49.2
中国	18.8	22.7	29.6	38.6	39.6	63.0	50.1	49.9
法国	36.3	38.3	36.1	37.6	50.1	45.3	44.2	47.2
德国	46.1	53.5	50.2	39.1	55.4	63.1	70.4	76.2
印度	12.9	11.0	12.8	17.9	19.7	30.0	36.1	45.8
印度尼西亚	37.9	31.5	41.8	42.6	66.1	56.9	41.4	44.6
意大利	38.0	36.9	30.8	38.8	43.3	42.4	45.3	49.1
日本	25.0	22.2	16.8	14.6	18.2	24.3	26.7	28.6
韩国	61.8	62.4	49.9	49.0	62.4	64.6	87.9	96.7
墨西哥	17.7	21.3	29.3	46.0	51.5	52.1	58.8	61.5
俄罗斯	—	—	—	45.3	57.8	48.3	43.7	45.7
沙特阿拉伯	84.8	49.2	58.6	54.8	57.1	76.1	79.3	85.9
南非	56.0	48.2	37.5	38.6	44.9	46.1	48.2	53.5
土耳其	11.5	21.4	17.4	25.2	30.9	39.4	40.8	48.3
英国	41.6	44.8	40.1	43.6	42.8	39.3	42.7	46.0
美国	17.3	13.5	15.7	18.3	20.5	20.9	22.4	24.8
欧盟	—	—	—	—	59.2	60.2	64.7	69.9

　　资料来源：根据 IMF 的 GDP 数据和 WTO 的贸易数据计算而得

附表 5　中国不同所有制性质企业出口总额及占比

单位：亿美元,％

年 份	国有企业		外商投资企业		其他所有制企业	
	金额	占比	金额	占比	金额	占比
2001	1 132	42.5	1 332	50.1	197	7.4
2002	1 228	37.7	1 700	52.2	327	10.1
2003	1 380	31.5	2 403	54.8	600	13.7
2004	1 536	25.9	3 386	57.1	1 012	17.1
2005	1 688	22.2	4 442	58.3	1 490	19.6
2006	1 913	19.7	5 638	58.2	2 139	22.1
2007	2 248	18.4	6 955	57.0	2 977	24.4
2008	2 572	18.0	7 906	55.3	3 807	26.6
2009	1 910	15.9	6 722	55.9	3 384	28.2
2010	2 344	14.9	8 623	54.7	4 813	30.5
2011	2 672	14.1	9 953	52.4	6 360	33.5

资料来源：中国海关统计

附表 6　中国不同所有制性质企业进口总额及占比

单位：亿美元,％

年 份	国有企业		外商投资企业		其他所有制企业	
	金额	占比	金额	占比	金额	占比
2001	1 036	42.5	1 259	51.7	142	5.8
2002	1 145	38.8	1 602	54.3	205	6.9
2003	1 425	34.5	2 319	56.2	385	9.3
2004	1 764	31.4	3 246	57.8	604	10.8
2005	1 972	29.9	3 875	58.7	754	11.4
2006	2 252	28.4	4 726	59.7	937	11.8
2007	2 697	28.3	5 594	58.7	1 267	13.3
2008	3 538	31.3	6 200	54.8	1 593	14.1
2009	2 885	28.7	5 452	54.2	1 719	17.1
2010	3 876	27.8	7 380	52.9	2 693	19.3
2011	4 934	28.3	8 648	49.6	3 852	22.1

资料来源：中国海关统计

附表 7 中国出口商品贸易方式构成

单位：亿美元,％

年 份	一般贸易		加工贸易		其他贸易	
	金额	占比	金额	占比	金额	占比
2001	1 119	42.1	1 474	55.4	68	2.6
2002	1 362	41.8	1 799	55.3	95	2.9
2003	1 820	41.5	2 419	55.2	143	3.3
2004	2 436	41.1	3 280	55.3	217	3.7
2005	3 151	41.4	4 165	54.7	304	4.0
2006	4 162	43.0	5 104	52.7	424	4.4
2007	5 385	44.2	6 176	50.7	618	5.1
2008	6 629	46.3	6 751	47.2	927	6.5
2009	5 298	44.1	5 870	48.9	849	7.1
2010	7 207	45.7	7 403	46.9	1 169	7.4
2011	9 171	48.3	8 354	44.0	1 461	7.7

资料来源：中国海关统计

附表 8 中国进口商品贸易方式构成

单位：亿美元,％

年 份	一般贸易		加工贸易		其他贸易	
	金额	占比	金额	占比	金额	占比
2001	1 135	46.6	940	38.6	361	14.8
2002	1 291	43.7	1 222	41.4	439	14.9
2003	1 877	45.5	1 629	39.5	621	15.1
2004	2 481	44.2	2 217	39.5	914	16.3
2005	2 796	42.4	2 740	41.5	1 063	16.1
2006	3 331	42.1	3 215	40.6	1 369	17.3
2007	4 286	44.8	3 685	38.6	1 589	16.6
2008	5 721	50.5	3 784	33.4	1 821	16.1
2009	5 339	53.1	3 223	32.1	1 493	14.9
2010	7 680	55.1	4 174	29.9	2 094	15.0
2011	10 075	57.8	4 698	27.0	2 662	15.3

资料来源：中国海关统计

附表 9　中国出口商品结构变化趋势

单位：亿美元，%

年　份	初级产品		工业制成品		机电产品		高新技术产品	
	金额	占比	金额	占比	金额	占比	金额	占比
2001	263	9.9	2 398	90.1	1 187	44.6	465	17.5
2002	285	8.8	2 971	91.2	1 569	48.2	679	20.8
2003	348	7.9	4 034	92.1	2 274	51.9	1 103	25.2
2004	406	6.8	5 528	93.2	3 234	54.5	1 655	27.9
2005	490	6.4	7 129	93.6	4 267	56.0	2 183	28.6
2006	529	5.5	9 160	94.5	5 494	56.7	2 815	29.0
2007	615	5.0	11 563	94.7	7 012	57.6	3 478	28.6
2008	780	5.5	13 527	94.6	8 229	57.5	4 156	29.0
2009	631	5.3	11 385	94.8	7 131	59.3	3 769	31.4
2010	817	5.2	14 961	94.8	9334	59.2	4 924	31.2
2011	1 006	5.3	17 980	94.7	10 856	57.2	5 488	28.9

资料来源：中国海关统计

附表 10　中国进口商品结构变化趋势

单位：亿美元，%

年　份	初级产品		工业制成品		机电产品		高新技术产品	
	金额	占比	金额	占比	金额	占比	金额	占比
2001	457	18.8	1 978	81.2	1 206	49.5	641	26.3
2002	493	16.7	2 459	83.3	1 556	52.7	828	28.1
2003	728	17.6	3 400	82.4	2 250	54.5	1 193	28.9
2004	1 173	20.9	4 440	79.1	3 019	53.8	1 614	28.8
2005	1 477	22.4	5 122	77.6	3 504	53.1	1 977	30.0
2006	1 871	23.6	6 043	76.4	4 277	54.0	2 473	31.2
2007	2 431	25.4	7 129	74.6	4 990	52.2	2 870	30.0
2008	3 624	32.0	7 702	68.0	5 387	47.6	3 419	30.2
2009	2 898	28.8	7 161	71.2	4 914	48.9	3 098	30.8
2010	4 339	31.1	9 624	68.9	6 603	47.3	4 127	29.6
2011	6 044	34.7	11 391	65.3	7 533	43.2	4 630	26.6

资料来源：中国海关统计

附表 11　中国对主要经济体出口额

单位：亿美元

国别/地区	2001	2002	2003	2004	2005	2006	2007	2008	2009	2010	2011
美国	543	700	925	1 250	1 629	2 035	2 328	2 523	2 207	2 832	3 243
中国香港	465	585	763	1 011	1 245	1 554	1 843	1 908	1 661	2 182	2 675
日本	450	485	595	735	841	918	1 021	1 162	972	1 203	1 473
韩国	125	155	201	278	351	446	561	739	536	688	829
德国	98	114	174	238	325	403	487	592	499	681	764
荷兰	73	91	135	185	259	308	414	459	367	497	595
印度	19	27	33	59	89	146	240	315	296	409	505
英国	68	81	108	150	190	242	317	361	313	388	441
俄罗斯	27	35	60	91	132	158	285	330	175	296	389
新加坡	58	70	89	127	167	232	297	323	300	323	353
中国台湾	50	66	90	135	166	207	235	259	205	296	351
澳大利亚	36	46	63	88	111	136	180	222	207	272	339
意大利	40	48	67	92	117	160	212	266	202	311	337
巴西	14	15	21	37	48	74	114	188	141	245	319
法国	37	41	73	99	116	139	203	233	214	276	300
印度尼西亚	28	34	45	63	83	95	126	172	147	220	293
越南	18	21	32	43	56	75	119	151	163	231	291
马来西亚	32	50	61	81	106	135	177	214	196	238	279
阿联酋	24	35	50	68	87	114	170	236	186	212	268
泰国	25	30	38	58	78	98	120	155	133	198	257
加拿大	33	43	56	82	117	155	194	218	177	222	252
墨西哥	18	29	33	50	55	88	117	138	123	179	240
西班牙	23	26	39	55	84	115	165	208	141	182	197
比利时	25	29	39	59	77	99	127	149	109	143	190
土耳其	7	11	21	28	43	73	105	106	83	120	156
沙特	14	17	21	28	38	51	78	108	90	104	149
伊朗	9	14	23	26	33	45	73	80	79	111	148
巴拿马	12	13	15	22	32	39	56	79	65	119	146
菲律宾	16	20	31	43	47	57	75	91	86	116	143
南非	10	13	20	30	38	58	74	86	74	108	134
其他国家	267	316	461	628	860	1 239	1 669	2 218	1 873	2 383	2 939

资料来源：中国海关统计

注：2011 年我国对欧盟出口 5672 亿美元，对东盟出口 3629 亿美元。

附表 12　中国自主要经济体进口额

单位：亿美元

国别/地区	2001	2002	2003	2004	2005	2006	2007	2008	2009	2010	2011
日本	428	535	742	942	1 005	1 158	1 339	1 506	1 307	1 763	1 944
韩国	234	286	432	622	769	898	1 040	1 122	1 021	1 380	1 617
中国台湾	273	381	494	648	747	871	1 010	1 033	857	1 156	1 249
美国	262	272	339	447	487	592	699	815	774	1 013	1 181
德国	137	164	244	302	307	379	454	559	559	744	928
澳大利亚	54	59	73	115	161	192	258	363	392	597	809
马来西亚	62	93	140	182	201	236	287	321	322	504	620
巴西	23	30	58	87	100	129	183	296	283	380	526
沙特	27	34	52	75	123	151	175	311	236	329	495
俄罗斯	80	84	97	121	159	175	196	238	211	258	390
泰国	47	56	88	115	140	180	227	256	248	332	390
印度尼西亚	39	45	58	72	84	96	124	144	135	208	313
伊朗	24	23	33	45	68	99	133	196	132	182	303
新加坡	51	71	105	140	165	177	175	201	176	246	278
安哥拉	7	11	22	47	66	109	129	224	147	228	249
印度	17	23	43	77	98	105	147	203	137	209	234
法国	41	43	61	77	90	113	134	157	130	171	221
加拿大	40	36	44	73	75	77	110	128	119	148	216
智利	13	16	22	37	49	57	102	114	126	178	206
菲律宾	19	32	63	91	129	177	231	195	119	162	180
意大利	38	43	51	64	69	86	102	117	110	140	176
南非	12	13	18	30	34	41	66	92	78	114	161
哈萨克	10	14	17	23	29	36	64	77	62	110	153
阿曼	16	14	20	43	41	61	67	116	53	98	149
英国	35	33	36	48	55	65	78	96	79	113	145
瑞士	17	20	27	36	39	43	58	74	59	84	115
委内瑞拉	1	1	5	7	12	27	30	61	43	66	115
越南	10	11	15	25	25	25	32	43	47	70	111
其他国家	415	509	733	1 020	1 274	1 564	1 911	2 258	2 074	2 957	3 939

资料来源：中国海关统计

注：2011 年我国从欧盟进口 3560 亿美元，从东盟进口 1701 亿美元。

附表 13　中国服务贸易进出口总额

单位：亿美元，%

年 份	服务贸易总额		服务出口		服务进口	
	金额	增速	金额	增速	金额	增速
2001	719	9.0	329	9.1	390	8.9
2002	855	18.8	394	19.7	461	18.1
2003	1 012	18.4	464	17.8	549	19.0
2004	1 337	32.0	621	33.8	716	30.5
2005	1 571	17.5	739	19.1	832	16.2
2006	1 917	22.1	914	23.7	1 003	20.6
2007	2 509	30.9	1 217	33.1	1 293	28.8
2008	3 044	21.3	1 464	20.4	1 580	22.2
2009	2 867	−5.8	1 286	−12.2	1 581	0.1
2010	3 624	26.4	1 702	32.4	1 922	21.5
2011	4 190	15.6	1 824	7.2	2 365	23.1

资料来源：WTO

后 记

　　《中国外贸强国发展战略研究——国际金融危机之后的新视角》是《中国外贸发展战略研究——国际金融危机之后的新视角》（中国商务出版社 2010 年 11 月出版）一书的简编本。参与原书编写的作者有霍建国、李钢、桑百川、杨正位、李世光、袁晓明、董俊英、朱兴龙、江建军、白明、李俊、崔卫杰、崔艳新、姚玲、胡赞林。

　　本书以原书总论篇为基础，增加了促进加工贸易转型升级与梯度转移、加快培育战略性新兴产业的国际竞争优势、扩大进口促进贸易平衡、大力推动服务贸易发展、外贸可持续发展的重大举措、加快实施外贸发展重点工程等六章，适当吸收了原书其他内容，同时我们对原书的一些数据进行了更新。

　　当前，世界经济仍处于震荡调整之中，受欧洲主权债务危机影响，世界经济贸易有下行风险，我国外贸发展也受到严峻挑战。在此背景下，本书关于对外贸发展的国际国内形势分析及加快转变外贸发展方式的对策建议，有利于各级商务主管部门和商务工作者提高认识水平和应对能力。商务部研究院霍建国院长为本书的出版做了大量工作，亲自参与提纲的拟定和书稿审定工作。参加本书修订增补工作的有霍建国、李钢、李俊、白明、崔卫杰、张莉、董超、崔艳新、张久琴等。由于形势变化快，把握起来难度大，加之时间仓促，书中难免有考虑不甚周全之处，望读者批评指正。

　　本书的出版得到了中国对外贸易中心集团和中国商务出版社的大力支持，在此表示感谢。

作　者
二〇一二年八月十日